一位管理者的经济学解释

顿悟

有趣有益的经济学

朱腾明 —— 著

中国财经出版传媒集团
经济科学出版社
Economic Science Press

序言

让经济学回到民众之中

梁小民

20世纪60年代有过一次轰轰烈烈的"全民学哲学"运动，到处都在讲学哲学的意义，报刊上充满了工农兵学哲学、用哲学的文章，在我的记忆里，有些还写得不错。采取"运动"的形式学哲学恐怕是历史上的独创，空前绝后，且以一分为二、阶级斗争为中心，也有些偏颇，不过让大众掌握一点哲学知识倒是一个好想法。

比起哲学，经济学更应该得到普及。经济学本来就来自现实生活，是指导人们如何更有效地配置资源、如何生活得更好。我们的生活中充满了经济问题，大众也在自觉或不自觉地运用经济学思想，但经济学家把这些道理提升为理论，并用数学模型来表达后，经济学就从"长青的绿色之树"变为"灰色"的，远离了我们。经济学家的理论化、数学化是有意义的，这才能推动经济学不断深化，高于现实。但经济学还须普及化，让更多的人懂点经济学，并用以指导自己的经济活动,加深对各种现实问题和政策的理解,眼界更宽、更深。读了朱腾明先生的《顿悟:有趣有益的经济学》,深感这正是百姓学经济学、用经济学的一本好书。即使是专业经济学家读一读,也会有不同的收获。

朱腾明先生长期在石油企业工作,是一位优秀的管理者。他并没有受过系统的经济学教育,在长期的管理工作中,他遇到了许多经济问题,这激起他对经济学的兴趣。于是他读了许多经济学著作。他并不是为读而读,而是结合自己的工作实践而读,读的过程中有许多感悟,使他对经济问题的认识有了极大提升,产生了恍然大悟的"顿悟",于是有了这本书。

这本书的内容与写作风格,与专业经济学家写的不同。它是从老百姓关注的问题出发来理解经济学和运用经济学,形成一种"平民经济学"的独特视角和表述方法。没有丰富实践经验的人,很难做到这一点。当然,仅仅是实践,没有学习和思考,也难以做到这一点。实践与理论结合,让经济学从"神"还原为"人",正是本书的特色。

这个特色首先体现在所选的内容上。朱腾明先生并不是要写一本系统的经济学,所以,他对经济学的介绍并不是面面俱到,而是选择了与老百姓生活密切相关、自己经常遇到又对普通人而言重要的问题。全书共11章,"微观"部分共8章,所选的成本和选择,边际和决策,分工、交换和协作,市场和竞争,供求和价格,劳动和资本,企业和企业家,外部性和政府行为,都与企业与个人决策相关,也是他与每个人在工作和生活中要遇到并解决的问题,对其他问题略而不谈,这就是平民或者说一个企业管理者所关注的角度。"宏观"部分只选取了老百姓更关注的货币和银行、货币政策和通货膨胀,以及宏观经济和财政政策。所选的这些内容,与他的工作实践相关,也是作为一个普通人关注并有兴趣的。这种选择就不同于专业经济学家写的通用型教材。

其次,更重要的是,他对这些概念与理论的解释和说明,完全与经济学家的解释相同,但是又不像专业经济学家一样从理论到理论,或者用数学模型论证和说明,而是用自己的实践经验或感悟来说明自己的理解。道理与传统的经济学理论相同,但解释的角度不同,写法不同,让大家理解起来更鲜活、生动,仿佛抽象的理论有了生命,又从"灰色"变成了"绿色"。例如,从司机更礼貌地为行人让行,说到成本的概念,进而说到每一项决策中对成本的考虑,又引入机会成本的概念。这样一种对成本这个重要概念的解释就比教科书上的解释要生动、全面,而处处透出生活的气息、百姓的所思所想。书中对许多经济学概念的解释都用了这种方法,使一个从未学过经济学的人,学起来容易,也倍感有趣。

当然,百姓学经济学,最终目的还在于用。这就在于既能用经济学指导自己日常工作与生活中的决策,又能理解现实中众多的复杂问题。"用"不仅是指导行为方式,也是深化对现实问题的分析与理解。手机是我们生活中必不可缺的,作者从手机的制造中解释了分工协作和全球化,以及这种协作背后的

"利己"动机。读了这一段,你会对常用的手机有了完全不同的认识,进而认识到分工、协作、全球一体化并不是远离我们,而是与我们息息相关。宏观经济中用通货膨胀解释了名义工资与实际工资,让我们体会到,"钱"多了,并不是真正的收入增加了。本书把对经济学的解释与运用融合在一起,真正是"活学活用"。这样学经济学就会有趣,而又有收获。这本书,不仅要告诉你经济学,同时也给了每一个普通人学经济学的方法。"为用而学,学以致用",就是学习经济学的根本之路。

一本书能给我们一些新东西、新视角,就值得去读。这正是我推荐这本书的理由。愿大家和我一样爱读这本书。

梁小民

大约在十年前的一天,我以急迫而又忐忑的心情捧起久负盛名的经济学经典名著《国富论》。当第一次读到那段最常被经济学者引用的关于屠夫、酿酒师和面包师工作动机的文字的时候,我仿佛被电击了一般,似乎一下子明白了很多事情。《国富论》里还有很多这样的文字,振聋发聩。在随后坚持不辍的学习过程中,无论是经济学经典著作,还是经济学教科书,都常常给我这种感觉。

经济学之所以给人以这样的感觉,首先是它说理有理有据,特别是它的微观经济学部分总是从发生在我们身边的甚至是我们亲自参与其中的经济活动入手来分析和揭示其背后蕴藏的规律,所以,经济学的解释力很强。当我们看到经济学在列举了一个个具体的社会经济现象并给出其背后的道理或原理的时候,常会在内心感叹:是这样啊!真是奇妙啊!

例如,本书"2.3 买卖是怎样达成的?"里面介绍的,一桩买卖达成后，人们往往会说卖家在这桩买卖中挣了多少钱，如何如何，好像买家就亏了一样。事实不是这样的。只要买卖双方是独立、自由的，买卖达成一定是双方都获益，至少没有一方受损，是双方自愿的结果；否则，如果一方获益，另一方受损，那么，一定不是公平的交易。经济学通过定量分析告诉我们，通过一桩成功的交易，卖家的确得到了好处，那是生产者剩余；而买家也一样得到了好处，这就是消费者剩余。事实上，人们买到特别需要的可心的东西的时候，常常表现得跟卖家赚了钱一样的高兴，甚至比卖家还要高兴。

经济学之所以让人感觉耳目一新，还因为它总是从人的本性出发分析人的行为导致的经济结果和呈现的经济规律，它没有道德说教，只是在说事实，是我们自己也参与其中的事实。经济学在摆事实、讲道理的时候，并没有对谁进行道德谴责，而是认为这一切都是正常的。所以，我们在看到这些分析的时候，并没有羞耻感、没有压迫感，反而觉得很有意思。

例如，本书"5.1为什么有关部门不管管月饼的价格呢？"说到，当买月饼的人多起来的时候，卖家就会调高月饼的价格，而当有人觉得月饼价格太高的时候，他就会"用脚投票"，走人了事，当越来越多的人放弃购买的时候，卖家就会倾向于调低月饼价格。这就是在供给不变的前提下，价格和需求的相互作用机理。这样的分析承认和认可人的自利动机，人总是希望以最少的代价获得最大的收益。

经济学启发我们应该尊重他人、善待他人。既然人们出于利己动机做事是合理的,既然我们自己也是出于利己动机在做事,既然每一个人都有自身的价值,都处在全社会分工协作的某一个环节上,那么,我们就该尊重每一个人,保证他们享有应有的尊严,无论他们是在风雨中穿梭的外卖小哥,还是端坐在华丽宽敞的办公室里的企业老总。

我们前面说过,一桩成功的交易一定是买卖双方都得到了好处,即所谓的双赢或共赢;没有一桩买卖是一方获益而另一方受损,至少这样的买卖不可持续。这个道理告诉我们,自利必须利他,利他是利己的前提。因此,无论是个人做事,还是企业经营,都要想着你的合作伙伴会从合作中获得什么益处,企业产品和服务会给顾客带来什么福利,而不是只想着自己一方会得到什么好处。你给对方的福利越多,你自己得到的好处也就越多,这正如本书"7.1 抱怨客户不如专注于满足顾客需要"所分析的。如果每一个人、每一个企业都以这样的思维去考虑问题、去做事,这个社会就会更加充满善意。

经济学,抛开了道德的说教,却没有离开道德范畴。它从对交易的本质的分析中得出了利己必须利他的结论,从而实现了利己和利他的统一。这是顺应人性而不是违逆人性的道德观,所以,更容易为人们所接受。

经济学当然也给我们提供了很多分析经济问题、解决经济问题的理论和方法,这些理论和方法当然不需要每一个人都了解与掌握;但是,从事经济工作的人特别是从事经济管理工作的人,譬如政府官员、企业管理人员都应该学习和理解经济学的主要原理与思想，建立起经济学的思维方式，自觉地运用经济规律办事。然而，现实情况却令人担忧。

生活在半个世纪前的奥地利学派经济学的代表人物冯·米塞斯曾针对他那个时代的状况不无感慨地说道："我们这个时代的多数人都不了解经济学，这是一个令人痛心的事实。"现在，距离米塞斯的时代已经过去半个多世纪了，中国改革开放也快半个世纪了，可是，我们这个时代仍有很多管理经济和管理企业的人都不了解经济学、不懂得经济学，这是一个更加让人悲哀的事情。

经济学是围绕着市场和市场的运行规律展开的。中国改革开放四十多年来取得的成就本质上是不断深化市场化改革带来的，是经济学基本原理在中国较好地运用带来的。作为持续深入改革的一个标志性成果，2013年11月召开的党的十八届三中全会首次提出，"使市场在资源配置中起决定性作用和更好发挥政府作用"。然而，迄今十年过去了，很多人并不真正理解市场的决定性作用，或者不情愿让市场发挥决定性作用，在经济出现一点点问题或波动的时候，就想让政府走到前台，代替市场担纲经济活动的主角，有人甚至时时怀念过去高度集中统一的计划经济体制，还有人甚至幻想回到过去全面的计划经济体制。中国要巩固和发展四十多年来取得的成就，实现党的二十大提出的"两步走"的战略安排，还是要靠深化改革开放及深化市场化改革。

观念是行动的先导。不在全社会特别是广大管理人员中建立起对市场和市场经济的正确认知，就很难向纵深推进市场化改革。当前首要的是在政府官员、企业管理人员中普及经济学的基本概念、原理和思想，让他们形成市场化的思维方式，自觉地遵循经济规律，顺应经济规律，运用好经济规律。作为管理者，除了参加有组织的、系统的培训学习之外，应该主动自觉地学习经济学知识，研读经济学书籍，既享受经济学的乐趣，开悟人生；又指导自己更好地履行职责，推进事业。

近些年在图书市场上不乏经济学书籍，既有供高校师生使用的教科书，也有各类经济学通俗读物。在经济学日益数学化、模型化的今天，对于没有接受过经济学系统训练的普通读者来说，要读懂经济学教科书是不容易的，这需要一定的数理基础和相当的毅力；但是，读懂通俗读物却是可能的。先读通俗读物培养兴趣，了解一些基本概念和原理，再研读教科书，不失为自学经济学的一种可行途径。

近年来，我一直有一个愿望，就是把自己多年来学习、研读经济学的体会分享出来，一方面对自己是个总结交代，另一方面希望能普及经济学知识，特别是对政府和企业管理人员掌握经济学基本概念和原理、真正树立市场意识有所助益。虽然一些教授学者为了让经济学走近大众，已经努力用通俗的语言与简化的叙事方式撰写和出版了一些经济学通识读物，而且受到了市场的欢迎，但是，我读来还是感觉有的学术气息太浓，不易理解，有的通俗有余，严谨性又不够。所以，我希望我能写一本经济学通识书，多少弥补以上的不足。

现在这本书就是我自己学习经济学的一点体会和认识，也是我想传播给读者的一些经济学基本概念、原理和思想。本书不追求经济学知识的全面、系统，只是撷取我认为有趣、有益和我个人体悟比较深的知识点，介绍给大家；由于本人长期在企业从事管理工作，所以，涉及的内容更多的是与个人生活和企业经营有关的经济学知识；另外，我还针对我听到和看到的一些模糊的甚至错误的认识，专门撰写了几小节文章，以厘清这些认识，例如，关于中间商推高物价、官员"权力寻租"、中央银行"印钱"的说法和美联储阴谋论等。

本书力求兼顾通俗有趣和严谨深入。书中每一小节从生活和工作中的一件小事或时政新闻中的一条信息入手，夹叙夹议，带出相关的经济学基本概念、原理和思想，同时注意由浅入深，在逻辑上层层递进，让读者既感受到经济学的有趣有益，又体会到经济学的深刻有力。

本人也并非经济学科班出身，不是什么专家学者，只是一名企业管理人员，因为在生活中、在企业管理的多年实践中深感经济学知识与理念对个人生活和企业管理的重要性，遂潜心学习研读经济学知识，并尝试着从经济学的视角来解释和分析现实问题，指导个人生活和工作，长期坚持下来，颇多收获。然而，个人修行提高是一回事，把个人体会和认识整理固化成书又是一回事。

写作是一件非常艰苦的事情。你自以为懂了的道理，你也可能能清楚地讲出来，但是，你要明明白白地写出来，让人看得懂、理解得了，而且读后还有愉悦感，那就难了。这个时候你可能才意识到你并没有真懂，你要反复去查资料，翻阅不同的书籍，对比、咀嚼不同的说法，直到你觉得真懂了、有自己的观点了为止，这时你又要琢磨用什么样的语言、用什么样的叙事方式把这件事说清楚，让人能看明白、看得愉快。所以，写作真的是一件自讨苦吃的事情。

现在，我花了近两年的时间，噢，准确地说，是近两年里的属于自己的零碎时间做完了这件自讨苦吃的事情。我知道，这本书之于经济学远不完整、不全面，我说过，我不奢求完整、全面，实事求是地说，我也没有能力奉献给读者完整、全面的经济学，那是学者、教授的事。我想，只要读者认真读了本书一节节能独立成篇的文章后，咂咂嘴：嗯，有点意思，有收获，并且激起兴趣，想找更多的经济学书籍来看，我的目的就达到了，我就不枉做这件自讨苦吃的事情了。

如果读者读了本书后，觉得有的地方说得不准确、有的地方说得不清楚，那是很正常的，因为各人有各人的知识储备、各人有各人的学养和经历，当然，大体上是作者水平有限所致。如果读者读完了，觉得经济学也不过如此，没什么值得玩味的，那不是经济学本身的问题，而是作者没有能力展现更多经济学的益处和魅力。不管怎样，一个非专业的实践工作者想去做一件专业的事情，一定会与专家做这样的事情有差异或者差距，但是，这也提供了一个独特的角度或者展现了一种独特的写法，对于推动经济学知识的普及应该有所裨益。相信本书会成为经济学图书百花园里有独特韵味的一枝花朵,虽然可能只是一枝不起眼的小花朵。

  本书是作者一点一滴、日积月累写成的,本没有什么清晰的出版计划,但凑巧的是本书出版之时,恰逢伟大的经济学家、思想家亚当·斯密诞辰300周年之际。亚当·斯密1723年6月5日出生于苏格兰,1776年出版《国富论》,自此经济学作为一门独立的学科诞生。此后,随着时代的发展变迁,在一代代学者的努力下,亚当·斯密开辟的经济学道路变得越来越宽阔,亚当·斯密的思想之根已经生发出一棵枝叶茂盛的参天大树。但是,无论经济学走多远,怎样发展演化,亚当·斯密的古典经济学的思想依然熠熠生辉。因此,作为一名经济学爱好者,谨以此书献给亚当·斯密300周年诞辰,以示对他的纪念。

第1章 成本和选择

1.1 司机们怎么突然变得有礼貌了？
　　——成本和资源的有限性　　002

1.2 衡量成本不能只考虑投入多少，还要考虑放弃了多少
　　——机会成本和经济利润　　006

第2章 边际和决策

2.1 多一个人参加会议不好吗？
　　——边际成本和边际收益　　014

2.2 吃火锅和利用时间的学问
　　——边际效用递减和等边际法则　　020

2.3 买卖是怎样达成的？
　　——消费者剩余和生产者剩余　　029

第 3 章 分工、交换和协作

3.1 我们是怎样用到手机的？
　　——分工协作、利己动机和"看不见的手"　　040

3.2 管理者该事必躬亲吗？
　　——比较优势和分工合作　　049

3.3 国际贸易是怎样发生的？
　　——比较优势和国际贸易　　057

第 4 章 市场和竞争

4.1 你的企业处于什么样的市场里？
　　——市场结构和市场类型　　068

4.2 企业追求垄断有错吗？
　　——垄断的是与非　　076

4.3 中间商能取消吗？
　　——中间商和市场的运行　　084

第 5 章 供求和价格

5.1 为什么有关部门不管管月饼的价格呢？
　　——价格决定和政府作用　　096

5.2 是中间商推高了物价吗？
　　——中间商和价格决定　　106

第6章 劳动和资本

6.1 食堂厨师要加薪
　　——劳动和劳动市场　　116

6.2 由员工工资想到的
　　——合同收入和剩余收入　　122

6.3 谁是一个企业里最有权的人？
　　——资本、剩余索取权和委托代理关系中的道德风险　　127

第7章 企业和企业家

7.1 抱怨客户不如专注于满足顾客需要
　　——诉诸客户的自利而非善意　　134

7.2 企业亏损了为什么还不停产？
　　——短期亏损和停业点　　138

7.3 热电厂收购煤矿背后的经济学道理
　　——交易成本和企业的边界　　144

7.4 企业家是怎样的人？
　　——企业家和企业家精神、企业家职能　　153

第8章 外部性和政府行为

8.1 环保，管理者不得不重视的问题
　　——外部性、庇古税和科斯定理　　162

8.2 为什么没有人站出来疏导一下？
　　——"搭便车"、公共物品和政府职能　　172

8.3 为什么提到官员腐败时常说"权力寻租"？
　　——地租、经济租和寻租腐败　　180

第9章　货币和银行

9.1 货币那点事儿
　　——交换、货币及纸币的产生　　190

9.2 银行是干什么的？
　　——商业银行、中央银行和存款准备金　　203

9.3 再说说中央银行
　　——发行的银行、银行的银行、国家的银行　　210

9.4 关于美联储
　　——独特的、独立的中央银行　　218

第10章　货币政策和通货膨胀

10.1 钱是怎么"造"出来的？
　　——货币创造和货币乘数　　234

10.2 M_2是怎么回事？
　　——货币分类和货币政策　　239

10.3 为什么钱越来越"毛"？
　　——通货膨胀、CPI和PPI　　245

10.4 是谁以及为什么制造通货膨胀？
　　——货币数量论、货币中性和菲利普斯曲线　　257

10.5 你的收入是增加了还是减少了？
　　——名义变量和真实变量以及指数化　　268

10.6 人民币一会儿升值、一会儿贬值是怎么回事？
　　——汇率和汇率的决定　　279

第11章　宏观经济和财政政策

11.1 GDP和我们每个人、每个企业
　　——GDP、GDP的统计和不足　　300

11.2 拯救危机中的资本主义的主义
　　——经济危机、凯恩斯主义和宏观经济学　　309

11.3 从2022年的国务院常务会议谈开去
　　——财政政策和乘数效应　　325

后记　/　337

第1章

成本和选择

1.1 司机们怎么突然变得有礼貌了？
——成本和资源的有限性

一个没有红绿灯的行人过街路口，路的一侧是商住两用的大型商业综合体，另一侧是居民休闲健身的城市公园。往日，行人只能耐心等待川流不息的车流出现空当，然后紧张地迅速通过，遇到好心的司机减速或者停下来让行，行人不禁心生感激，感慨：这个司机真好！忽然有一天，行人走到路口的时候，发现司机都停了下来给自己让路，顿觉诧异：司机都这么有礼貌了吗？当行人忐忑地走过马路后，回头再望望路边，猛然发现路边新装了视频监控，摄像头正对着路口。

原来，交警部门发现这个路口人车交汇，流量很大，既影响行人过街，又有很大的安全隐患，行人对司机不主动让行意见也很大，于是在路边新装了监控，并且规定车辆不主动给行人让行者，发现一次，扣3分、罚款200元。从此，司机都主动给行人让行了。他们距离这个路口还有一段距离的时候，就慢下来，观察有无行人通行，当看到路边有行人意欲通过时，常常摆手示意，请行人先行通过。此后，行人通过这个路口，感觉安全了，内心也多了一分踏实和温馨。

成本是一个人做某件事所付出的代价

这件事说明了什么呢？是司机们一下子变得文明了吗？他们

是前一天普遍接受了一次"文明开车，礼让行人"的教育，第二天都懂得主动让行了吗？显然不是。关键是那个监控，监控可以让不礼让行人的司机支付成本。那么，什么是成本呢？

成本就是一个人做某件事所付出的代价。没有监控的时候，不礼让行人，不会受到惩罚；如果礼让行人，停下来将花去十秒、十几秒甚至更多的时间。这时，不礼让行人是没有成本的，而礼让行人是有成本的。成本是花去自己的时间以及这段时间消耗的燃油的价值。当有了监控的时候，情况不一样了。不礼让行人有了成本，成本是扣分和罚款；礼让行人则成本基本没变。不礼让与礼让相比，当然前者的成本要比后者高出很多。

人在生活中时时处处会进行成本的比较

不礼让行人和礼让行人对于司机来说都没有太多收益。前者，自不必说；而后者，可能换来部分行人感激的目光和感谢的手势，可是，大多数司机并不将此当作收益。在基本都没有收益的情况下，没有监控的时候，大多数司机会选择不礼让行人；有了监控以后，大多数司机会选择礼让行人。可见，在是否礼让行人这件事情上，司机们是经过成本比较的。这种成本比较不需要精密地计算，对于稍具理性的人来说只是一闪念的事。

实际上，生活中时时处处需要进行成本的比较，一个具有正常思维的人也一定时常衡量行动的成本。人们购物时要货比三家，讨价还价，这是努力降低采购成本；孩子出国留学要考虑目的国和学校的学费、生活费的高低，这是进行留学成本的比较；国家实施二孩、三孩政策后，愿意生二孩、三孩的小夫妻并没有明显增加，因为现在养育孩子的成本太高，使很多普通家庭望而生畏，有心无力。

在日常生活中人们并没有感觉时常需要成本比较，那是因为有很多事情像司机是否礼让行人一样只是一闪念的事，不需要认真思考就可以采取行动或只需要下意识地去行动。另外，有很多事情其实已经经过了比较，行动策略已经固化，只是我们不再在意了而已。例如，一个工作的人每天上下班的通行路线基本固定，如果没有新情况（比如他通常走的道路因特殊原因被封闭，需要重新选择路线）出现，他不需要考虑更改路线。他通常走的路线一定是他认为最便捷最经济的路线。但是，如果某个周末他应邀参加一个聚会，他就要考虑规划前往聚会地点的最佳路线和出行方式，考虑因素包括距离远近、道路是否通畅、乘车还是步行；如果乘车，是自驾还是打出租车，抑或坐地铁或乘公共汽车，最后选择的路线和方式一定是考虑了便捷性、经济性和安全性之后综合成本最低的。

人们衡量成本是因为占有的资源有限

人们为什么会衡量成本呢？因为人们占有的资源有限。在有限的资源面前，人们总是倾向于减少资源的消耗，倾向于减少损失，倾向于用较少的资源来达成某个目的，以便用剩余的资源来做更多的事情。

在司机是否礼让行人这件事情上，抛开人的公共道德和文明程度这些因素不谈，仅就经济因素来说，与资源有限有关。首先，每台车的燃油都是车主或司机花钱在加油站加的，车主或司机的资金是有限的，礼让行人停车时间虽短，但也消耗燃油，除非必要，开车人谁也不愿意把车停下来让发动机空转白白消耗燃油。如果燃油是免费加的，任谁都不会在意燃油的消耗。其次，开车人和乘车人的时间是有限的，谁都希望早一点到达目的地，做每个人该做的事情或享受闲暇时光，而不愿把车停下来屏息静气等待行人通过。如果有人认真研究对比没有监控时不同时日通行车辆礼让行人的多少，一定是休息日礼让行人车辆所占比例高于工作日礼让行人车辆的比例，因为休息日人们的时间相对充裕，会有更多的司机愿意停下来牺牲一些时间等待行人通过。

人们购物时讨价还价，留学选择目的国考虑费用多少，都是因为个人和家庭的财富、金钱有限。年轻父母不愿生养二孩、三孩除了因为家庭财力有限外，还因为时间和精力有限。将二孩、三孩养育成人可能耗去年轻父母大半生精力，使他们无暇投身事业，创造业绩，积累财富，享受生活。

资源对于每个人都是有限的，没有人认为自己掌握的资源已经足够多，不需要再增加资源了。同时，每个人占有的资源又不是均等的，有的人占有的资源多、有的人占有的少。因而，每个人的成本承受能力不同。一般来说，低收入的人购物看重价格，高收入的人购物可能会更看重品质；工薪阶层家庭孩子出国留学通常也会考虑费用的高低，富裕阶层家庭孩子留学则不用考虑费用，只要孩子能考上心仪的学校；一般家庭生养孩子要考虑经济承受能力，财力雄厚的家庭则不需要考虑费用，只要小夫妻愿意生就养得起。

每个人拥有的金钱和财富既有限又有很大的不同，但时间这种资源对每个人却是既有限同时又大体均等。每个人的一天都是 24 小时；除非有特殊疾病或发生意外，每个人一生的时间长度都在平均寿命上下。时间是这世间唯一在人和人之间公平分配的资源,它不依人的身份地位不同而不同,不依人拥有的物质财富的不同而不同,在时间面前人人平等。除去消极厌世的人、正在忍受极度痛苦煎熬的人,希望时间过得快一点,甚至希望早一点结束自己的生命以外,几乎没有人不希望自己的时间更多一些,不希望自己的寿命更长一些。每个人都曾有过对时间太短、太快的焦虑与烦恼。但是,在同样的时间里,每个人利用时间的方式和结果却有很大的不同。贫穷而勤奋的人应该比许多富人更懂得珍惜时间,更好地利用时间,因为他很多时候只有时间这一种资源,所谓"没有伞的孩子要学会奔跑"就是这个道理。

以上是就个人而言。就全社会来说,由于资源有限,公共开支也要量入为出。就此例而言,由于土地和政府财力有限,导致修建的道路有限,使得一些路口不得不车辆和行人交叉通行,形成人等车辆或车辆礼让行人的情况。人和车辆等停花费的时间总和与车辆等停时消耗的燃油的总量是这个交叉路口造成的社会总成本。如果有充足的政府财力,就可以通过建设立体交通分流行人和车辆,从而避免发生前述成本。

1.2 衡量成本不能只考虑投入多少,还要考虑放弃了多少
——机会成本和经济利润

开车人在装有监控的路口停车礼让行人,那是他不愿意因为未礼让行人被扣分和被罚款,为此,他宁愿花去十几秒时间,消

耗一些燃油，这是他为了避免违规被处罚而付出的成本。在通常情况下绝大多数人都会这样选择。但是，在特殊情况下就未必了，比如有急事的时候。这时，开车人就会衡量等待行人的这十几秒会不会耽误事，耽误事会造成多大的损失，如果损失太大，他也许就不会停车等人，而是在保证不撞到行人的前提下迅速通过。

成本包括会计成本和机会成本

如果车上有参加高考的孩子，距离开考时间已经很少了，开车人还会礼让行人吗？可能就不会了，他宁愿被扣分和罚款，也要保证孩子能准时参加考试，因为孩子高考这件事太重要了！如果因等待行人通行这十几秒耽误了孩子高考，影响了孩子一生的前程，那损失就太大了！这时如果他仍然坚持停车等待行人通过，他支付的成本就不仅是这十几秒的时间和消耗的燃油，还有可能是被耽误的孩子的前程。如果他开车是要赶往医院，为需要立即施行手术否则就会有生命危险的亲人交付手术押金，这时，他还会礼让行人吗？应该也不会。这时他礼让行人的成本也不仅仅是十几秒的时间和消耗的燃油，还有可能是失去亲人的生命。在这样的情况下，开车人通常的反应都是在保证安全的前提下，尽可能在最短的时间内到达目的地，这时候扣多少分、罚多少款都认了，因为礼让行人的成本太高了。

这两个例子说明我们在衡量成本的时候，不仅要计量做一件事（礼让行人）投入的资源多少（等待的时间和相应的燃油），还要考虑做此事可能放弃了什么和放弃了多少（孩子顺利参加高考和未来美好的前程、亲人的生命）。经济学将前一种成本称作会计成本，将后一种成本称作机会成本。在日常生活中我们通常不总是需要进行全面、复杂的成本比较，因为很多事情是约定俗成的，到什么时间做什么事，一般不会因为做此事不做彼事而损失什么或者有明显的损失，就像在没有急事的时候，开车人停车礼让行人除了耽误一点时间和消耗一点燃油，再没有什么损失一样。但是，在遇到一些例外情况的时候，或者需要做不常做的决策的时候，就要既衡量会计成本，也要考虑机会成本。为了进一步说明这个问题，我们再举几个可以量化的例子。

"里外里"的道理

一个在校大学生一般在大三的时候就要考虑毕业以后是直接就业还是继续读研。如果是直接就业，就要开始找工作了；如果是继续读研，那就要开始备考。如果单从经济上考虑，就业可以使他有一份稳定的工作，每月有一笔相对稳定的收入，从此逐渐开始独立生活；读研虽然有国家给的补助，但是一般抵不上读研期间发生的所有费用，还需要父母补贴一些或自己打工挣点儿零用钱。与就业相比，读研不仅不挣钱，还要搭钱。假设每月要补贴1000元，一年就要1.2万元，假设读研需要三年时间，三年要补贴3.6万元，这些钱是读研的成本；但是，读研的成本仅仅是这些吗？显然不是。这只是会计成本，还有因为推迟就业放弃的就业可能带来的收入。例如，他就业找的工作每月平均薪酬按5000元计，一年6万元，三年就是18万元，这是他因读研放弃的收益，也就是他读研的机会成本。他读研的总成本是会计成本加上机会成本,为 21.6 万元(3.6 + 18)。当然,这只是三年的经济比较,不能作为读研还是就业的全部依据,还要考虑长远发展和个人志趣。这个例子说明,我们在做决策的时候既考虑会计成本也考虑机会成本,显然是更全面和更符合实际的。

国企职工李某脑筋活络,不安于现状。他看到越来越多的家庭和个人喜欢结伴到户外自助烧烤,但是,简单、原始的烧烤工具不便携带、操作麻烦,且污染环境。于是,他上网寻找关于烧烤的技术和设备,发现有一种叫烤串机的专利产品方便实用且环保卫生。他相信这种机器一定有销路,能赚钱。经过反复地衡量比较,他决定大干一场——辞去了工作,从银行取出多年的积蓄,购买了烤串机的专利技术和生产设备,租赁了厂房,招聘和培训人员,建起了一个小型工厂。别说,工厂当年就生产销售出一批产品,扣除用在这批产品上的人工费、水电费、折旧费等全部费用,净剩了大约 10 万元。第一年就赚了 10 万元,李某很是有成就感,认为自己辞职创业做对了。李某这样想对不对呢?似乎没什么不对,工厂不都是这样进行财务核算的吗?但是,正像前面说过的,他只计算了会计成本,10 万元只是会计利润。会计利润不能说明他的选择是对是错,只有考虑了机会成本之后,如果仍然有利润,才说明他的选择是对的,那个利润叫经济利润。

李某辞职开工厂的机会成本是多少呢?也就是说他放弃了什么?放弃了多少呢?李某在国企工作一年的工资奖金算下来总收入大约 6 万元,这是他放弃的;李某开工厂前前后后一年下来共投入了 100 万元,这 100 万元本来是存在银行里的,当时的存款利率是 4.5%,这样,本来一年可得利息 4.5 万元,这也是他放弃的。

大体上他开工厂第一年放弃了本来可得的收益为 10.5 万元（6 + 4.5），这是他这年的机会成本。现在再看他这年的经济利润：10 - 10.5 = -0.5（万元）。经济利润是负的，说明与不辞职相比，他不仅没多挣到钱，还少挣了 5000 元。用老百姓的话说：他里外里赔了 5000 元。

看，事情一下子清楚了！就这一年来说，他辞职开工厂是错的，他"亏"了。当然，这只是第一年的成果。做企业不能只看一年的经营成果，要放到一个较长的时段去看。如果第二、第三年乃至今后更长时期都能取得经济利润，就说明他辞职创业是成功的。这个分析也启示他，至少在近两年内工厂的会计利润必须不少于 10.5 万元，才能说明他开工厂真的比上班赚了。你看，考虑机会成本的分析才能让人看到事物的真实情形，能让人更清醒和更理智，能让人明确努力的方向和目标。

一种资源不能同时用于不同用途，用于此用途就等于放弃了用于彼用途可能取得的收益，因此，只有用于某用途取得的收益大于用于其他用途的收益，也就是用于该用途取得了经济利润，才能说明该资源用于此用途是最有效的，实现了最大价值。反过来，如果用于经济利润为负的另一种用途上，则是低效的、浪费的或者是"亏"的。

短期内正的经济利润是唯一的

我们前面举的例子都是资源用于两种用途的情形。当资源可以用于两种以上用途的时候，机会成本就是指资源用于此用途而放弃的用于其他用途中可能取得的最大收益，这时，只有用于一种用途可能取得正的经济利润,也就是说,正的经济利润是唯一的。

一个大型企业投资上马了一个项目,当年见效,盈利100万元。公司上下都喜笑颜开,公司高管纷纷称赞董事长决策英明,董事长却愁容满面,不无感慨:我们这个项目看似盈了,实则亏了!看着众高管不解的样子,董事长继续说:这个项目刚上马不久,我就发现还有两个项目可以投,而且投资额并不需要增加,一个可以盈利200万元,另一个可以盈利300万元,而且确有企业投资了这两个项目,都取得了较高的回报。

众高管纷纷劝说道:算了,董事长不要再多想了,我们盈利也不低啊,这已经不错了!董事长正色道:不对。我们判断一项决策正确与否不能只计算会计成本,还要考虑机会成本,用经济利润而不是会计利润来衡量。我们这个项目的100万元盈利是会计利润,这个项目的机会成本是300万元,因此,实际成果是不仅没有盈利,反而亏了200万元(100-300),只有上马第三个项目,才真正是盈利的。

董事长为什么这么说呢?对于该公司已投项目来说,虽然取得了100万元的会计利润,但是,放弃了另外两个项目中的最大收益300万元,也就是机会成本为300万元,因此,它的经济利润是-200万元。如果投资于第二个项目,其机会成本也是300万元,经济利润是-100万元(200-300)。如果投资于第三个项目,其机会成本是200万元,经济利润是100万元(300-200)。因此,只有投资于第三个项目,才能取得经济利润,资源才得到了最有效的利用,创造了最大的价值。投资于第一、第二个项目，不是没有收益，而是放弃了本可以不放弃的收益。

企业取得经济利润，说明企业将资源用到了市场最需要的地方，顾客给予了最大的回报。资源是有限的，于个人、于企业，莫不如此。面对有限的资源，个人在生活中面临选择时要考虑机会成本，企业在经营过程中要追求经济利润，而不是会计利润。当然，在充分竞争的市场里，长期看，正的经济利润会不断吸引竞争者进入，竞争的结果会使经济利润趋向于零，从而使市场达到一个新的均衡状态。

第2章 边际和决策

2.1 多一个人参加会议不好吗？
——边际成本和边际收益

五四青年节要到了，一家国有企业决定举行迎"五四"形势任务报告会，主讲人是该公司总经理杨先生。杨先生博学多识，思想深刻，讲话朴实而富有哲理，阐述问题清晰透彻。他作的报告很受员工尤其是青年员工的喜爱。

报告会拟在公司报告厅举行，报告厅的听众席共有200个座位。负责筹备会议的办公室主任小赵提出了一个参会人员范围，供杨总决策。小赵提出的参会人员范围包括公司班子成员、机关部门负责人、所属二级单位负责人和"五四"拟表彰的优秀青年，总计180人。

杨总看到这个方案，稍稍皱了一下眉头："为什么要空20个座位呢？把座位填满不好吗？"

小赵："这个范围的人就只有这么多了。"

杨总："那就扩大范围，再找20个青年骨干来，把位置填满。"

小赵一脸困惑："杨总，为什么一定要填满呢？"

杨总轻轻叹了口气，意味深长地说："小赵啊，你不知道经济学里'边际'这个概念吗？增加这20个青年参加报告会，对于我们来说，边际成本接近于零，边际收益却可能很大。"

小赵似懂非懂地点点头，回去落实了。

杨总的话是什么意思？他说的有没有道理呢？

开会有成本

开会是有成本的。会议涉及一系列会务工作,包括会前筹备、会议通知、会中安排、会后整理和总结等,这些都需要消耗一定的人力和物力,包括有专门人员服务会议全程、会议室的布置、文字材料的准备和印刷、音响和多媒体设备的调试使用、能源消耗,甚至包括食宿安排等。会议规模越小、时间越短,牵涉的成本费用越低;反之,则越高。

除了以上这些可见的成本之外还有更重要的一项成本:参会人员的机会成本。会议的规格越高,即参会人员的层级越高,机会成本越高。越是位居高层的人员,他们日常处理的企业事务通常越重要。集中开会,就要放下他们各自手头的工作,甚至推迟或延误对要紧事情的处理,由此可能对企业整体造成的影响就是他们开会的机会成本。相反,处于基层的人员,他们承担的工作是企业全部工作中相对微小的一部分,他们参加会议,暂停手里的工作对企业整体的影响相对较小,也就是说他们参加会议的机会成本相对低一些。

虽说开会是有成本的,有些该开的会还是得开,因为开这些会对企业是有益的。议事决策类的会自不必说,对于解决企业经营中遇到的难题和规划企业长远发展具有重要意义。形势任务报告会、总结表彰会等也是必要的,它们有助于凝聚员工思想,树立企业核心价值观,鼓舞员工士气。这是说开会的益处,或者说开会的收益。前一类会通常只限定高层参加;后一类会不那么严格限定参会人员范围,根据会议内容不同,灵活确定需要哪些人参会。

开会的边际成本和边际收益

开会既然有人力物力的投入，也产生收益，那么对于开不开会、开什么会，就该做收益和成本的比较。只有开会的收益大于投入的成本，才值得开会；如果开某个会的收益不大于投入的成本，这个会就不值得开。当然，开会的收益和成本都是很难定量衡量的，但是，这个开会原则是没有问题的。既然这样，就像其他经营活动一样，开会也要尽量降低成本，扩大收益。杨总的话里就包含着这个意思。那么，什么是边际成本，什么是边际收益呢？

我们首先要搞清楚边际的意思。边际，在英语里是margin，是边缘、边沿的意思。与"边际"有关的常用概念有边际收益、边际成本、边际效用等，都是指在总量基础（边缘）上新增单位增量引起的某方面的增量。边际收益和边际成本是厂商分析里常用的概念。边际收益是指增加一单位产品的生产和销售所增加的收益，边际成本是指增加一单位产品的生产和销售所增加的成本。边际收益减去边际成本的差叫边际利润，也叫边际贡献。通常情况下，当边际利润为正的时候，应该继续增加产量。这时候每增加一单位产品的生产能给企业带来边际贡献。当边际利润为零时，企业应该停止增加产量。如果继续增加产量，边际收益小于边际成本，边际利润就是负的了。

边际分析为经营决策提供了一种全新的思想和思路。它让人们在总量和平均量之外关注边际量的变化与影响，而后者在很多时候对正确决策至关重要。

飞机票低价折扣的道理

举例来说，常坐飞机的人会发现，一些并非热门的航线或者一些热门航线在淡季时往往上座率达不到100%，航空公司常常在临近飞机起飞的某一时间段打折出售剩余机票，有时候折扣还大得惊人。这是为什么呢？航空公司以营利为目的，机票收入是其主要收入来源，要靠机票收入来消化它的全部成本并有剩余，这样航空公司才能有盈利。航空公司根据市场竞争状况和年度经营目标确定每一趟航班的机票价格，因此，每趟航班的每张机票都分担着航空公司全部成本开支的一小部分。这些成本里有航空公司的房屋租金、飞机折旧和人员工资等固定成本，也有每搭载一名乘客新增的成本，如新增的燃油消耗和乘客的餐食费用等，这就是所谓的边际成本。乘客购买飞机票向航空公司支付的费用是后者的边际收益。理论上，只要新增乘客的边际收益大于边际成本，搭载该乘客就有边际贡献，这个贡献就是可以消耗部分固定成本——即使只是全部固定成本中的很微小的一部分。航空公司自然希望按测算好的票价获取收益，但是总有机票不能全部售出的时候，这时候打折出售机票可能吸引对票价敏感的乘客。按照边际收益大于边际成本的原则，只要打折后的票价高于用于新增乘客身上的费用，就是值得的。

一架载客160人的客机，值飞甲地到乙地的航班，甲乙两地相距2000公里，通常情况下票价为1500元/座。按照每座每百公里油耗3升计算，在甲乙两地间单程每座耗油60升。按照燃油价格5000元/吨、燃油密度0.775千克/升计算，每座单程耗油不超过 250 元。飞机上为每位乘客准备的餐食费用通常不应超过 10 元。这样，不考虑托运行李，新增一位乘客的边际成本不超过 260 元（250 + 10）。航空公司即使折半出售机票，票价为 750 元/座，仍远高于 260 元，还有将近 500 元的剩余，这些剩余就是新增乘客的边际贡献，可以用来承担部分固定费用。

假定有一趟这样的航班，在距起飞前六小时已经按 1500 元/座的票价卖出了 150 张机票，还有 10 张机票剩余。这趟航线并不是热门航线，而且此时也不是旅游旺季，按照经验，越临近起飞，越难以售出这些剩余机票。这时候如果降价出售机票，有可能吸引希望低价乘坐这趟航班的乘客，把剩余的机票卖出去。只要票价不低于 260 元，就都是值得的，总比空座要强，这就是为什么我们会遇到机票以 5 折甚至更低折扣出售的缘故。

在边际上决定参会人数

正是基于同样的道理，杨总要求再找 20 个青年骨干来，把剩余的位置坐满。就这次会议来说，除了已确定的 180 名参会人员外，后增的 20 名青年相当于"边际产量"，他们参会的边际收益是他们听过杨总报告后的收获。由于杨总的报告一向精彩深刻，听过报告后，他们可能会更加端正对工作和学习的态度，学会更好地工作和学习的方法，更加努力地工作、学习、钻研和创新，从而为企业发展作出更大的贡献，同时也更好地实现个人价值，这些收益是难以用金钱衡量的。而他们参会的边际成本是会议因他们参加而新增的成本以及他们个人的机会成本。因为他们还都是普通工作人员，不享受茶水、湿毛巾等特殊待遇和专人服侍，最多就需要多印一份会议材料，因此，因他们参会而新增的会议成本几乎为零；同样因为他们都是普通员工，还都没有承担特别重要的工作，离开岗位参加会议对他们的工作和公司的事情影响都不大，因此，他们的机会成本也是很小的。

这样分析下来，新增青年骨干参会的边际成本很小，而边际收益却可能很大，那何不让他们参会呢？杨总正是出于这样的考虑，不愿浪费一个空位，尽可能让更多的青年参会。不能不说杨总是一个很有经济头脑的领导，他很善于将经济学知识用于日常工作中。

当然，我们举这个例子，并不是说什么会都是参加的人越多越好。我们前面说过，会议是分类型、分层级的，有些会是必须限定参会人员范围的，比如议事决策类会议，这类会议涉及企业机密，无关人员参加无益。有些会不需要严格限定参会人员范围，如形势任务报告会、总结表彰会，这类会议总的来说参会人员越多，受教育面越大，受鼓舞的人越多，边际收益一般也总是大于边际成本，这样的会，就应该打破级别、岗位、身份的限制，尽可能让更多的人参加。

决策者并非都不懂这个道理。有的决策者明白这个道理，但是囿于会场的限制，没有办法让更多的人参会；有的决策者等级观念特别严重，绝不让低层级的人参加高层次的会议，仿佛那样会降低了他的身份和尊严一样，这样的企业一定是等级森严的金字塔型的科层制结构。

随着计算机网络技术和移动通信技术的发展，视频会议变得越来越常见，移动视频会议也变得不难实现，这就打破了有形会议室对参会人数的物理限制，可以让更多的人参与进来。这对于市场和分支机构遍布全国乃至全球的集团公司型企业而言意义尤为重大。由于节省了大量的交通和食宿费用，参会人员的边际成本几乎就只剩下他们自己的机会成本，会议总成本大大降低。这样，对参会人员身份和岗位没有严格限定的会议就可以让更多的人参与进来。视频会议的推广应用理论上有助于企业实行扁平化管理，使企业内的风气变得更加民主和平等。

我们这里的分析有一个前提，就是这里所说的会议都是务实的、有意义的，每一个参会者都有不同程度的收获，即每个参会者的边际收益都是正的。这样，当边际收益大于边际成本的时候，多让一个人参加会议才是有必要的。但理想很丰满，现实很骨感。现实中的会议并非都是这样的。很多企业的很多会议是低效的、无效的，甚至负效的，会议弥漫着形式主义的气氛，充斥着空洞无物的讲话或报告。这样的会议不仅不能给人以收获和教益，反而会让与会者感到厌烦与无聊，白白浪费他们宝贵的时间。这样的会议，对于任何一个参会者其边际收益都是负的，它的总收益也是负的。这样的会议，参会者越少越好！

2.2 吃火锅和利用时间的学问
——边际效用递减和等边际法则

火锅，是中国的一种传统美食，从南到北都广受欢迎，无论严冬还是酷暑，都有许多食客趋之若鹜，乐此不疲。如果我们问一桌正在吃火锅的人：你们为什么吃火锅啊？他们可能会说：我喜欢吃涮羊肉；我喜欢吃火锅时那种热气腾腾的氛围；我喜欢自己煮自己吃这个过程；等等。

如果我们再接着问这桌吃火锅的人：你们为什么在这家店吃火锅呢？他们可能回答：这家店羊肉保真、鲜嫩、口感好，吃着放心、舒服；这家店涮品多，应有尽有，我想吃的都能吃到；这家店环境好、服务好，感觉温馨；这家店价格合理、菜码大，吃着实惠。

消费的动机是偏好和效用

这两个问题以及对问题的回答涉及了经济学里的两个基本概念：偏好和效用。偏好和效用正是人们消费某种物品的动机来源。所谓偏好是指人对某种物品或服务的喜爱或厌恶的倾向,[①]更常用于指喜爱的倾向和态度。所谓效用是指某种物品或服务满足人的偏好的程度。这里对于第一个问题的回答就是关于偏好的，表达了人们喜欢吃火锅的态度和理由；对于第二个问题的回答是关于效用的，解释了人们选择这家火锅店而不是其他火锅店的理由：这家店能更好地满足人们的偏好，也就是，在这家店吃火锅的效用更大。

偏好和效用完全是一个人主观的感受与评价，没有一个客观的标准。我们不能根据自己的判断就武断地说苹果一定比香蕉好吃，也不能说香蕉一定比苹果好吃，因为对苹果和香蕉的喜好是

---

① 张维迎. 经济学原理 [M]. 西安：西北大学出版社，2015：32.

因人而异的，有人偏好苹果，也有人偏好香蕉。偏好苹果的人认为吃一个苹果带来的快乐大于吃一个香蕉带来的快乐，偏好香蕉的人则会有相反的想法。喜欢吃苹果还是香蕉是人们对这两种水果的不同偏好，对吃苹果或香蕉带来的快乐的评价则是人们对这两种水果效用的评价。

为了更好地说明问题，我们通过给效用赋值来分析。假设一个偏好香蕉的人认为一个苹果对他的效用是1，那么，我们问偏好苹果的人一个苹果对于他的效用是多少，他可能回答是5，当然也可能是比5还大或比5小的其他数值，总之应该是比1大的数值。两个人对效用估值的差异程度反映了两人偏好的差异程度。

"吃伤了"的道理

没有偏好，就没有需求。人们只有对某种物品产生偏好，才会有对它的需求，才会产生消费它的欲望。效用越大，人的消费欲望越强烈，对它的需求量就越大。但是，是不是消费量越大，效用也总是随之增大呢？不是的，随着消费量的增加，效用呈现增涨幅度越来越少的趋势。譬如吃火锅，人们吃下第一盘涮羊肉的时候，会感觉很爽很舒服，我们姑且给这种感觉赋值为10；当吃下第二盘涮羊肉的时候，第一盘吃下去那种很爽很舒服的感觉就不那么强烈了，这时候我们问人们愿意给第二盘涮羊肉赋值多少，他们可能会说8；当吃下第三盘的时候，那种感觉就更淡了一些，他们可能会赋值5；等到第四盘上来的时候，大家可能赋值2；这时候可能没有人愿意要第五盘了，因为已经吃饱了，再吃就倒胃口了。

我们前面说过"边际"的概念，边际就是新增的一个单位的量，边际效用就是新增单位消费量带来的效用。相对于第一盘涮羊肉来说，第二盘涮羊肉就是边际量，它带来的效用就是边际效用；相对于第二盘涮羊肉来说，第三盘是边际量，其效用是边际效用；以此类推。在这个例子里，第一、第二、第三和第四盘涮羊肉的边际效用分别是10、8、5和2，虽然总效用在增加，但是边际效用却是递减的。边际效用递减就是指，随着消费量的增加，新增单位量的消费带来的边际效用总是不如上一个单位量消费的边际效用大。

边际效用递减告诉我们，在收入一定的情况下，消费一种物品获得最大效用的消费量是在边际效用等于或接近于零的地方。上面吃火锅的人们吃四盘涮羊肉是恰到好处的，这时总效用最大。如果他们再吃第五盘涮羊肉，这最后一盘羊肉的边际效用很可能是负值，不仅不会增加总效用，反而会使总效用减少。这里给效用的赋值是一种假定，实际生活中人们不会给自己的感觉评分，但是道理跟我们的实际体验是相符的，就是即使经济条件允许，再好吃的东西也不能吃多，当然也不会吃少，吃少了你会觉得不尽兴，吃多了也会适得其反，产生不舒服的感觉，甚至会产生厌恶的心理。所谓"吃伤了"就是这个道理。

效用最大化的基本条件是要符合等边际法则

边际效用递减还决定了，无论对于任何消费对象，随着消费量的增加，人们对于再增加单位消费量的欲望降低。也就是，通常情况下，人们对于尝试过、体验过的东西再尝试、再体验的欲望会降低。这就是所谓的"喜新厌旧"。所以,吃火锅的人们不会只是吃涮羊肉,而是会吃多种涮品,包括蘑菇、木耳等菌类、白菜、油菜等青菜类,以及其他,等等。这不仅仅因为菌类、青菜等涮着吃可以解羊肉的腥膻,而且荤素搭配,营养均衡,还因为既然吃羊肉边际效用在下降,那么,就改吃菌类和青菜好了。

但是,同羊肉一样,菌类和青菜的边际效用也是递减的,于是,我们看到人们一般是这样吃火锅的:先吃两片涮羊肉,再涮两片蘑菇或木耳吃,接着吃几片涮青菜,回头再夹起两片羊肉涮了吃,如此换着样吃,直到吃饱为止。用经济学语言说,这是一个在边际上不断调整的过程。最终人们希望达到一个什么样的效果呢?——最后一口不同涮品的效用相等,就是最后一口涮羊肉、最后一口涮菌类(比如蘑菇)和最后一口涮青菜(比如白菜)给你的满足感相同。因为如果你觉得最后一口涮白菜的满足感好于涮羊肉和涮蘑菇,你会再吃一口涮白菜,直到它的边际效用下降到和最后一口涮羊肉、涮蘑菇的边际效用相同为止。这在经济学里叫"等边际法则"。

一餐火锅下来,人们怎么评价自己吃好或没吃好呢?在吃饱又没有撑到的前提下,每种涮品都吃得恰到好处,就是吃好了。那么,怎么算恰到好处呢?就是每种涮品既没吃多,也没吃少,每种涮品的最后一口给自己的满足感相同,即每种涮品最后一口的边际效用相等。如果你吃某一种涮品(比如蘑菇)最后一口的满足感好于其他涮品,即涮蘑菇最后一口的边际效用高于其他涮品的时候,聚餐就结束了,你就会有些许遗憾:蘑菇还欠了一口,这时候就是没吃好。这个道理也适合于吃自助餐和其他美食。

人们消费多种物品获得最大满足或效用最大化的基本条件是要符合等边际法则。[①] 在某种约束条件下，当面临着多种物品选择时，在每一种物品上的最后一单位消费所带来的边际效用都相等的时候，得到的满足感或效用最大，这就是等边际法则。在我们上面分析的吃火锅的例子或其他就餐的情形，在不考虑货币支付能力的情况下，约束条件是人的胃口或者说饭量，这时候获得最大效用的吃法就是在保证吃饱的前提下每种食物最后一口的边际效用相等。

购物时的最佳选择

生活中，人们更多时候的约束条件是个人的收入水平或者说支付能力。在支付能力有限的情况下，当购买和消费多种物品的时候，符合等边际法则的做法是确保用于每一种物品的最后1元钱的边际效用相等。这时候，总效用是最大的。这跟吃火锅的道理是一样的。

假定你去集市上买鸡蛋和西红柿，在你心目中第10个鸡蛋和第5个西红柿的边际效用相同，都是1，你是不是要买10个鸡蛋和5个西红柿呢？不一定。如果1个鸡蛋和1个西红柿的价格是一样的，那是对的；如果不一样，那就不对了。为了方便起见，假定1个鸡蛋2元钱、1个西红柿1元钱，那么，最后一个

---

① [美] 保罗·萨缪尔森，威廉·诺德豪斯. 经济学（第18版）[M]. 萧琛，主译. 北京：人民邮电出版社，2008：76.

鸡蛋的效用是 2 元钱带来的，而最后一个西红柿的效用是 1 元钱带来的。相同的效用却花了不同的价钱，用在鸡蛋上的钱比用在西红柿上的多，这显然是不合适的。这时候你应该减少鸡蛋的购买量或者增加西红柿的购买量。假定第 9 个鸡蛋的边际效用是 2，你买 9 个鸡蛋就合适了。这时候用于买最后一个鸡蛋的 1 元钱带来的边际效用（效用 2/2 = 1）与用于买最后一个西红柿的 1 元钱带来的边际效用（效用 1/1 = 1）相等。同样，假定第 6 个西红柿的边际效用是 0.5，你买 6 个西红柿也是合适的，这时候最后 1 元钱的边际效用同样相等，鸡蛋是 0.5（效用 1/2 = 0.5），西红柿也是 0.5（效用 0.5/1 = 0.5）。最后，到底是买 9 个鸡蛋、5 个西红柿，还是买 10 个鸡蛋、6 个西红柿，就看你口袋里的钱有多少了。用一个等式表示，就是：

鸡蛋的边际效用/鸡蛋的价格 = 西红柿的边际效用/西红柿的价格

推而广之，当面临多种物品选择的时候，取得最大效用或得到最大满足的条件是：

物品 1 的边际效用/物品 1 的价格 = 物品 2 的边际效用/物品 2 的价格 = … = 物品 n 的边际效用/物品 n 的价格

这也是等边际法则在货币使用上的数学表示。

管理者如何分配时间

当约束条件变成时间时，我们要考虑的问题就变成了如何分配时间来保证时间利用的效用最大。时间是有限的，也是公平的，每个人每天都拥有相等而有限的时间，如何利用好时间，让自己每一天过得充实、快乐、有意义实在是一件很重要的事情。作为管理者，合理安排时间不仅关乎个人的时间利用效用，还关系到组织的管理效能。

我们每天都有很多事情要做，需要抉择做什么、不做什么，先做什么、后做什么，给每件事情大致分配多少时间，等等。因此，时间利用问题就是如何选择的问题。自然，我们每个人的时间都不是可以完全由自己支配的，但是，在自己支配的范围内，如何分配时间使时间利用效用最大化却是自己必须做好的选择题。

等边际法则同样适用于时间管理。我们姑且把做一件事情所用时间长度当作做这件事情的时间价格，如此，等边际法则在时间管理上的表述就是：当你花费在每一件事情上的最后一分钟的边际效用都相等时，你就最佳地利用了你的时间。[1]

对于管理者而言，要着眼于"需要"来安排时间。需要你做的事情才有效用，不需要你做的事情于你无效用。你分配时间的首要原则是：按照事情的重要程度来安排做事的先后顺序。先做重要的事情，后做次要的事情。于你来说重要的事情是最需要你做的事情；重要的事情做成了，它的效用远高于次要的事情。重要的事情即使难做也要先做。

第二条原则是：根据事情的重要程度分配做事的时间长度。重要的事情时间价格也高，值得投入较多的时间，因此，重要而

---

[1] [美] 保罗·萨缪尔森，威廉·诺德豪斯. 经济学（第18版）[M]. 萧琛，主译. 北京：人民邮电出版社，2008：77.

复杂的事情尤其要保证足够的时间,避免简单而草率地完成。相反,次要的事情不要占用太长时间,特别是次要且简单的事情要用尽量短的时间完成,避免拖拉扯皮。

第三条原则是:做自己分内的事。你职责范围内的事才是需要你做的事。管理者尤其需要注意,不要越俎代庖,不可事必躬亲,即使有些事情你亲自做比下属做得还好,那也不是你该做的事情,花时间去考虑重要的、急迫的、复杂的事情,你的时间是珍贵的、有限的。这个问题我们在后面3.2节"管理者该事必躬亲吗?"中还会谈到。

学生们如何分配时间

等边际法则用在时间管理上,还可以给莘莘学子以有益的启示。在当前仍以考试成绩为主要评判标准的教育体制下,学生们要取得好成绩,如何在各门功课上分配有限的时间呢?平均分配吗?显然不是。学生们都有这样的体会:花同样的时间在每门功课上,提高的分数却不一样,有的提高得多,有的提高得少,还有的甚至没有明显变化。这是为什么呢?还是因为边际效用递减。

相对来说,对于任何一门功课,随着花费在它上面的学习时间的增多,新增学习时间带来的成绩提高幅度越来越少。通常情况下,一门上学期考了90分的科目比考了60分的科目再提高1分的难度要大很多。所以,为了取得更好的总成绩,学生们要学会在学习时间边际上进行调整,在保证每门都及格的前提下,给提高分数多的科目增加学习的时间,在提高分数少的和没有明显变化的科目上减少时间,直到花在每一门功课上的最后一分钟提高的分数相同。

当然，这是一种偏于理想化的说法，也是一件很难度量的事情，但是，这反映了一种理性的做事态度和方向。我们前面说过，效用是一个人主观的感受和评价，很难有一个定量的评估标准，因此也就很难进行客观的评价和比较，消费物品是这样，消费金钱是这样，消费时间也是这样。但是，这并不影响我们对边际效用递减和等边际法则的理解与遵循。边际效用递减和等边际法则告诉我们，无论消费什么，学会在边际上考虑问题，努力使消费在边际上达到均衡，这样可以获得最大效用。

2.3　买卖是怎样达成的？
——消费者剩余和生产者剩余

我们每天都在从事买卖行为。在随便的哪一天，我们可能要买一些一日三餐用的食材，买一些洗漱用品和化妆品，买一件你看上的新款的衣服，或者买一台新式的家用电器以替换掉老式的那台。我们买东西当然要用钱。对工薪阶层而言，钱是靠每天出售自己的劳动挣来的，或者是脑力劳动，或者是体力劳动，或者是两者兼而有之；对于企业家和个体工商户来说，他们每天的工作就是生产物品和销售物品，或者仅仅是销售物品。所以，实际上我们每天也在卖东西。

买卖行为实际上是一种交换行为。在人类的早期，在货币还没有出现的时候，人们限于物物交换，用自己生产的物品去交换别人生产的物品。当货币即所谓的"钱"出现以后,钱成了交换的媒介。人们出售自己的物品(包括劳动)换来钱,这叫"卖";再用钱换来自己需要的物品(也包括劳动),这叫"买"。使用钱进行的交换叫买卖。

按照生活在三个世纪之前的经济学鼻祖、英国人亚当·斯密的说法,交换促进了分工,分工又极大地提高了人类的生产效率,从而使人类的财富被迅猛地创造出来。在亚当·斯密之后的另一位英国经济学家大卫·李嘉图的比较优势理论为分工提出了令人信服的依据,使得几乎每个人、每个经济体都能找到自己的专长或领域参与到和别人、别的经济体的交换中来,这样就使得每个人都可以成为生产的主体,都可以参与到财富的创造中来。

货币的出现给交换提供了极为便利的工具,使交换变得更为容易和频繁,同时也极大地鼓励和支持了分工。结果,以货币衡量的财富迅速地增加起来,作为人类创造成果的新产品也不断涌现,这又不断鼓励和刺激交换,于是,以货币为媒介的买卖行为成了人们司空见惯的事情。虽然人们已经习惯了买卖行为,但是并不知道买卖是怎样达成的、一桩买卖为什么会成交。

买卖双方都得到福利是买卖成交的前提

通常情况下,一桩再小的买卖要成交也要买卖双方都满意才行。那么,人们怎样才能都满意呢?一定是买卖双方从交易中都获得了利益,不可能一方获得了利益而另一方失去了利益,更不可能一方获取利益以另一方失去利益为前提,甚至一方的获利恰是另一方的损失，那是零和博弈。自由、自主的买卖一定不是零和博弈，而是双方都获利，即所谓双赢和共赢。

那么，买卖双方是如何从一桩买卖中获利的呢？我们常常可以理解卖方一定是从一桩买卖里赚了钱的，否则他不会做这桩买卖，所谓"没人愿意做亏本的买卖"；可是，买方从买卖中得到了什么好处呢？我们可以说，他花钱买到了他喜欢的物品，这个物品给他带来了便利和享受，这应该就是他花钱购买得到的好处。

可是，对于同样的物品，在其价格不同的时候，人们会有不同的购买选择：或者不买、或者少买、或者多买，这自然与每个人的购买力有关。然而，当购买力不是问题的时候依然如此，我们该怎么解释这种现象呢？这一定是在不同的价格水平下从购买行为中获得的好处不同，那么，能不能定量分析买方从购买中得到的好处，给它一个量的概念呢？同样，能不能定量分析卖方从销售中得到的好处呢？如果能赋予买卖双方在买卖中获得的好处以量的概念，那么，就能更好地理解为什么说买卖是双赢和共赢，而不是零和博弈，就能更好地理解为什么在这世界上每时每刻都在发生着无数笔买卖和交易了。

经济学里已经有了这样的度量。在经济学里，买方在一桩买卖中获得的好处被称作是消费者剩余，卖方获得的好处被称作是生产者剩余，消费者剩余和生产者剩余都被称作福利，二者的和是买卖双方的总福利。无数笔交易带给所有人的福利加起来就是全社会的总福利。正是这些福利让人们生活方便、舒适、高效和富有，这正是交换经济即市场经济带给人的好处。

要理解消费者剩余和生产者剩余,必须先要理解经济学里的一些基本概念。

消费者剩余的产生

我们说过,人们消费的欲望来自偏好和效用,而边际效用是递减的。人们对于效用越大的物品越喜欢占有,消费的欲望越强烈;人们对于越想消费的物品,越是愿意付出大的代价去获得它。我们以一个偏好食用面包的人为例。现在他要去买面包。他盘算着,如果买一个面包,因为吃一个面包的效用最大,他愿意出3元钱买它;如果再买一个面包,因为边际效用递减,他只愿意出2元钱买它;同样的原因,他只愿意出1元钱买第三个面包。他不会再买第四个面包,因为第四个面包会带给他负的效用。这样,他愿意花6元(3+2+1)买三个面包。

现在,他来到了面包坊。面包的价格是1元/个,恰是他愿意买第三个面包的价钱。他毫不犹豫地买了3个。在这笔交易中,他花3元钱买了原本愿意花6元钱买的3个面包,这节省的3元($6-3\times1$)钱就是这笔交易带给他的福利,就是前面说的消费者剩余。如果面包的价格是2元/个,他会买2个,因为面包的价格超出了他愿意支付第三个面包的金额。这时他的消费者剩余是1元(3+2-2-2)。如果面包的价格提高到了3元/个,他可能买1个面包,也可能不买,因为如果买1个面包,消费者剩余是0(3-3),他没得到好处。

所谓消费者剩余就是消费者(买方)为了得到某物品愿意支付的最大额度与实际支付的额度的差。美国经济学家保罗·萨缪尔森称消费者剩余为"一种物品的总效用与其总市场价值之间的差额","之所以会产生剩余,是因为我们'所得到的大于我们支付的',这种额外的好处源于递减的边际效用"。[1] 消费者剩余解释了人们为什么会产生购买行为,以及为什么价格高的时候人们选择少买,价格低的时候人们愿意多买。在不同的价格水平下,人们从购买行为中获得的好处不同,价格高的时候消费者剩余少,价格低的时候消费者剩余多。

边际收益递减

现在,我们再从卖方角度谈谈生产者剩余。这里,我们将卖方统称为生产者。就像发现关于消费的边际效用递减规律一样,经济学家发现了关于生产的边际收益递减规律,这同样是一个基于无数事实的普遍规律。生产者要生产供消费者消费的物品,需要使用土地、厂房、机器设备和劳动等生产要素。在其他要素不变的情况下,随着某种要素投入量的增加,生产的边际产量递减,进而导致在产品价格不变的情况下边际收益递减。这就是边际收益递减规律。所谓边际收益,是指新增的单位投入给生产者带来的收益,即边际产量乘以价格得到的收入。在完全竞争条件下,边际产量和边际收益的趋势是一致的。

以生产面包为例。一个面包坊,备有一个烤炉,当雇用一位面包师的时候,面包师既和面又烤面包,忙得不亦乐乎,每天最

---

[1] [美]保罗·萨缪尔森,威廉·诺德豪斯.经济学(第18版)[M].萧琛,主译.北京:人民邮电出版社,2008:83.

多能烤出 200 个面包；当再雇用一位面包师的时候，一位负责和面，另一位负责烤面包，两人一天能烤出 350 个面包，这第二个面包师给面包坊带来的边际产量是 150 个（350－200）面包；当雇用第三位面包师的时候，三位面包师交叉作业，满负荷生产，这时，三人每天能烤出 450 个面包，第三位面包师的边际产量是 100 个（450－350）面包；此时的烤炉已经接近最大限度运行，面包总产量已经很难增加，这时如果再增加新人，边际产量还会减少，还可能是 0，甚至可能是负的了，因为这时的面包坊已经开始拥挤，新人的增加干扰了原来每个人的正常工作，每个人的工作效率都降低，使得总产量下降。

这个例子很好地说明了，在一定的生产技术水平下，当其他生产要素如土地和资本不变（面包坊不扩大、烤炉不增加）的时候，单一生产要素如劳动（面包师）的增加，虽然会使总产量增加（200、350、450），但边际产量却呈现递减趋势（200、150、100）。这是因为随着可变要素投入的增加，可利用的固定要素资源却在减少，从而使新增可变要素带来的产量减少。随着面包师的增多，每个面包师可利用的烤炉潜力和面包坊的空间潜力越来越少，因而新增面包师的产出减少。

我们可以想象，如果不是边际产量（收益）递减，而是边际产量（收益）不变甚至增加，那么，在一个小小的面包坊里，只用一个烤炉，只要不断增加面包师的数量，面包就会源源不断、越来越多地被生产出来，那样，只要一个面包坊、只要有足够多的面包师，就可以解决一个小城镇所有人吃面包的问题了。但事实不是这样，我们没有看到任何一个面包坊里面挤满了面包师。

边际收益递减的同时边际成本递增

与边际收益递减伴随而来的是边际成本递增。所谓边际成本是指新增一个单位的产出所需要增加的成本。① 新增劳动带来的产出减少，而新增劳动的报酬不变（劳动的价格短期内难以调整），意味着新增单位产出需要更多的劳动量，对应着更高的劳动成本，而其他成本基本不变或虽有降低但不能抵销增加了的劳动成本，因而导致边际成本递增。

例如，假定面包师的日工资是100元（为了方便说明问题，暂不考虑其他成本），这样，在只有一位面包师的时候，面包坊日产量是200个面包，每个面包的成本约为0.5元（100/200）；当聘用第二位面包师的时候，日新增150个面包的产量，这新增的面包产量是新增的面包师带来的，新增成本是这个面包师的日工资100元，所以，这150个面包相对于前200个面包，每一个边际成本都约为0.7元（100/150）；聘用第三位面包师以后，日新增面包产量100个，同理，每一个边际成本是1元（100/100）。此时面包的市场价格恰是1元/个。这时，面包坊不会再增聘面包师了，因为即使新聘面包师能增加面包产量，新增产面包的边际成本将高于面包的市场价格，面包的边际收益变成负的了。因此，面包坊将止于聘用三位面包师，面包的日产量止于450个。

---

① ［美］保罗·萨缪尔森，威廉·诺德豪斯. 经济学（第18版）［M］. 萧琛，主译. 北京：人民邮电出版社，2008：111.

买卖达成的秘密

现在，面包坊按照1元/个的价格出售面包，每天都能售罄，这样，它每天的剩余是145元，即$(1-0.5)\times200+(1-0.7)\times150+(1-1)\times100=145$（元）。这个剩余叫生产者剩余，也是面包坊每天的净收益。

我们现在把前面提到的消费者——那个偏好面包的人与这里的生产者——面包坊放到一起，让他们相遇。这个人走进这家面包坊，买了3个面包，得到3元的消费者剩余。像他这样的消费者陆续走进这家面包坊，由于面包对每个人的边际效用不同，有买1个的、有买5个的，多少不等，但都不同程度地得到了消费者剩余。为了方便分析，我们假定这一天有150个跟"他"一样的消费者走进这家面包坊，都买了3个面包，都得到了3元的消费者剩余。他们一共得到了450元的剩余；而面包坊也恰好卖光了450个面包，得到145元的生产者剩余。

这就是买卖发生的秘密。为什么你愿意花钱买？为什么他愿意卖？因为都有剩余。买卖是双赢的事情。在买卖中，不仅是卖方得到了好处，买方也得到了福利。这就是买卖之所以达成的原因。

买卖双方是相互转化的。你买物品或服务的钱是你卖其他物品或服务挣来的，他卖物品或服务的钱还会用来买其他物品或服务。没有只买不卖的人，也没有只卖不买的人。买卖给我们带来了福利，这就是为什么市场越多的地方，交易越方便、越容易的地方，人们的福利越高，获得感和幸福感越强。这就是人们为什么愿意去大城市、中心城市生活工作的原因之一。

经济学还将消费者剩余和生产者剩余的和称为经济剩余。①经济剩余代表了社会总福利。我们知道，消费者剩余建立在边际效用递减规律上，生产者剩余建立在边际成本递增规律之上，经济剩余增加意味着消费者对物品效用的高评价或者生产者的生产成本降低，或者二者同时发生，从而使消费和生产增加，这无论如何都增加了社会总福利。

理解了消费者剩余和生产者剩余，就理解了买卖和交换是互惠互利的。作为卖方的厂商要努力提高产品的效用，降低生产成本，让消费者获得更多剩余和福利；作为买方的消费者要理解自己之所以能买到心仪的商品，全凭厂商的生产组织和控制成本的努力，消费者要轻松、方便地获得需要的商品，就要允许厂商有剩余、有得赚。

---

① ［美］保罗·萨缪尔森，威廉·诺德豪斯. 经济学（第18版）［M］. 萧琛，主译. 北京：人民邮电出版社，2008：139.

第3章

分工、交换和协作

3.1 我们是怎样用到手机的？
—— 分工协作、利己动机和"看不见的手"

这好像是一个奇怪的问题。我们是怎样用到手机的？只要我们口袋里揣上足够多的钱，走进任何一家手机店，销售人员都会主动迎上来，热情地问我们想要什么样的手机，向我们介绍各款手机的功能和价格。只要我们看中了一款手机，经过挑选、初步试用、交钱，服务人员就会将一部包装完整的手机交到我们手里。于是，我们就有了一部自己的新手机。

一切都是那样自然，我们并不觉得有何奇异之处，仿佛一切都是理所当然、顺理成章的。我们已经习惯于通过交易获得和享用现成的各种商品与服务了。在我们的意识里，只要口袋里揣够钱，走进快餐店就能吃上快餐，走进商店就能买到我们需要的东西，买张机票就可以乘飞机到国内外旅行。但是，你知道，为了让我们便捷地获得这些商品和服务，有多少人在背后默默地工作吗？在每一件商品和服务背后，是怎样一个庞大的系统工程啊！

一部手机是无数人分工协作的结果

一部小小的手机，我们得到它，只是接触了几位销售人员；但是，为了让它到达顾客手里，背后却有无数人在分工协作、相互配合。一部手机从无到有，是由手机厂商牵头，历经研发设计、制造、销售和服务各个阶段，带动数以万计的企业和工厂以及难以计数的从业人员，共同努力的结果；并且这些企业、工厂和从业人员可能并非限于一国，而是分布在世界各地。一部手机真的是不同国家和地区企业之间以及人和人之间分工协作的结果。

如今，手机已经成为人们日常工作和生活中最不可或缺的工具了。从最初的单一通话功能发展到现在的集上网、游戏、导航、支付、摄影等功能于一体的智能工具，手机是目前走进人们生活中的最复杂的电子消费品。手机就是缩微的电脑，它的硬件包括中央处理器（CPU）、随机存取存储器（RAM）、只读内存镜像（ROM）、图形处理器（GPU）、屏幕、摄像头、电池、传感器、射频等主要部件，零件涉及数千到上万个。我们暂不考虑其他环节，仅以制造环节为例，一部手机的生产，从每一个零件的加工制作，到各个零部件的装配，再到整机的组装和测试，涉及多种行业和相关工艺，包括加工制造行业（CNC切割、模具加工、金属铸造、纳米注塑等）、化学/电化学表面处理行业（阳极氧化、电镀、抛光、电泳等）、电子元器件行业（FPC片、LCD面板、PCB电路板等各类电子元器件生产、组装）等。

无论是苹果、三星等国外手机厂商，还是华为、小米、OPPO等国内手机厂商，它们都无法独立制造出完整的手机，它们多数都集中于研发设计和品牌塑造，同时分别在一些核心零部件制造上拥有自己的核心技术。例如，苹果除了可以自主研发芯片外，还拥有自己独特的移动操作系统（iOS）；三星是唯一一家可以自主生产处理器、屏幕、存储芯片和摄影模组的企业。除此之外，它们都要通过整合和定制供应链，或者自建组装厂，或者指定代工厂组装来制造自己品牌的手机。

以苹果公司为例,在该公司公布的2020年203家主要供应商名录中,来自中国的有98家(其中台湾地区有46家、香港地区有10家),占总数的48.3%;来自美国本土的有35家,占17.2%;来自日本的有33家,占16.3%;来自韩国的有17家,占8.4%;来自欧洲和其他地区的有20家,占9.8%。这些国别的企业并非一定在本国开设工厂,而可能在世界各地设厂,分布工厂比较多的地区主要是中国、印度和东南亚地区。

中国企业主要向苹果公司提供声光模组、其他模组(电池、天线、充电器等)、机构件、电路板和代工组装服务,美国企业提供集成电路、芯片等主动元件,日本企业提供电容、电感等被动元件,韩国企业在以上多数领域均有所涉及。一些行业顶级知名企业如美国的高通、日本的夏普、韩国的三星和LG、中国台湾地区的台积电和富士康等都是苹果公司比较稳定的供应商。

在这些苹果供应商背后又有各自的供应商群体,它们或大或小、或多或少。以富士康为例,作为全球3C(计算机、通信、消费性电子)代工领域最大的国际化企业集团,富士康的供应商也分布于全球各地,数量难以计数,仅中国就有广东惠州为其提供印制电路板(PCB)的胜宏科技、深圳提供天线的信维通信、南京提供镁合金和铝合金的云海金属等近30家主要供应商。

在这些供应商的背后,又会有它们各自的形形色色、分门别类的供应商群体。如果继续追溯下去,终将追溯到矿山勘探和采掘企业,它们给所有工业品类提供最初的原材料,包括金属矿产、非金属矿产和煤、石油、天然气等化工原料;而且所有这些企业并非只是我们这里分析的单向的供应商——客户关系,而可能是你中有我、我中有你的交叉互联的网络关系。以上我们分析的还只是手机的制造环节，如果再加上手机的研发设计、销售服务环节，将涉及更多的行业和企业。要想穷尽所有的行业和企业几乎是一件不可能完成的事情。

你看，一部手机，需要多少企业、多少人分工协作，才能把它摆到商店的橱窗里，供人们挑选和享用啊！现代生活中，任何一件商品都是无数人分工协作的结果。美国当代著名经济学家米尔顿·弗里德曼曾经倍加推崇一篇名为《我，铅笔的故事》的文章。它以讲故事的形式，妙趣横生、引人入胜地讲述了一支铅笔是怎样通过无数人自动分工协作而诞生的过程。该文作者伦纳德·里德（Leonard E. Read）从铅笔最早的原料——一棵生长在加利福尼亚州北部和俄勒冈州的挺拔的雪松说起，说到人们如何用工具设备伐木并把圆木运送出来；说到这些工具设备如何从开采矿石开始到冶炼钢铁，到被制作出来；说到圆木被送到木材加工厂后如何被切割、烘干，再被送到铅笔制造厂开槽、铺设笔芯、黏接，制成一个"笔芯三明治"之后，又被切割成一个个铅笔锥形，接着又如何被涂漆和加装笔头的橡皮擦。作者还介绍，铅笔芯的原料石墨产自斯里兰卡，橡皮擦的原料硫化油胶是由印度尼西亚出产的菜籽油跟氯化硫进行化学反应制造出来的，这些遥远国度的无数工人投身于这些原料的生产，还有为了远洋运输，那些装船的人、那些造船的人……作者如此详尽地介绍了铅笔诞生的过程后，仍然觉得自己无力把握一支铅笔产生的全部知识，也自信没有人能了解这方面的全部知识，于是，他感叹道："这个地球上没有一个人完整地知道铅笔是如何制造的。"

是交换牵引和驱动着分工协作

的确,没有人确切地知道从一棵雪松被伐成圆木到一支铅笔被制造出来的全部知识,更不会有人能说清一部手机从研发设计到生产制造、直到被摆到商店橱窗里的全部知识,因为这些知识几乎涉及了人类生产的各个行业,因为不可能也不需要由一个企业、一拨人完成从源头开始到制成终端产品的各个环节的各项工作。事实上,人们总是发挥他们自己的天然禀赋和后天专长,从事他们最拿手的工作。他们甚至不知道也不需要知道他们的劳动成果最终将用在何处,只要有人需要他们的产品,他们就努力去生产。

伐木工人不必清楚他们砍伐的圆木最终是用于制作家具还是用于制造铅笔,只要木材加工厂需要圆木,他们守着天然的林场,当然就把伐木作为他们的营生。富士康集团无须知道它代工的手机卖到了哪里、卖给了谁,只要有人找它代工,发挥它出色的制造能力,就按对方的要求去做就好了,所以,富士康不仅是苹果手机的代工厂,同时还为其他手机品牌代工。

人们其实都是在生产别人需要的物品,之所以如此,是因为用别人需要的物品能换回自己需要的物品,比如货币或其他有价值的物品。没有人会花时间、花精力生产制作没有人需要的、从别人那里换不回自己需要的东西的物品。为了交换的需要,人们努力去挖掘和利用自己的天然禀赋,培育和发挥自己的专长,以最经济的方式生产别人需要的物品。每个人都趋向于做自己最擅长的事,就形成了自然的社会分工。分工通过交换相联结,交换牵引和驱动着分工。

没有人或机构设计和安排手机生产全过程、全链条的协作与配合。拥有手机天线生产技术和能力的企业自然会向市场提供天线，因为他们知道有人需要天线，需要天线的人会向他们支付货币；擅长生产制造手机摄影模组的企业专注于摄影模组的制造，因为他们知道有人需要不同性能和可靠性的摄影模组，需要摄影模组的人会支付给他们报酬；善于组装制造整机的企业甘愿为他人代工出品整机，因为他们知道许多手机品牌企业并不具备大规模组装整机的能力，这些企业会给他们以应有的回报；开办手机店的人自信具备经营好手机店的能力，他相信市场对手机有很大的需求，有人愿意买自己店里的手机。果然，我们走进了手机店，在销售员的引导下，经过一番挑选和比较，我们买下了一部自己喜欢的品牌的手机，从此，这部可能集美国高通的芯片、韩国三星的屏幕、中国比亚迪的电池等于一体，由中国台湾富士康组装的手机就与我们如影随形、朝夕相伴了。

出于利己动机的行为达到了利己利他的效果

想想看，这是一件多么神奇的事情！没有人指挥分布在全国乃至全球各个角落的人们生产什么、为谁生产、怎样生产和何时生产，他们自动自觉地就完成了各自的分工和协作，而且他们彼此素不相识，也并非同属于某一个组织。没有人命令手机店老板在何时、何地、为谁开设多大面积的手机店，这一切都是他自己的事，都是他自己的选择。他自己选择的结果，是这个社会多了一个买手机的去处。他们的初衷甚至不是为了有人能买到手机而做这些事情，他们可能只是为了能换回自己需要的货币或其他有价值的东西而做这些事情。他们只是为了自己生活得更好而已。但是，为了达到这样的目的，他们必须给别人提供别人需要的和喜欢的东西，他们想得到生产者剩余，必须同时让别人得到消费者剩余。这样，出于利己动机的行为反而获得了利他的效果，在利他的同时也实现了利己的目的。

这是一个看似令人沮丧的开始，原来人们并非出于利他的高尚动机而做事；这却是一个令人欣慰的结局，人们出于利己动机的行为却达到了利他利己的效果。伟大的经济学家亚当·斯密在他的经典著作《国民财富的性质和原因研究》（即《国富论》）里就阐释了这个道理。他说，"我们得到自己的食物并不是由于屠夫、酿酒师和面包师的恩惠，而是由于他们自利的打算。"① 他还说，"每一个人都不断地为自己所能支配的资本找到最有利的用途。诚然，他所考虑的是自身的利益，而不是社会的利益。但他对自身利益的考量自然会或者毋宁说必然会引导他选定最有利于社会的用途。"② 亚当·斯密首次使用了"看不见的手"的概念："在这种情况下，与在许多其他情况下一样，有一只看不见的手引导着他去达到一个他无意追求的目的。虽然不是他的本意，可对社会来说并非不好。"③ 人类社会就是这样奇妙，利己的

---

① ［英］亚当·斯密. 国富论［M］. 孙善春，李春长，译. 沈阳：万卷出版社，2008：10.
② ［英］亚当·斯密. 国富论［M］. 孙善春，李春长，译. 沈阳：万卷出版社，2008：288.
③ ［英］亚当·斯密. 国富论［M］. 孙善春，李春长，译. 沈阳：万卷出版社，2008：289.

动机激发了人们干事创业的动力，干事创业增加了社会财富，丰富了人的选择，增进了人们的福利。

也许有人还不习惯于这种说法，或者不愿意正视这种说法，因为听起来似乎不太高尚，然而，这就是事实、就是人性、就是人间常态。诚然，有出于纯粹利他的动机做事的人，但那不具有代表性和普遍性。我们不能把特定情况下特定人的高尚行为当作全社会的普遍的常态行为。如果要求每一个人都从利他而非利己的角度考虑问题，从利他而非利己的动机出发去做事，就扭曲了人性，必然造成虚伪和欺骗。

中国1958年开始的人民公社化运动，推行"一大二公"的人民公社模式，搞平均主义，无偿调拨生产队包括社员个人的财物和劳动力，① 集中农民在公共食堂吃饭，结果，很快在一些地方出现了"下地磨洋工，吃饭打冲锋"和"下地羊拉屎，吃饭鸡争食"的现象，粮食产量越来越低，粮食也越来越少。当从安徽省凤阳县小岗村开始的包产到户逐渐在全国农村推开后，面貌立刻焕然一新，农民被压抑的生产积极性、农村土地上的生产潜力被充分释放出来，粮食产量迅速增加，人民再也不饿肚子了。之所以发生如此巨大的变化，是因为包产到户把土地承包给农民家庭，生产出来的粮食"保证国家的，留足集体的，剩下都是自己的"②，为了多给自己留一些，农民自然拼命劳作，努力生产。

---

① 本书编写组. 中国共产党简史 [M]. 北京：人民出版社，中共党史出版社，2021：193.

② 本书编写组. 中国共产党简史 [M]. 北京：人民出版社，中共党史出版社，2021：232.

中国改革开放四十多年来，经济迅速发展，人民开始富裕起来，本质原因就是开始认可和尊重人的自利性，承认私有产权的合理性和合法性，允许人们为了改善生活境况，干事创业，发财致富。由此，社会财富迅速增加，供给变得丰富起来。这正应了亚当·斯密的这样两句话："他追求自己的利益，常常能促进社会的利益，比有意这样去做更加有效。"① "当每个人改善自己境遇的自然努力能够得到施展的自由和安全，就是一股非常强大的力量，即使不借助任何帮助，也能使社会富裕繁荣，还能克服那些妨碍其发挥作用的愚蠢的人为法律所设置的无数顽固障碍。"②

承认和尊重人的利己之心吧

承认人的利己之心的客观性，尊重和保护人们出于利己动机、出于改善自己生活状况愿望的各种正当行为，允许人们根据自己的禀赋和能力选择适合的职业与劳动，让人的创造力和创造性迸发出来，每个人都做发挥自己禀赋和专长的事情，每个人都用自己的成果去满足别人的需求，同时增加自己的福利，整个社会的财富就会逐渐增加，每个人的需求都会更好地得到满足。这就是一个"我为人人，人人为我"的世界。不需要指挥，不需要命令，每一个大大小小的经济组织、每一个人都寻找着自己的位置，自觉自愿地分工协作着。作为无数人出于利己动机分工协作

---

① ［英］亚当·斯密. 国富论 ［M］. 孙善春，李春长，译. 沈阳：万卷出版社，2008：289.

② ［英］亚当·斯密. 国富论 ［M］. 孙善春，李春长，译. 沈阳：万卷出版社，2008：346.

的结果，我们可以很方便地用上铅笔，很方便地用到手机，很方便地……

生活在这样一个物质极大丰富的、便利的社会，我们应该心存感激，感激那些为了改善自己的和自己家庭的生活而努力奋斗的所有人。那些风里雨里在城市的大街小巷穿梭奔波的外卖小哥，那些每天起早上货、全天忙碌的集市摊贩，那些组织采购、制作、营销和服务的餐饮经营者，那些不断推陈出新、革故鼎新的各行各业的企业家……他们或者为了养家糊口，或者为了供孩子上学，或者为了给患病的亲人筹措费用，或者就是为了挣更多的钱、可以更自由地生活，或者只是为了实现自身更大的价值、赢得更多的尊重。让我们承认利己之心、敬畏利己之心，尊重和保护出于利己之心的各种创业创新活动吧，因为那是所有人幸福的源泉，是人类发展进步的不竭动力！

3.2 管理者该事必躬亲吗？
——比较优势和分工合作

某大型国企总经理刘先生不仅懂经营、善管理，而且具有较强的语言和书面表达能力，写得一手好文章。公司办公室副主任小王负责替他撰写工作报告和重要讲话等文字材料。开始时，小王的思路总跟不上刘总的想法，文字功底也欠缺一些，刘总对他写的材料很不满意。刘总人很宽容，他耐心地指点了小王几次，小王写的材料质量明显得到改善。

但是，刘总对小王的撰写速度还是不满意。小王用三天写成的稿子如果是刘总自己写，半天就能搞定。所以，刘总常常有一种冲动，想抛开小王自己亲自上手，那样既能准确地表达自己的想法，又能节省时间；而且，公司党委书记兼董事长赵先生常常要求公司领导层戒除官僚主义，注意与员工群众打成一片。这样，看到小王紧张而吃力地赶写材料，刘总就更是纠结：自己是不是有些官僚主义？是不是应该替小王分担一些？

刘总的想法对吗？

刘总的身上没有官僚主义

刘总是一个有才华、有良知的领导，他有这样的想法说明他身上没有官僚主义，或者至少可以说他身上的官僚主义倾向并不重。刘总所在企业是一家大公司，拥有十几家子企业，业务涉及多个行业和领域。刘总是企业的主要负责人之一，对企业的经营绩效负主要责任。他每天有很多事情要做，有很多事要操心，实在是很难有时间坐下来静静地思考、构思和撰写一篇完整而严谨的报告或讲话稿。

按理说，领导干部亲自撰写工作报告和讲话稿有助于思考总结工作，分析工作中存在的问题，梳理工作思路；有助于形成个性化的表达风格，增加个人魅力。当企业尚小的时候，管理者不必拘泥于形式，尽可以用个性化的语言总结工作，表达想法；但是，当企业规模大了的时候，在企业内部就会形成一些形式化的习惯和规矩，报告、讲话和公文也会多了起来，管理者即使有能力，也没有精力亲自撰写每一篇文字材料，这时候就需要有专人甚至专门的部门来从事这项工作。所以，刘总不必为自己没有亲自撰写文字材料而内疚，这个也构不成官僚主义。

但是，管理者不亲自撰写文字材料，不等于不管不问，而是要指导把关，要出思想、出思路。小王的任务是用规范的文字和篇章结构把领导的思想或思路表达出来，而不是自己出思想、出思路。那样就不是领导指挥秘书，而是秘书指挥领导开展工作了。因此，刘总即使不亲自撰写材料，也要经常思考企业发展战略、产品开发规划、市场营销策略等关乎企业生存发展的问题。

分工合作的原则是发挥每个人的比较优势

现在的问题是：为什么刘先生做总经理的工作而小王做秘书的工作，既然刘先生文字能力很强，让刘先生做文字工作岂不更好？听起来这个问题简单到了荒谬，其实它涉及了一个组织内部分工合作的问题。组织成员之间分工合作的原则是发挥每个人的比较优势。只有充分发挥每个人的比较优势，组织的效能才能达到最大。我们常说人尽其才，其实这里的"才"通常指人的绝对优势，就是一个人优于其他人的地方。如果一个人没有优于其他人的地方，处处不如人，那么，其他成员还有没有跟这个人合作的必要呢？有。因为这个人虽然没有绝对优势，但是，可能有比较优势。就像刘总和小王，刘总的经营管理能力自然比小王强，写材料的能力也比小王强，但是，小王在写材料上有比较优势，因此，刘总和小王仍然可以分工合作，刘总抓经营管理，小王负责写材料。

那么，什么叫绝对优势，什么是比较优势呢？我们用我国经济学家张维迎教授的解释来说明这两个问题以及分工合作的原理。张维迎在他的著作《经济学原理》中用文学作品里的两个人物进行比较和阐释，这两个人物是英国作家丹尼尔·笛福的长篇小说《鲁滨逊流浪记》里的鲁滨逊和星期五。①

鲁滨逊是一个喜欢航海的英国人。一次，在驶向非洲大陆的航海途中，船在风暴中触礁。他幸免于难，只身漂流到一个荒无人烟的孤岛上。他在岛上努力寻找食物，学着捕猎动物、种植粮食，慢慢在岛上生存了下来。若干年后的一天，他救起了一个野人，这天正好是星期五，他就给野人起名叫"星期五"。从此，星期五跟他相伴相随，两人开始了合作生活。

两人怎样合作才能生活得更好呢？张维迎认为，他们一定是发挥各自的比较优势，根据比较优势进行分工和合作的。因为生活经历不同，鲁滨逊和星期五有着不同的生活技能，这是很自然的。

为了便于分析，假定在岛上他们只能获得鱼和椰子两种食物。张维迎首先假定鲁滨逊水性好，擅长捕鱼；星期五会爬树，擅长摘椰子。如果把一天都用来捕鱼，鲁滨逊能捕到 20 条鱼，而星期五只能捕到 10 条鱼；如果一天都用来摘椰子，鲁滨逊能摘到 10 个椰子，而星期五却能摘到 20 个椰子。鲁滨逊比星期五会捕鱼，在同样的时间里能比星期五捕到更多的鱼，我们就说，在捕鱼这件事上鲁滨逊具有绝对优势；同样的，星期五在摘椰子这件事上具有绝对优势。如果两人不合作，各干各的，又都想既

---

① 张维迎. 经济学原理 [M]. 西安：西北大学出版社，2015：63-65.

吃到鱼又吃到椰子，于是他们分别用半天来捕鱼，用半天来摘椰子。这样，鲁滨逊一天的产出是10条鱼和5个椰子，而星期五一天的收获是5条鱼和10个椰子。消费下来，鲁滨逊可能鱼有剩余，而椰子却不够吃；星期五可能正好相反，椰子有剩余，而鱼不够吃。两人都没达到满意的结果。

现在，他们开始合作。怎么合作呢？显然，最好的合作方式是按各自的绝对优势进行分工，即鲁滨逊只捕鱼不摘椰子，星期五只摘椰子不捕鱼，然后两人用他们的部分劳动成果进行交换。这样，一天下来，鲁滨逊收获20条鱼，星期五收获20个椰子。鲁滨逊用10条鱼按1∶1的比价换星期五的10个椰子，星期五当然也愿意。这样，两个人各自有了10条鱼和10个椰子，都比不合作的时候拥有了更多的食物。鲁滨逊比原来多了5个椰子，星期五比原来多了5条鱼。他们的福利都比之前增加了，生活都比以前好了，这是两人合作带来的好处。这种合作是常见的，也是容易理解的，它的前提是两人都有专长，也都有短板，而且两人要分工和交换。

现在问题来了。如果有人样样不如另一个人，他们怎么合作呢？假定星期五比鲁滨逊更适应荒岛生活，无论捕鱼还是摘椰子都比鲁滨逊强。鲁滨逊每天还是能捕20条鱼或摘10个椰子，而星期五每天能捕30条鱼或摘30个椰子。如果两人还是各干各的，互不相干，都是既捕鱼又摘椰子。鲁滨逊还是半天捕鱼，半天摘椰子；而星期五因为更爱吃椰子，用1/3的时间捕鱼，2/3的时间摘椰子。那么，一天下来，鲁滨逊的收成还是10条鱼和5个椰子，而星期五的收获是10条鱼和20个椰子，两个人的总产出是

20 条鱼和 25 个椰子。鲁滨逊的境况显然不如星期五好,他的椰子可能还不够吃。

这个时候,在捕鱼和摘椰子这两件事上星期五都比鲁滨逊具有绝对优势,星期五似乎没有和鲁滨逊合作的必要,他从后者那里能得到什么呢?但事实不是这样的。鲁滨逊虽然没有绝对优势,但可能有比较优势。所谓的比较优势,是指如果在做某事上一个人的机会成本比另一个人小,前者就比后者具有比较优势。我们前面说过,所谓机会成本是一个人做某事所放弃了的东西。

鲁滨逊在一天里或者捕 20 条鱼,或者摘 10 个椰子,如果全天捕鱼,就等于放弃摘 10 个椰子。鲁滨逊捕 20 条鱼的机会成本是 10 个椰子,或者说捕 1 条鱼的机会成本是 0.5 个椰子;反过来也可以说摘 1 个椰子的机会成本是 2 条鱼。

再看星期五。他一天能捕 30 条鱼或摘 30 个椰子,如果全天捕鱼,就放弃了摘椰子。星期五捕 1 条鱼的机会成本是 1 个椰子;反过来,摘 1 个椰子的机会成本是 1 条鱼,如表 3 - 1 所示。

表 3 - 1　　　　　　两人捕鱼和摘椰子的机会成本比较

	捕 1 条鱼的机会成本	摘 1 个椰子的机会成本
鲁滨逊	0.5 个椰子	2 条鱼
星期五	1 个椰子	1 条鱼

我们看,鲁滨逊捕鱼的机会成本(0.5 个椰子)小于星期五捕鱼的机会成本(1 个椰子),星期五摘椰子的机会成本(1 条鱼)小于鲁滨逊摘椰子的机会成本(2 条鱼),可见,鲁滨逊在捕鱼上具有比较优势,星期五在摘椰子上具有比较优势。

于是,鲁滨逊提议两人分工合作,鲁滨逊专事捕鱼,星期五只负责摘椰子，星期五同意了。这样，一天下来，鲁滨逊捕了20条鱼，星期五摘了30个椰子，两人的总产出是20条鱼和30个椰子，显然高于不分工时的总产出（20条鱼和25个椰子）。这样，两个人的总福利增加了。

接下来是分配问题，怎样分配才能使两人各自的福利都增加呢？像前面一样，交换，当然是以鲁滨逊的鱼跟星期五的椰子交换。以怎样的比价交换呢？鱼和椰子的比价一定是介于1∶0.5和1∶1之间，也就是说鲁滨逊和星期五各自的收益一定高于他们各自的机会成本，即鲁滨逊用1条鱼要换来多于0.5个椰子，星期五用1个椰子要换来多于1条鱼，否则，就有一方没有从交换中受益，交换就达不成了。

现在，他们将鱼和椰子的比价定在了1∶0.8，即1条鱼可以换0.8个椰子。鲁滨逊拿出了10条鱼与星期五的8个椰子交换。这样，鲁滨逊就拥有了10条鱼和8个椰子，比原来（10条鱼和5个椰子）多了3个椰子；星期五则拥有了10条鱼和22个椰子，比原来（10条鱼和20个椰子）多了2个椰子。由此，两人的福利都增加了。

这是他们分工合作带来的，更准确地说，是他们发挥各自的比较优势、分工合作带来的。看，一个人即使样样不如人也并不可怕，那并不意味着他一无是处，只要他拥有比较优势，就有与人合作的价值；反过来，一个人即使样样都比别人强，也不要什么都自己做，而是找到各自的比较优势，与人分工合作。这样，总的产出一定大于各自单干的产出之和。

这就是为什么我们前面说的即使刘总各方面能力都比小王强，刘总也不要事必躬亲，凡事都亲自去做，不必亲自撰写每份材料，而是由小王去做这类事情。虽然小王不如刘总材料写得好，但是，小王与刘总在写作能力上的差异远小于在经营管理能力上的差异，小王在写材料上具有比较优势，刘总在经营管理上具有比较优势。因此，他们之间的合作只能是小王当办公室副主任，负责写材料，刘总做总经理，负责全公司的经营管理。这与官僚主义无关。

明星、富商雇人服务无可厚非

美国著名经济学家曼昆在他畅销全球的经济学教科书《经济学原理：微观经济学分册》里举了一个球星的例子来说明这个问题。① 著名橄榄球星汤姆·布雷迪（Tom Brady）以进球速度快和准确而著称，他不仅在球场上表现优异，而且在其他体力活动中也表现出色。他家的草坪该修剪了。如果是他自己亲自修剪，只要2个小时就可以干完，但是可能需要为此放弃出席某些商业活动的机会，这些活动通常给他的报酬都不低于2万美元。邻居家的孩子佛利斯特·冈普（Forrest Gump）愿意替人修剪草坪，并且能用4个小时修剪完汤姆家的草坪。在这4个小时的时间里，佛利斯特也可以到附近的麦当劳店打工赚取40美元。汤姆是该自己修剪还是请佛利斯特修剪呢？

当然是请佛利斯特修剪。这应该是所有人都会做出的选择。但是，怎么解释呢？曼昆的解释是，球星自己修剪的机会成本是

---

① ［美］曼昆. 经济学原理：微观经济学分册［M］. 梁小民，梁砾，译. 北京：北京大学出版社，2015：61.

2万美元，而佛利斯特的机会成本仅为40美元，在修剪花草这件事上汤姆不具比较优势，佛利斯特具有比较优势，因此，汤姆应该请佛利斯特修剪。只要支付佛利斯特的报酬介于40美元和2万美元之间，这样做就是一个双赢的结果：佛利斯特收入不低于40美元，汤姆支付佛利斯特报酬后，还有很大一部分净收益。

我们常常听到有人指责明星、富商们养尊处优，家里雇有保姆、厨师、司机，事事有人伺候、服务等。其实，这些事情在很多情况下无关乎道德，而是符合比较优势原理的。明星、富商们未必个个四体不勤、五谷不分，甚至可能有些人在家务事、厨艺上还有一技之长，但是，他们凡事自己打理的机会成本太大了，太不划算，对自己对社会都是损失。因此，他们就像刘总这样的企业管理者一样不必事事亲力亲为，应该主要做自己最擅长的事情，而把其他事情交给有比较优势的人去做。

这是一种社会分工，是有利于参与分工的每一个人发挥优势和增进福利的分工，也是有利于增进社会总福利的分工。这种分工不是某种力量强制的结果，而是具有合作意愿的人自愿的选择。

3.3　国际贸易是怎样发生的？
——比较优势和国际贸易

人和人之间的合作要发挥比较优势，国与国之间的合作也要发挥比较优势。一国生产的产品卖到另一国，换回该国生产的产品或者自己国家需要的货币（外汇），这叫国际贸易，当然这属于货物贸易。如果一国向另一国公民提供有偿服务，譬如旅游服务、教育服务，这叫服务贸易。国与国之间为什么会发生商品交换或买卖行为，换句话说，国际贸易是怎样发生的呢？

亚当·斯密的绝对优势国际贸易理论

国与国之间像人与人之间一样，由于自然资源禀赋的不同以及人口、文化等方面的差异，一国有一国的能力、一国有一国的特产，每个国家的人们都有自己的生活方式，都有自己赖以生存的生产方式以及带有自己国家特色的产品；一个国家总有一些产品，或者是别国没有却被该国所需要，或者是别国亦有但却不同于该国产品，由此就产生了互通有无的跨国商品的买卖。

例如，中东地区最大的国家沙特阿拉伯富产石油，石油和石化工业是其支柱产业，但是其他产业却相对薄弱，有些甚至是空白；而日本、韩国等国石油资源缺乏，机械、电子、纺织等产业发达，对石油石化产品需求量很大。两方的产业结构正好形成互补。于是，沙特阿拉伯将石油和石化产品出口到日本、韩国，日韩两国向沙特阿拉伯出口机械设备、电子产品、纺织品等消费品和轻工产品。

沙特阿拉伯和日韩两国之间的贸易就像我们前面分析的鲁滨逊和星期五各自具有绝对优势是一样的，他们各自做自己具有绝对优势的事情，然后彼此都拿出部分产品进行交易。这样比两方不按优势分工，各自什么事情都做，并且不进行交易要好得多。试想，沙特阿拉伯如果不用石油换其他产品，而是自己组织力量生产所需的其他日用消费品，所需的投入不知要比开采石油高出多少倍,甚至可以说这是不可能的事。反过来,对日韩两国来说也是如此。

英国古典经济学家亚当·斯密曾坚定地主张一国的产业应建立在自身的优势基础上,并以自身具有优势产业的产品与别国具有优势产业的产品进行交换。他基于人的经济行为,推及国家的经济行为。他说,就一个个人来讲,"为了自己的利益,应该把全部的精力都集中到比邻人有优势的方面,而以其一部分的劳动产品或其价格(二者是一回事),去购买自己需要的其他东西","在一个私人家庭中是精明的行为,对一个国家来说也不可能是愚蠢的。如果外国能提供比我们自己制造来得更划算的商品,那我们最好就用我们较有优势的产业的一部分产品向他们购买"①。

斯密举了葡萄酒的例子来说明这个问题。苏格兰通过盖玻璃窖、建温床和温墙,能种出很好的葡萄,也能酿出很好的葡萄酒,但所花的费用是从国外进口同等品质葡萄酒的 30 倍。斯密认为,就为了鼓励在苏格兰生产葡萄酒,禁止进口所有外国的葡萄酒,宁可用 30 倍的劳动和资本在本国制造显然是十分荒谬的,即使用多出 1/30 甚至 1/300 的劳动和资本这样去做也同样荒谬,虽然荒谬的程度没有那么惊人,但荒谬的性质完全一样。"只要一国享有这种优势,而另一国没有,后者向前者购买这种优势产品就总是比自己制造更为有利。"②

---

① [英]亚当·斯密. 国富论[M]. 孙善春,李春长,译. 沈阳:万卷出版社,2008:290.
② [英]亚当·斯密. 国富论[M]. 孙善春,李春长,译. 沈阳:万卷出版社,2008:291.

按照斯密的意思，一国如果拥有明显优于别国的产业，也有弱于别国的产业，那么，就不要什么都做，而是把资源都投放到优势产业上，别国也把其资源投放到优势产业上，这样，各自都能有更多的产出，各国用剩余的优势产品进行贸易往来，互补各自的不足。沙特阿拉伯和日韩两国之间的贸易就符合斯密的这个理论。

大卫·李嘉图的比较优势国际贸易理论

但是，并不是每一个国家都有优于别国的产业。事实上，有很多国家几乎所有的产业都弱于其他国家，就像现在的很多发展中国家之于发达国家。按照斯密的理论，发达国家除了向发展中国家进口自己缺乏的自然资源外，就不该有其他货物贸易发生，因为发达国家除了缺乏发展中国家独有的自然资源外，似乎就再没有什么货物值得从后者进口了。然而，现实是两者间的货物贸易不仅有，而且还可能很活跃。例如，美国、英国、德国、日本等发达国家与中国、越南、印度尼西亚、菲律宾等发展中国家都有很大的贸易量。这是为什么呢？

这还得用比较优势理论来解释。我们前面引述了张维迎教授如何用比较优势原理分析鲁滨逊和星期五合作的必要性以及如何合作最优，进而解释了某企业刘总与小王该如何合作。这都是关于两个人之间的合作，两国之间的合作同样遵循比较优势原理。

比较优势原理是英国古典经济学家大卫·李嘉图首次提出来的。李嘉图是继亚当·斯密之后又一位伟大的经济学家。他继承和发展了斯密的自由主义经济理论。其中，比较优势理论是李嘉图的伟大贡献之一，至今影响深远。像斯密一样，李嘉图采取了由个人经济行为推广至国家间经济行为的办法，来分析论证他所说的比较优势以及建立在比较优势基础上的国家间贸易模型。

李嘉图相信劳动价值论，认为商品的价值是由生产中所耗费的劳动决定的。基于这样的认识，他认为，每个人都会致力于生产对自己来说劳动成本相对较低的商品。"如果两个人都生产鞋和帽子，其中一人在两种商品的生产上都比另一个人具有优势，不过在帽子生产上只领先于其竞争对手1/5，而在鞋的生产上却要领先于其竞争对手1/3或33%；那么，这个具有优势的人专门生产鞋，而那个处于劣势的人专门生产帽子，难道不是对于他们双方都有利吗？"

李嘉图的意思是，如果一个人在两件事上比另一个人都有优势，而且在其中一件事上的优势更大一些，那么，他应该专门做优势更大的事；另一个人在两件事上都没有优势，但是，在其中一件事上劣势稍小，他应该专门做劣势相对小的事，而不要什么都做。这样对两人都有好处，他们都可以得到比自己什么都做要多的劳动果实，当然，前提是他们之间可以自由交换劳动成果；否则，这种自发的分工就没有意义。只要是人和人之间可以自由交换，各自做自己擅长的事对每个人都有好处，因为他们都利用了自己的比较优势，避开了自己的比较劣势。

这是人和人之间的交换（也可称为人际贸易）利用了各自的比较优势，那国际贸易是否也是这样呢？李嘉图用两个国家在两种产品生产上的成本比较说明了这个问题。这两个国家是英国和葡萄牙，它们都生产葡萄酒和毛呢。在这两种产品的生产上，葡萄牙都比英国有优势，即都比英国的成本低，但是，低的程度不一样。葡萄牙生产葡萄酒的成本是英国的 2/3，而生产毛呢的成本是英国的 4/5，葡萄牙生产葡萄酒的成本比英国低得更多，而生产毛呢的成本比英国低得少。显然，葡萄牙在葡萄酒的生产上优势更大，而英国在毛呢生产上劣势较小。就像生产鞋和帽子的两个工匠一样，只要葡萄牙致力于生产葡萄酒，英国致力于生产毛呢，然后进行相互交换，两国就都能获得贸易利益。

国际贸易举例

如果像前面张维迎定量分析鲁滨逊和星期五一样，展开来分析，事情就会更清楚了。曾有经济学者以中美两国为例说明了这个问题。为了方便理解，假设在这个世界上只有中美两个国家，这两个国家都只有 100 个劳动力，都只生产面包和葡萄酒两种产品，而且一国生产的面包和葡萄酒与另一国的质量没有区别，只是生产效率不同。在 1 个小时的时间里，中国的 1 个劳动力能生产 1 单位面包或 3 单位葡萄酒，美国 1 个劳动力能生产 5 单位面包或 5 单位葡萄酒，显然，美国生产两种产品都比中国有优势。

如果两国都闭关锁国，相互不发生贸易，而且两国国民对面包和葡萄酒的偏好都相同，即消费同等数量的面包和葡萄酒，那么，为了实现本国国民均衡消费，中国就要用 75 个劳动力生产面包，25 个劳动力生产葡萄酒，这样才能保证 1 小时内生产 75 个单位面包和 75 个单位的葡萄酒；而美国需要用 50 个劳动力生产面包，另外 50 个劳动力生产葡萄酒，这样，面包和葡萄酒的产量都是 250 个单位。此时，全世界（两国）的面包和葡萄酒的总产量都是 325 个单位。

现在，两国都对外开放，开始贸易往来，那么，如何分工呢？按比较优势分工。谁在某方面的机会成本小，谁就具有比较优势。无论中美，1个劳动力生产面包，就不能生产葡萄酒；反之，生产葡萄酒，就不能生产面包。因此，中国生产1单位面包的机会成本是3单位葡萄酒，美国生产1单位面包的机会成本是1单位葡萄酒，可见，美国在生产面包上具有比较优势；中国生产1单位葡萄酒的机会成本是1/3单位面包，而美国生产1单位葡萄酒的机会成本是1单位面包，显然，中国在生产葡萄酒上具有比较优势。

于是，中国专门生产葡萄酒，把100个劳动力都用于生产葡萄酒，1小时的产量是300单位葡萄酒；美国把主要精力用于生产面包，80个人去生产面包，余下20个人生产葡萄酒，1小时的产量是400单位面包和100单位葡萄酒。现在，全世界的面包和葡萄酒的总产量都是400单位，比分工前的总产量都多了75单位，但是，两国的面包和葡萄酒产量都不匹配，必须通过贸易来达到大致的匹配，以满足两国国内消费者的需求。

现在，以什么样的比例交换呢？如果美国拿出100单位面包给中国，中国愿意给美国多少葡萄酒呢？最多300单位，因为这是中国方面100单位面包的机会成本。而给美国多少它能接受呢？不少于100单位，因为在美国方面100单位面包的机会成本是100单位葡萄酒。最后，美国面包兑换中国葡萄酒的比例在100∶100和100∶300之间。如果是100∶100，那么，中国就赚了（少给200单位葡萄酒），而美国没捞到任何好处；如果是100∶300，那么，美国就赚了（多得200单位葡萄酒），而中国等于白干。

买卖没有这样做的,除非有一方是被强迫的。只要是自由贸易,就一定是互惠互利的。我们假定最后的成交比例是100单位面包换200单位的葡萄酒(这是完全可能的),那么,中国方面获得了100单位葡萄酒的剩余,美国方面也获得了100单位葡萄酒的收益。现在,中国拥有的可供国民消费的两种商品的总量是100单位面包和100单位葡萄酒;美国则拥有了300单位面包和300单位葡萄酒,都比分工合作前[(75,75)和(250,250)]增加了。

这就应了李嘉图所说的:既然基于各种原因,每一个国家都可能有"某种具有优势的产品",而且"这种优势还相当可观",那么,"各国都更为合理地分配它的劳动资源,生产这种具有优势的产品",并"将其用于相互交换,各国就都能得到更多的利益"。

比较优势理论揭示了国际贸易的本质。按照这个理论,两国在不同商品生产上即便没有明显互补的优势,即绝对优势,只要所处优势或劣势的程度有差异,按照"两优择其甚,两劣权其轻"的原则找到和发挥各自的比较优势,通过分工和交换就可以使各国产生利益。其实,绝对优势也是比较优势,是更为明显的比较优势。所以,可以说李嘉图的比较优势理论涵盖了斯密的基于绝对优势开展分工和交换的说法。

自由贸易是市场主体在试错中摸索出来的

以上的分析和介绍像许多经济学教科书和经济学读物的介绍

一样，也像200多年前斯密和李嘉图原著的阐述一样，在举例分析国际贸易的缘起时，都或多或少给人以错觉，好像国家间的分工与合作是政府主导的或者某种超自然的力量安排的，是政府或者某种力量发现了国与国之间的优势差异，于是，让这个国家干这个，让那个国家做那个，然后国与国之间再交换多余的商品。实际情况当然不是这样的，事实是从事生产和商业活动的主体始终是私人，或者是作为自然人的个体，或者是在公司诞生以后作为法人的公司。

这些市场主体并没有足够的信息及能力去计算和确定自己在哪一方面有优势，并据此去决定自己做什么、不做什么。他们通常都是根据自己和自己所处环境的自然禀赋以及市场需求去决定做什么。市场反应是他们决定继续做下去还是改做其他的主要根据；而且他们和国外伙伴之间的交换多数情况下不是物物交换，而是用商品交换货币或者用货币交换商品。其间，政府可能参与其中，也可能干预私人的商业活动，但是市场主体和市场行为的决策者始终是私人或者公司。

实际上，无论人际贸易还是国际贸易都是市场主体在试错中摸索出来的，而不是什么人或什么力量安排的。恰恰相反，国际贸易兴起和繁荣的前提是无论在一国内部还是在国与国之间都具有充分的商业自由，政府的干预降到最低限度。

斯密和李嘉图的理论揭示了贸易背后的逻辑，给出了不同国家间开展贸易的理由。

比较优势理论的出现极大地促进了国家间自由贸易的开展，私人和公司更加自觉地投身到国际贸易中来，政府也更加清楚国际贸易的好处和自身的角色与作用，更加自觉地推动国际贸易的开展。虽然这种推动由于种种原因常常是不情愿的和有反复的，但是，比较优势理论终究为国家间自由贸易提供了难以推翻的理由和依据。从此，国际贸易还是极大地发展起来了，人们的生活也一天天好起来了。

第4章 市场和竞争

4.1 你的企业处于什么样的市场里？
——市场结构和市场类型

你所在的企业是否总是顺风顺水，波澜不惊？你们的福利是不是很好，工资收入年年增长？或者，你的企业是否总是跌跌撞撞，风雨飘摇？员工福利不高，收入总是不稳定甚至朝不保夕？你可能说，我们企业老总会经营、善管理，把企业搞得红红火火；或者，你会说，我们企业老板能力不行，水平不高，把企业弄得总是磕磕绊绊的。也许你说的都有道理，企业经营者的能力水平决定了企业经营结果的好坏，进而决定着员工福利待遇的高低。可是，你有没有想过企业经营结果除了跟经营者的能力水平有关外，还跟企业所在的市场类型有很大的关系？

经济学将一个市场里不同数量、规模、价格影响力的厂商构成的格局称作市场结构。市场结构包括完全竞争、垄断竞争、寡头垄断和垄断四种类型。这四种类型依次呈现出竞争程度越来越弱、垄断程度越来越高的趋势。一个企业处在不同类型的市场里，就会呈现出不同的外部环境，甚至有着截然不同的前途命运。下面我们来介绍这四种市场类型，你来对号入座，看看你的企业属于哪个类型的市场，进而分析你的企业经营好坏的原因所在。

能不能被替代决定了竞争程度

我们先说一下经济学里的一个基本概念：替代品。一种商品如果能代替另一种商品满足顾客的需要，该商品就是另一种商品的替代品。替代是相互的，前者可以替代后者，后者也可以替代前者，它们互为替代品。例如，对于大部分人来说，既吃香蕉也吃苹果，有人可能更偏爱香蕉，但是，没有香蕉的时候也可以吃苹果；同样，有人更偏爱苹果，不过，没有苹果的时候也可以吃香蕉。这样，香蕉和苹果就互为替代品。同样的，电风扇和空调互为替代品，火车和汽车也互为替代品。

替代品概念在经济学上的意义是，当一种商品的价格上涨而它的替代品价格不变时，对该商品的需求将减少，对它的替代品的需求将增加；反过来也是一样的，当一种商品的价格下降而它的替代品价格不变时，对该商品的需求将增加，对其替代品的需求将减少。猪肉和牛羊肉互为替代品，当猪肉涨价的时候，买猪肉的人会少一些，买牛羊肉的人会多一些；当猪肉降价的时候，买猪肉的人会多一些，买牛羊肉的人会少一些。

替代品之间的相近程度不同，它们相互替代的可能性也不同。在性能上越相近，给消费者带来的效用越接近，它们相互替代的可能性越大。不同品牌的空调相互替代的可能性显然远大于各类空调与电风扇相互替代的可能性。此品牌的空调涨价，其他品牌的空调销量可能会增加，对电风扇的销量几乎没有影响。只有当所有品牌的空调都涨价的时候，电风扇的销量才有可能增加。

不同厂商生产和经销的同一种商品当然也可以相互替代，而且相互替代的可能性最大。集市上不同肉摊上的猪肉几乎无差别，顾客可以在它们之间任意选择，买了这家的猪肉就意味着用这家的猪肉替代了其他家的猪肉。

由于相同或相近商品的可替代性，一种商品和它的替代品之间就有了竞争性。某种商品的生产企业和经销商与它的替代品的生产企业和经销商就成了竞争关系。当然，同一种商品的生产企业和经销商之间的竞争性最强，相近商品的生产和经销商之间的竞争程度次之。集市上一个猪肉商贩的竞争者是谁呢？首先是其他的猪肉商贩，其次是卖牛羊肉的商贩。他们一起在争夺来这个市场买肉的顾客。

在市场上几乎没有一种商品没有替代品，因此也就几乎没有一家厂商没有竞争者。一种商品和它的替代品构成一个市场，那么，在一个市场里就可能有不同数量的厂商。不同数量和规模的厂商就构成了上面所说的四种市场类型：完全竞争、垄断竞争、寡头垄断和垄断。这四种市场类型依序呈现出厂商数量越来越少、规模越来越大的特点，相应地，竞争越来越不充分，垄断程度越来越高。

完全竞争是竞争最充分、最理想的市场类型

完全竞争是指一个市场里厂商数量众多以至于达到难以计其数的程度，彼此规模相差不大，产品几乎无差别，互相可以完全替代，任何一个厂商的产品占市场总量的份额都很小，因此，都没有能力影响市场价格，只能接受市场价格。最接近完全竞争的当属农产品市场，任何一种农产品都有很多种养殖户，他们的规模都不大，农产品基本没有差别，价格也没有差别。

这里我们还举集市的例子。一个热闹的集市，卖普通鸡蛋的往往有好多份，每一份鸡蛋都跟别家没有区别。你问过一份又一

份，他们的价格基本都一样。你本来想找一份便宜的买，最后只好选择其中一家买了了事。

经济学认为，完全竞争是一种竞争最充分的市场类型，在这个市场里，价格等于边际成本，也等于平均成本，厂商的经济利润近乎为零。集市上卖农产品的商户们仅挣个糊口钱而已。完全竞争市场是一种最有益于买方的市场。卖家竞争越充分，买家越可以从容地从众多的卖家中选择。这就是为什么我们在集市上可以闲庭信步、挑三拣四，坦然地接受商户们不知疲倦的叫卖和殷勤的吆喝。

完全竞争是一种比较理想化的市场类型，现实中几乎是找不到的。农产品市场也只是接近于完全竞争而已。但是，这并不影响完全竞争的经济学意义。传统经济学的很多理论是从分析完全竞争市场出发，进而在其他市场演进和矫正。

通过市场竞争很难形成（独家）垄断

与完全竞争处于相反方向的另一种极端的市场类型是垄断，也称（独家）垄断。在这里，没有竞争，厂商只有一个，而且它的规模一般很大，这在生活中也是不常见的。通过市场竞争形成（独家）垄断几乎是不可能的，至少不可能长期形成（独家）垄断局面，因为垄断厂商的超额利润总是会引起其他厂商的觊觎和艳羡，驱使他们追赶和超越，向市场提供替代品。

生活中的（独家）垄断基本上都是政府行政管制形成，一般多在公用事业领域，如一个城市或地区的水、电、燃气供应企业。由于水、电、燃气供应需要建设覆盖全区域的管网和配套设施，初始投资巨大，如果不是由一家企业而是由两家甚至多家企业投资和运营，那么就要建设多套管网和配套设施，造成交叉、重复和浪费。这样的行业由一家企业投资运营可以避免浪费。另外，企业覆盖的用户越多，平均成本越低。因此，由一家企业来经营是最经济的，但同时也形成了（独家）垄断。

垄断者提供的产品没有替代品，没有竞争者对它构成威胁和制约；而且垄断者提供的产品是所有人、所有家庭的必需品，人们对它们的需求弹性小，除此以外没有别的选择。因此，垄断者是绝对的价格制定者，用户完全没有与其进行价格谈判的能力。你可以和集市上的任何一个摊贩讨价还价，但是你根本不可能跟水、电、气供应企业谈价。理论上垄断者可以向所有用户索要天价，而用户不得不接受，他们只有通过尽可能地减少用量来节省开支。正因如此，通常的做法是，政府对这些垄断企业进行价格管制。

政府价格管制主要是审查垄断企业的成本构成，按照以平均成本定价的逻辑审定价格。由于信息不对称，政府并不能完全掌握成本的真实信息，垄断企业的价格通常高出平均成本很多，从而获得超额利润。面对政府的管制和自己的垄断地位，垄断企业控制成本的动力不足，因此，我们看到，垄断企业每过一段时期，就以成本上涨为由向政府提出涨价的要求。垄断企业没有竞争对手，消费者别无选择。垄断企业只要确定好自己的垄断优势就大可无忧了。

生活中存在着寡头垄断

处于完全竞争和（独家）垄断之间的是垄断竞争和寡头垄

断。它们的竞争程度比完全竞争弱，比（独家）垄断强；垄断程度比完全竞争强，比（独家）垄断弱。这两种市场类型是生活中最常见的市场类型，是真实存在的市场类型。

寡头垄断是指在一个市场里只有几家厂商，它们提供既相同又有差别的产品和服务，相互之间可以替代，规模都很大。例如，世界各国的移动通信运营市场就是寡头竞争，因为在这个市场上通常只有少数几家大企业参与其中，并分割了所在国家或地区的移动通信运营业务。任何一个人、任何一个用户想要开通移动通信业务，都只能选择购买其中一家的运营服务。

在这样的市场里，寡头之间存在着竞争，也存在着联合。他们既相互提防，又伺机进攻，同时在必要的时候还会共谋合作。每个寡头都希望争取更多的顾客，拥有更大的市场份额，同时也担心自己的顾客过多地流失到其他寡头那里，因此，它们不会轻易向顾客索取更高的价格。但是，由于竞争者少，它们很容易共谋联合定价，这样，既不改变竞争格局又向顾客索取了更多的利益。不过，根据博弈论，寡头间的共谋往往是不牢固的，总有人违背协议，率先降价或增加产量。

垄断竞争是最常见的市场类型

垄断竞争是生活中最常见的一种市场类型。除了极少的完全竞争和（独家）垄断以及很少的寡头垄断外，其他的市场形态都可以归为垄断竞争。垄断竞争指一个市场里厂商数量很多（但比完全竞争少得多），产品不完全相同（可以部分替代），规模比完全竞争厂商大但比寡头垄断厂商小且规模大小不一。垄断竞争市场不是被一个或几个厂商垄断着的,而是被众多的厂商共同占有和分割。其中,会有几个或一些厂商占有较大的市场份额,成为这个行业市场的领跑者,其他大部分厂商各自占有相应的市场份额,是这个行业市场的跟随者。例如,大到全国性的汽车、家电、民用航空市场,小到一个地方的消费品市场和各类服务市场。

经济学家之所以称这种市场为垄断竞争市场,是因为这种市场既有竞争性也有垄断性。由于在这种市场里厂商数量众多,并且规模不等,产品品质和特色不同,因此富有竞争性。但同时正因为这个市场里不同厂商的产品各具特色,它们分别吸引着具有不同偏好的顾客,逐渐地形成了各自比较忠诚的顾客群,在效果上就形成了对某一顾客群的垄断。

比如民用航空市场。目前我国国内共有49家民用航空公司,其中既有像国航、南航这样的国际化大航空公司,也有一些知名度不高的小航空公司。大航空公司机型大、新,服务周到、细致,占据着大部分干线市场;小航空公司机型小,飞机少,服务简单,主要占据支线和地方航线市场,价格也比较低廉。注重乘机体验和安全性、不太在意价格的顾客往往会选择大航空公司的飞机,对价格比较敏感、对飞机舒适度等方面不敏感的乘客则会选择小航空公司的飞机。久而久之,会有一批顾客专注于某航空公司,甚至达到非此航空公司飞机不坐的程度。

再如一个地方的餐饮市场。在"民以食为天"的中国,在任何一个城市乃至乡镇,都会有大大小小、各具特色的众多饭店、餐馆。其中,总有几家知名度较高、规模较大、上档次的饭店,也有一些特色鲜明、规模不大但同样有一定知名度的小餐馆。虽然大饭店似乎总是红红火火，小饭店也并非无人问津，有些特色小店也常常座无虚席。

垄断竞争中大厂商往往占据着主流市场，小厂商则瓜分了各个细分市场。由于它们之间的产品仍具有很大的可替代性，因此，它们之间的竞争仍是很激烈的。大厂商总是希望不断扩大自己的市场覆盖范围，巩固和提升自己的垄断地位；小厂商则努力蚕食大厂商的市场领域；同等规模的厂商则相互觊觎，伺机取代对方。由于垄断竞争的竞争性，厂商之间相互忌惮，它们唯恐因经营失误让自己的顾客流失到对手那里。因此，它们对价格的调整还是很审慎的；尤其是那些同一档次的厂商之间彼此争夺顾客，其中一家在产品品质没有提高的情况下提高价格，就会有顾客转而青睐其他厂商的产品。

综上，从完全竞争到垄断竞争，再到寡头垄断，直到（独家）垄断，竞争程度越来越弱，垄断程度越来越强；相应地，企业受到的威胁越来越少，竞争压力越来越小，企业就愈加安全、稳定，美国微软公司显然比一家小计算机公司更能经受各种"风浪"的冲击。所以，通过以上分析，我们知道，一家企业经营好坏固然与经营者的能力水平有关，但也与企业所处的市场类型有很大关系。

如果一个企业恰好是垄断企业，而且是（独家）垄断企业或者寡头垄断企业，那该企业一般而言会顺风顺水、波澜不惊，至少短期内不会发生明显变化。如果一个企业处于一个垄断竞争的行业，甚至是接近于完全竞争的行业，特别是行业里的中小企业，处于追随者的地位，就可能经常感受到商海的风云变幻、波诡云谲，领导者可能常常夜不能寐、寝食难安。即使他有很强的领导和管理能力，也要经常面对一些窘境和困境。

所以，如果你恰好在一家垄断型企业里，就庆幸吧，珍惜自己的工作，珍惜自己的岗位，努力学习，增长才干，争取在企业里有更大的成长进步；如果你的企业恰好属于后者，而你又愿意与企业同甘共苦，那就与企业一道搏击风浪，克服各种困难，共同成长吧！

4.2 企业追求垄断有错吗？
——垄断的是与非

提到垄断，人们总会想到一些大企业、大集团利用自己优越的市场地位，操纵价格，排斥竞争，做出损害其他中小企业和消费者的事情，仿佛垄断者必做坏事，垄断须臾不可存在。是啊，世界上很多国家不是都有各自的反垄断法吗？美国1890年颁布的《保护贸易和商业不受非法限制与垄断损害法》（简称《谢尔曼法》）、1914年颁布的《克莱顿法》，我国2008年施行的《中华人民共和国反垄断法》都是关于反垄断的法律，而且我国的法律名称直接就叫《反垄断法》。

反垄断法中反对的并不是垄断本身，也不是"凡垄断必反"，而是反对垄断者滥用市场支配地位，排除和限制竞争的种种行为。很多国家也将这类法律定名为《竞争法》《反对限制竞争法》

《反不正当竞争法》等。①

市场竞争是追求垄断—形成垄断—打破垄断的过程

"垄断"的英文单词是 monopoly，意为"独占"。"垄断"本来是中性词，在我国由于过去长期对垄断资本主义的批判，渐渐地"垄断"成了贬义词。有人说这个词汇翻译得不好，如果直接译成"独占"，可能会少一些歧义。其实无论"独占"还是"垄断"都是指在一个市场里只有一家厂商生产和供给产品，没有替代厂商，或者说没有与之分割市场的竞争者。按照微观经济学的分析，这个市场的需求曲线是一条向下倾斜的曲线，厂商会将产量限定在边际收益与边际成本相等的地方，这时的价格高于平均成本，因此，厂商会取得一定的经济利润。

独家垄断市场在现实生活中是很少见的。通过自由竞争很难形成这样的局面，即使因为技术或资源优势短期内由独家厂商垄断市场，长期看，在超额利润的诱惑下，终将有竞争者进入市场，打破独家垄断的格局。人类历史上各个产业的发展几乎都是一个率先进入者独占市场，其他竞争者相继进入打破垄断的过程。

现在，给人们带来极大便利与丰富体验的智能手机已经成为人们生活和工作中必不可少的一件工具。凭借手机操作系统和多种应用软件，智能手机被赋予了强大的功能和丰富的内容。手机

---

① 中华人民共和国商务部条约法律司. 反垄断法的定义与名称 [EB/OL]. (2005-04-27) [2023-05-07]. 中华人民共和国商务部网站.

操作系统的产生和发展就是一个竞争者你追我赶的过程。虽然 1996 年微软公司最早进入手机操作系统，但是，真正开启手指触控模式的是苹果公司 2007 年 1 月发布的 iOS。iOS 将可触摸宽屏、网页浏览、手机游戏等功能融为一体，极大地拓展了手机的功能，提高了手机使用的便利性。从此，智能手机开始大踏步走进平常人的生活中。此时，iOS 占据了手机操作系统市场的大半江山。然而，很快，2008 年 9 月，由 Google 公司研发团队设计的小机器人 Android OS 悄然出现在世人面前，良好的用户体验和开放性的设计，让 Android OS 迅速打入智能手机市场，并且很快反超 iOS。现在，Android OS 和 iOS 系统是手机操作系统绝对的领导者，几乎覆盖了全部的智能手机市场。

这就是一个追求垄断—形成垄断—打破垄断的过程。由于手机操作系统集合了大量计算机软硬件技术和移动通信技术，并且需要投入大量人力和资金，而且开发周期很漫长，所以进入壁垒很高，因此在这个市场上最终只能形成两三个寡头垄断的格局，而不可能形成众多厂商参与的垄断竞争局面。

垄断不只在高大上的领域存在，也会在普通人目之所及的日常生活中出现。在一个新投用的住宅小区里，如果起初只有一家食杂店，那么，这家食杂店就构成了垄断。虽然居民可以走出小区，到外面的商场、超市购物，也可以在网上购物，但是对于临时急用的油盐酱醋等生活必需品而又不在乎贵个块八毛钱的居民来说，这家食杂店显然是不二的选择。由于开办一个食杂店太容易，也就是食杂店行业的进入壁垒太低，很快这个小区就可能出现第二家、第三家食杂店。如果第一家食杂店位于小区东边，第二家很可能会在北、西、南三个方向出现，第三家会在剩下的两个方向出现，直至新加入者已经无利可图为止。

我们接着分析。小区周边一般都有一些餐饮场所，它们往往是比邻而立，但是各具特色，有早餐店、川菜馆、砂锅居……也有火锅店、洋快餐等。它们每一家都跟别的家不同，不仅提供的餐食不同，连店名、招牌、外装饰、内装修、服务员的穿着等也各有不同。你能感觉出来，它们就是在刻意追求与别人不同。它们知道它们在一同争夺小区及其周边的食客，它们也知道由于餐饮业进入门槛低，食客口味和偏好不同，自己不可能独家垄断全部市场，因此只能主打某一特色餐食，并且力求从餐食到服务、从里到外与其他店区别开来。它们的目的是争取对自己的特色和风格有偏好的食客，只要独占某一细分市场就已经很好了。

这就是典型的垄断竞争市场，也是最常见的市场类型。厂商之间在某种程度上可以相互替代，又分别在各自的领域具有一定的垄断性。例如，没有特殊偏好的食客既可以选择去川菜馆，也可能走进火锅店；但是，有特殊偏好的食客可能就会对于能满足他的偏好的店形成依赖，例如，喜欢吃火锅的食客会毫不犹豫地走进火锅店消费，这样火锅店对这部分食客就构成了垄断。如果火锅店不止一家，那么川蜀火锅会对喜欢川蜀风味火锅的人构成垄断，老北京火锅会对青睐老北京风味的人构成垄断。这就是垄断竞争市场既有竞争又有垄断的含义。

通过以上分析，我们知道，垄断并非仅见于"巨无霸"的大企业和进入门槛很高的行业，而是几乎在各个行业和各类大中小企业都存在，只是垄断程度不同而已。垄断在我们的日常生活中很常见，只是因为垄断程度有限，仍然有相近的替代品，我们感觉不到而已。所以，实际上垄断并不可怕，它一直在与我们共处。

市场经济就是产生垄断、破除垄断的经济。可以说，没有一家企业不喜欢垄断，没有一家企业不梦想垄断。企业当然要面对竞争、参与竞争，但是，企业的最高境界、最好状态是摆脱竞争，让别人无从竞争、无法竞争。每个企业都希望市场上只有自己一个供给者，而需求者众多，这样自己在市场上就处于主动地位，可以不用再对价格保持敏感，不用再对成本斤斤计较，不用再去千方百计拓展市场。

追求垄断就是努力实现最大限度的差异化

企业要达到这样的状态，就要努力超越别人，要比别人做得更好；或者努力填补空白，做别人所不能做、不曾做的事情。但是，无论做什么事情，一定必须是给顾客带来好处的事情，是给顾客带来实惠的事情、是给顾客带来更大价值的事情。这样，才能被顾客认可、才能被顾客接受、才能让顾客放弃其他竞争者，心甘情愿地跑到你这里来，甚至还愿意出更高的价格来拥有你的产品或享受你的服务。

苹果公司之所以每推出一款新手机，都能让全球众多消费者心驰神往、趋之若鹜，就是因为苹果手机具有其他品牌手机所不具备的性能——极好的用户体验和独特的外观设计以及超高的品牌价值。由于有这些独到的好处，消费者对苹果手机的价格变得不敏感，即苹果手机的需求价格弹性小，消费者愿意接受苹果手机的高价格。许多苹果手机用户对苹果手机的忠诚度很高，新款苹果手机的消费者中有很大一部分是苹果手机老用户。

苹果手机的傲人业绩自然是很多企业所羡慕甚至仰慕的，但是这并不是随便哪个企业都能做到的。广大的中小企业只能在有限的市场范围内参与竞争，也只能在有限的市场里塑造自己独特的优势，打造自己独特的品牌，尽可能独占某一细分市场。

东北某三线城市一家高档海鲜馆装修豪华、服务周到，海鲜品种一应俱全，在当地属于高端饭店。该饭店除了具有高档海鲜饭店的共同特点外，还有一绝，就是一道招牌菜——清蒸大白鱼。大白鱼是中俄界湖兴凯湖的特产，产量有限，价格昂贵。大白鱼肉质鲜嫩细腻，清蒸大白鱼更是把大白鱼的鲜美体现了出来。该地只有这一家饭店有清蒸大白鱼这道菜，只有这一家店能做出好吃的味道。所以，该店菜品价格虽然不菲，却常常是一桌难求，而且食客几乎必点清蒸大白鱼这道菜。如此，该店在当地的餐饮高端市场独占鳌头，喜欢吃和想吃大白鱼的顾客对该店形成了依赖，这家店在当地餐饮市场就具有了一定的垄断性。

企业追求垄断的目的当然是为了获取利润，而且是经济利润。我们说过，在完全竞争条件下，任何一个厂商都只能接受市场价格，而不能影响市场价格。因此，没有厂商愿意陷入完全竞争市场中，他们要努力避免将自己置于完全竞争市场。于是，他们首先要追求差异化，力求自己的产品和服务与既有的竞争者的产品和服务不同，让自己的产品和服务尽可能与竞争者的产品和服务区分开来，以便实现差异化定价，增强自己对市场和市场价格的影响力。

企业取得了经济利润,就有了扩大再生产的能力,有能力从事研发和创新活动,进而有能力实现产品升级换代,有能力给顾客提供更好的产品和服务。苹果公司每一代产品推出和热卖之后获得的经济利润,都为下一代乃至更多代产品的研发和创新奠定了雄厚的经济基础。

企业通过竞争追求垄断给顾客带来福利

企业追求垄断和差异化的结果客观上给顾客带来了选择的多样性。顾客面对的不再是无须选择的无差别的同质化的商品,而是从内到外,从品牌形象到性能品质、到用户体验都多种多样、多姿多彩的世界,每一类顾客的个性化需求都能得到满足。于是,我们的生活中有了琳琅满目的大型商超,有了品牌荟萃的服装商城、家电商场和汽车专卖店等。这无疑提高了人们的生活品质,增加了人们的满足感和幸福感,甚至提高了人们的自由度。

企业追求垄断的过程是企业之间相互追赶和超越的过程,就是追求领先的过程。这个过程既可以是在既有的"红海"市场里追求差异化和成本领先的过程,也可以是跳出现有市场、跨越式创新、开辟一片"蓝海"的过程。总之,它们给消费者带来了改进的产品和服务或者全新的产品和服务,人类的生活方式和生活形态都因此而发生改变。

当国际上各大航空公司还在比拼航运的安全性、舒适性与便利性并为此抢占和巩固国内外航线市场的时候,当世界各大航空器制造公司还在研究推出运载能力更大、适航里程更远和安全性更好的航空器的时候,美国人埃隆·马斯克领导的太空探索技术公司（SpaceX）却把目光投向了载人太空旅行。2021年9月15日，SpaceX使用其载人龙飞船和猎鹰9号火箭进行了首次纯商业载人太空飞行任务，第一次将四名非专业航天员的普通人送入太空，顺利完成了为期三天的环地球太空旅行，由此开启了人类步入太空旅行的时代。

保护合法垄断，打击不正当竞争行为

追求垄断增加了人类选择的多样性，让人的生活变得丰富多彩，推动着技术进步和文明的发展。追求垄断有什么错呢？在某些市场或某技术领域居于垄断地位的企业是高价值的企业，应该受到公众的尊重和政府的保护。垄断企业的确可能出现不正当竞争行为，例如，寡头们串通起来，共同限定价格或者限定产量，以便维持他们的垄断利润等。这些限制竞争、损害顾客利益的行为必须通过立法予以禁止和惩处。

我们前面说过，通过自由竞争很难长期形成（独家）垄断的局面，因为如果一家企业垄断了某个市场，只要不存在市场准入的限制，在高额垄断利润的诱惑下，总会有竞争者通过模仿和创新向垄断者发起挑战，去争夺和分割市场，最终由于行业特点在我们生活中形成一些寡头垄断市场和最常见的垄断竞争市场。

其实，最顽固的、最难以打破的垄断恰恰不是在市场上通过自由竞争形成的，而是国家或者说政府通过行政授权或许可造成的，比如一些国家对某些行业实行专卖制度，由国家资本直接垄断生产经营的各个环节或者某个关键环节（如销售）。这种垄断如果是在竞争领域里的垄断，一定是高利润率甚至超高利润率的，无疑是国家财政收入的重要来源。但是，这种垄断常常会带来效率低下、产业进步缓慢、对外竞争力不足，还可能导致腐败。

所以，国家对待垄断的态度应该是，一方面通过法律手段打击与惩处利用市场支配地位排除和限制竞争、侵害消费者利益的种种不正当竞争行为，同时保护合法垄断，维护公平公正的竞争规则和竞争环境；另一方面尽量减少甚或取消国家资本在竞争领域的垄断，增加民间资本自由投资和竞争的领域，激发市场活力，推动产业进步和提高竞争力。

在市场化的竞争环境下，企业努力增强市场竞争力、提高市场地位甚至追求垄断地位是没有错的，或者说无所谓对错。只要是通过合法手段去达成这些目的，就应该受到法律的保护。所以，你的企业，努力去做大做强吧，争取不可替代的市场地位！如果不能做大做强，那也要坚持不懈地追求差异化，将自己的产品和服务与竞争对手的区分开来，塑造自己的个性和风格，去迎合某些消费者群体的偏好，满足他们的需求，这样，也会有不俗的经营业绩！

4.3 中间商能取消吗？
—— 中间商和市场的运行

当市场上某种商品价格偏高时，总有一些人愿意从商品的流通渠道去分析，最后会把原因归结为中间环节太多，进而发出这样的呼声：取消中间商。这个说法带有很强的行政色彩，虽然它没有指出由谁来取消中间商，但暗含着希望政府来实施这个行为。那么，我们可以提出这样的问题：政府能取消中间商吗？或者进一步地：中间商能取消吗？

中间商的存在是受法律保护的。如果政府要取消中间商，需要修改法律，宣布中间商为非法，吊销所有中间商的营业执照，中间商就取消了。然后呢？然后会怎么样呢？生产商的产品到不了市场上了，用户买不到需要的商品了，所有商品的流通停滞了，各类商店、市场关门，经济停滞或回到计划经济时代。那些自产自销的商品不可以到达用户手里吗？也不能了，因为生产这些商品所需的原材料和其他生产资料也需要中间商提供，没有了中间商，得不到原材料和其他生产资料，自然产品也生产不出来了。

中间商的出现是市场自发的行为

中间商是政府开设的吗？当然不是。如果是，那又是计划经济了。中间商的出现是市场自发的行为，是市场主体对市场需求的自发反应。生产商需要有人在他们和最终用户之间架起"桥梁"，将产品转移到最终用户手里；有人看到了在生产商和最终用户之间的商机，他们知道生产商产品的市场在哪里，愿意充当生产商和最终用户之间的纽带和桥梁，于是，中间商出现了。

中间商就是在生产商和最终用户之间面向用户承担产品营销功能的中间机构。在现代市场经济里，大部分生产商都不直接将产品销售给最终用户，而是通过中间商将产品分销给千千万万个最终用户。中间商就像人们沐浴用的花洒喷头一样，一端连着生产商,源源不断地输入其产品流;另一端连着最终用户,将一件件产品输送给遍布各地的用户。

中间商主要分为两种类型:经销商和代理商。经销商是从生产商那里购买产品,再出售给用户,从中赚取卖出和买入的价差。经销商和生产商通常就是纯粹的买卖关系。经销商就是生产商的客户,与生产商没有其他关系,不需要生产商授权。经销商通常再分为批发商和零售商。批发商是批量买入生产商产品,再分销给各个零售商。零售商直接面向各个最终用户,实现对最终用户的销售。普通居民和家庭日常接触的购物渠道如商场、超市、药店等都是零售商。

批发商和零售商既有截然分立的,也有合二为一的。当零售商的规模大到一定程度,它的需求量已经大到足以让生产商重视的时候,它就会直接向生产商采购,以从生产商那里争取价格折让,降低采购成本。例如,全国性或跨国大型连锁超市如沃尔玛等由于每天的出货量很大,都是直接跟各类产品的生产厂家订立长期供货合同,直接从厂家批发,再分发配送到各个连锁零售超市;生产厂家也愿意跟这样的大型商业企业建立长期的合作关系,愿意给对方较大的价格优惠。

代理商与经销商不同,是经生产商授权、以生产商名义在某一市场区域内从事产品销售业务的中间商。代理商不需要购进生产商产品,不需要取得代理产品的所有权,他们只是代替生产商寻找用户以及与用户谈判签约。代理商凭着销售业绩,按照约定的条件从生产商那里挣取佣金。根据市场分布情况和市场容量,代理商可以是多家多级的,从而形成一个立体的代理体系。例如，跨国公司新进入一个国家市场时，通常在该国寻找一家合适的公司作为在该国的总代理商，帮助其将产品打入该国市场。总代理商接下来可能根据需要在这个国家的不同区域设立区域代理商，区域代理商还可以再设立多个更小区域的代理商。这样，就形成了三级代理结构。总代理直接跟生产商打交道，接受生产商的委托；下一级代理商接受上一级代理商委托，对上一级代理商负责。

一个生产商在一个区域市场可能设立一家代理商，即所谓独家代理，也可能设立多家代理商，鼓励他们相互竞争，按业绩取酬。从代理商角度来说，他们可能只代理某一生产商的产品，也可能同时代理多个生产商的产品，但一般不能同时代理竞争厂商的同类产品。生产商在选择和签约代理商时，会和后者约定其是否可以代理其他家产品；代理商也会根据产品的品牌潜力和市场前景决定是否接受生产商的委托。

不同产品的代理商面对的客户对象不同。由于工业品专业性较强，技术含量高，性能复杂多样，工业品的代理商通常直接向最终用户销售，如像CT机这样的大型医疗设备，代理商就要直接面向医院销售，需要向用户提供现场安装、技术培训、维修保养等保障服务。对于主要面向个体消费者的消费品，如化妆品、纺织品、营养品等，代理商通常对经销商销售，通过经销商向最终用户销售；也有的代理商在向经销商销售的同时，也直接开设门店，向个体消费者销售。

中间商的存在有其合理之处

为什么很多生产商通过经销商或代理商销售而不是直接将产

品销售给最终用户呢？通过经销商或代理商销售而不是直接销售意味着生产商将如何销售以及销售给谁的权利交给了中间商，同时将让利一部分给中间商，生产商为什么这么做呢？这实是无奈之举，同时也是恰当的选择。生产商不具备中间商所拥有的营销资源，包括广泛的用户需求信息、广布的分销网点等。生产商单独建立覆盖市场的营销网点，耗资巨大，得不偿失，如口香糖的生产商在全国城镇的各个角落建立销售门店显然既不可行也没必要；通过经销商将口香糖放到大街小巷各个商业网点的货架上，供消费者选取，显然是明智的做法。生产商放弃建设低效或无效的营销渠道，将有限的资源投入自己更擅长的产品研发和生产上，可以获得更大的收益。

中间商的存在一定有它的合理之处。"中间商使商品和服务流通顺畅……为了把生产者生产的商品和服务分类与消费者需求分类之间的差距弥合起来，这一程序是必要的。这种差距是由于制造商一般生产大量的种类有限的商品，而消费者通常只需求数量有限但种类繁多的商品这一事实造成的。"[1] 通过中间商的努力，千万个制造商的个别品牌的产品被汇集起来，呈现到有各种各样需求的消费者面前，供消费者选择。

网购不能完全替代线下购物

互联网出现以后，人们可以实现自由网上购物了。只要在电

---

[1] [美] 菲利普·科特勒. 营销管理 [M]. 梅汝，梅清豪，张桁，译. 上海：上海人民出版社，1999：497.

脑或手机上轻轻点击下单,几天之内你订购的商品就会送达你指定的地点。购物变得如此轻松、方便,也便宜了许多,中间商好像消失了。但其实网上购物和线下购物的实质没有差别。大部分工业品的销售还是要生产商或其代理商直接同用户谈判、签约,还需要生产商或其代理商对用户进行使用前的培训指导和使用中的维护指导、维修服务,只不过借助网络的帮助,供应商考察、谈判签约和沟通联络变得更加便利,由此可以减少代理商的层级和数量,使生产商和用户之间更加扁平化。

商品的销售基本上都可以在网上实现。人们把商店开到了网上,有的企业开设了直销网站,如戴尔直销网站;有的企业开设了电商平台,如淘宝、京东等,供企业和个人在平台上注册网店。开设网店相对于开办实体店而言,节省了购置或租赁固定场所的费用,节省了水电费、人工费等费用,成本是如此低廉,手续如此简单,普通人就可以开设一个网店,以至于网店如雨后春笋般迅速涌现,人们生活中需要的任何商品差不多都可以在网上买到,正所谓"只有你想不到,没有你买不到",而且价格又是如此便宜。网店极大地缩短了生产商和消费者之间的时空距离,让消费者和消费品之间近乎零距离接触,使消费者在任何时候、任何地方都可以尽情浏览,轻松购物。

电商平台和网店共同构筑了一个新的商业模式,它的快捷、丰富、廉价对传统的实体商业模式构成了极大的冲击,很多实体商业门店关门倒闭,很多大型商业超市萧条冷落。但即便如此,仍有一些实体门店和商业体顽强地存活了下来,人们并没有完全抛弃实体商店。尽管网购有诸多显著的优点,却永远无法完全替代线下购物。网店展示商品终究只能限于影像和文字的方式，无法替代实体店商品立体、可触摸、可尝试的真实感；网店和顾客的沟通互动仅限于文字或语音的方式，无法替代实体店店员和顾客之间语言、表情及肢体语言丰富的意思表达和情感表达。

人们购物的过程并不是一个纯粹的用货币交换所需物品的过程，而是运用知识、经验和技巧跟商家互动博弈的过程，是情感交流和心理体验的过程，也是休闲健身、放松心情的过程。携亲朋徜徉于陈列着琳琅满目商品的柜台和橱窗之间，走过一个一个档口，看见喜欢的商品停下来询询价、砍砍价，如果是服装，再试穿一下，听听同伴的意见，也许就买下来了。就这样，和同伴一路看，一路说笑着，心情得到愉悦，和同伴的情感得到交流。即便是一个人什么也不买，就只是闲逛，以欣赏的眼光浏览各种品类、各种式样的商品，包括欣赏不同风格、各具特色的门店设计、档口装饰等，同时体会着作为顾客处处受欢迎、被尊重的感觉，这样的体验无论如何是网购所达不到的。

除了购物体验不同外，有些商品并非一定要进行网购。生活中的一些日用品、消耗品在线下随处可以买到，品质几乎没有不同，而且已经很廉价，这样的商品网购相对于线下采购并不具有明显优势；并且有一些商品关系到人的安全健康，虽然网购会有一定的价格优势，但不一定能保证商品质量，出现纠纷也不容易追究商家的责任。当然，这都是经过亲身体验后仁者见仁、智者见智的事情。

不管怎样，网购仍然有它的局限性，不可能完全替代线下购物。网购只是给人们提供了一个部分替代线下购物的全新的消费渠道。今后的方向一定是线上和线下既相互替代，同时又相互弥补、相互结合，共同构成人们的商业工具、生活常态乃至生活方式。

网购也没有取消中间商

现在回到我们的主题上来。即使是网购，也没有取消中间商。人们每天点击的电商平台许多都是中间商，许多网店也是中间商。这些平台就像是有人出资建的一个大型商场或超市，类似网店则是另外一些人租用商场或超市的一块地方开办的门店。不过实体店的经营范围和经营能力受占用面积的制约大，而网店则不受实体空间的影响，因此，理论上电商平台可以容纳无数家网店。2020年，据不完全统计，天猫上的店铺数量达50万家，淘宝网上的店铺更是多达940万家，这样的数量级是实体商超不敢想象的。天量的网店中，有一小部分是企业直销店；绝大部分是经销店，仍属于中间商。

由于网店没有了实体空间的限制，因而就少了很多因租用实体空间带来的费用，虽然也要向平台交纳费用，但相对于实体店铺的租金来说就少多了。由于网络连接的无限性和即时性，虽然网络销售仍有中间商环节存在，但中间商的层级减少了，销售费用大大降低。由于以上原因，网络销售较之线下销售附加在生产商产品上的费用低得多，因而，网购较之线下购买往往有明显的价格优势。由于开办网店比开办实体店的条件简单得多，门槛低得多，因而电商平台上的网店数量惊人，这使得网店之间竞争激烈，几乎任何一种商品都可以很容易地在多家网店找到，它们相互之间成为彼此的替代品，这也有助于让消费者享受到明显的低价好处。

网上销售的确给人们带来很多实惠和全新的体验，但是，它并没有让中间商消失。恰恰相反，仍是中间商连接着大部分生产商和消费者。可以说，没有中间商，就没有网上销售，也就没有被消费者喜爱的网购；是中间商利用网络技术创建了网上销售模式，推动着网上销售的繁荣与活跃。

没有了中间商，就没有了商人和商业

我们看到，无论线下还是线上商业活动，中间商都是必不可少的角色，发挥着必不可少的作用。中间商的出现和存在不是哪一个人或哪一个机构（包括政府）一纸命令的结果，也不是哪一些人或哪一些机构心血来潮的臆想，而是市场经济里资本逐利的结果，是自然而然、顺应市场需求的事情。自然，中间商也不是哪一个人或哪一个机构（包括政府）说取消就能取消的。中间商的存亡应该是市场竞争、优胜劣汰的结果。只要是无利可图了，中间商自然会消失，这是不需要谁的一纸命令的。只要是在市场经济里，只要有充分的产权保护和商业自由，中间商的出现、发展和消亡都是市场主体自由、理性选择的结果，这是不以别的什么人的意志为转移的。

所谓商业，通俗讲就是以买卖方式使商品流通的行业，很大程度上正是中间商支撑着这个行业。所谓商人，通常不是指生产商，而是指介于生产商和消费者之间的中间商。如果没有了中间商，可以说就没有了商人；没有了商人，就没有了商业。

在可预见的未来很长一段时期，中间商是不会消亡的，也没有人可以取消中间商。

第5章 供求和价格

5.1 为什么有关部门不管管月饼的价格呢？
——价格决定和政府作用

中秋节要到了。夫妻二人去逛糕点店，准备买点月饼，结果到那一看，散装月饼便宜的七八元一块，贵的二十几元一块，还有大盒精美包装的甚至一百多元、数百元一盒。

妻："这月饼怎么这么贵呀？"

夫："现在都这个价。"

妻："这几年月饼越来越贵了？相关部门也不管管？"

夫："怎么管啊？"

妻："就规定一个价格，比如不能超过 5 元一块，超了就罚款甚至关门。"

夫："那可不行，那样大家就吃不到月饼了。"

妻："怎么会呢？算了，咱们还是到超市去看看，那儿有老式月饼，三四元一块的。"

这对夫妻谁说得有道理呢？应该限定月饼的价格吗？如果限定月饼的价格，会有什么结果呢？

月饼的价格不是由卖月饼的人单方决定的

月饼价格看似由卖月饼的人定的，实则是由买卖双方共同决定的。买的人多了，卖的人少，商品供应不上，卖的人就涨价；买的人少，卖的人多，商品太多了，卖的人就降价。现在到中秋节了，大家都吃月饼，买月饼的人一下子多起来，卖月饼的商家虽然准备了很多月饼，但是，为了增加收入，他也要把价定得高点儿，他知道这几天大家都要吃月饼，即使价高一些，也好卖。果然，虽然夫妻俩离开了这家糕点店，但是，进出这家店的人还是很多，买的人也很多。

等过了中秋节，到阴历八月十六那天，买月饼的人一下子就少了，月饼会立马降价，降价幅度还很大；再往后，买月饼的人更少了，月饼会继续降价，直到一个基本不变的价格为止。每年的月饼市场都是这样。

卖月饼的人当然希望价格定得越高越好，但是，前提是得有人买。当价格定得太高的时候，没有人买，就连一点儿收入都没有了。卖月饼的人希望不管什么时候都能获取最大收益。当买的人多的时候，价定高一些，可以获得高收益；当买的人少的时候，价定低一些，可以增加销量，尽可能把剩余的月饼卖出去，保证收益不损失。

所以，你看，月饼价格虽然是卖月饼的人定的，但是，他绝不是随心所欲定的，是依据销售的情况而定的。他定价的目的是确保自身利益最大化。他绝不会把价格定得高到没有人买以致没有收入；一般情况下，也绝不会定得低到收不回成本。

从买方来说，当然是价高的时候买的人少，价低的时候买的人多，就像这对夫妻一样，他们嫌糕点店的月饼贵，去超市买便宜的月饼去了。

如果像这对夫妻一样的顾客多起来了，都是问一下价，嫌贵就走人了，糕点店就会考虑降价了；而当去超市买月饼的人多起来的时候，超市可能就要考虑涨价了。

当价格低的时候，买的人自然不会有怨言；当价格高的时候，常会有人抱怨，就像这位妻子一样，他们中总有人喜欢有关部门出来干预价格，限定最高售价。

供求双方共同决定价格

政府该不该出来干预价格呢？在回答这个问题之前，我们先来看看经济学是怎样看待价格决定的。经济学认为，在一个自由的、充分竞争的市场里，价格是供需双方博弈的结果，它会自动停留在一个均衡的水平上。在这个价格水平上，卖者的商品都能卖掉，不会有积压和过剩；买者的需求都能得到满足，不会有抢购以致有买不到的情况。这时的商品价格在经济学里叫均衡价格，这时的状态叫市场均衡，也叫市场出清，如图5-1所示。

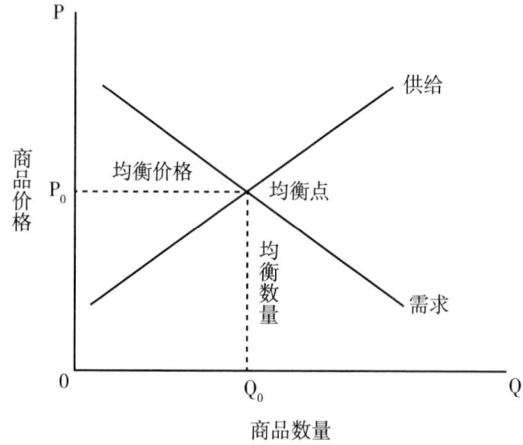

图5-1 均衡的供求曲线

图5-1为经济学中常用的供求曲线。我们以自变量商品的价格（P）为纵坐标，以因变量商品的数量（Q）为横坐标，构建一个坐标系（这里跟通常的将自变量作为横坐标、将因变量作为纵坐标是不同的。这是19世纪末20世纪初英国著名新古典经

济学家马歇尔最早的做法，后来的经济学界一直沿用至今）。① 在这个坐标系里，我们将对应着不同价格的商品需求量和供给量的点分别连起来，可以组成两条线，即为商品的需求曲线和供给曲线。它们一条向下倾斜，一条向上倾斜，这两条线的交叉点对应的价格即为均衡价格（P_0）。

如果市场价格（P_1）高于这个均衡价格，买者的购买量会减少，还会有买者离场，去寻找替代品。例如，当猪肉价格飞涨时，买猪肉的人会减少，他们将以牛羊肉、鸡鸭鹅肉或鱼肉等替代。这样，就会在供给量和需求量之间出现一个差额，即所谓商品过剩或供过于求的状况。如此，就会迫使卖者一方面减少供给量，一方面降低商品价格；随着市场价格降低，买者的购买量又会增加，同时也会有部分离场的买者重新回来，需求量增加，供求回到均衡状态，如图 5-2 所示。

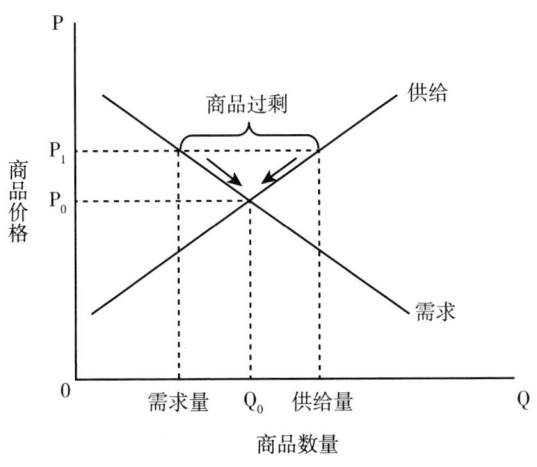

图 5-2　商品供过于求的情形

① 张维迎. 经济学原理［M］. 西安：西北大学出版社，2015：92.

同样，当市场价格（P_1）低于均衡价格（P_0）时，买者的购买量会增加，或者会有新的买者进入市场购买。例如，当猪肉价格比平常便宜时，人们消费猪肉的量会增加，而此时卖者没有积极性低价供给更多的商品。这样，在市场上就会出现需求量和供给量之间的一个差额，即所谓商品短缺或供不应求的状况。随着差额的扩大，卖者会一方面增加商品供给，一方面提高商品价格；与此同时，随着价格的提高，一部分买者会离场或减少购买量，从而使供求数量差趋于减小，市场重新达到均衡状态，如图5-3所示。

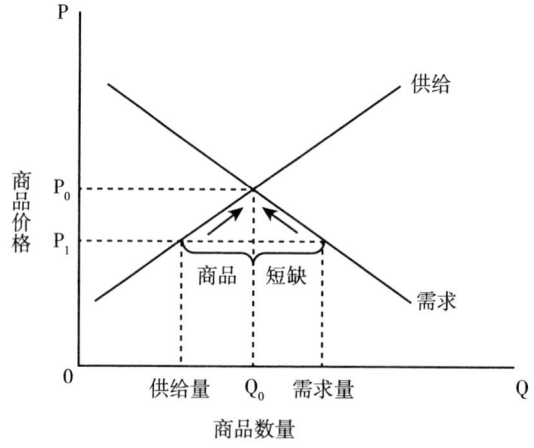

图 5-3　商品供不应求的情形

在自由的市场经济里，买卖双方围绕价格变动采取的自发行动以及对价格的影响构成了经济生活的基本内容和方式，这些活动看似无序，实则有序，就像亚当·斯密所说的"看不见的手"在指挥一样。经济学里将提供商品的一方叫供给方，将购买商品的一方叫需求方。供给方和需求方构成了一个市场里既对立又相互依赖的两方，双方既对价格的变动有所反应，又通过自己的行动影响着价格的变动。

作为一名普通消费者，我们每个人虽然只是一个买者，买的量也不大，但是买的人多了，就形成了一个很大的购买力量。因此，每一个买者都对商品定价有影响。当你走进一个市场，掏出钱来购买了一种商品以后，就增加了一分购买力量，就增加了卖者稳定价格的一分信心，或者增强了卖者提高价格的一分欲望。如果你走进一个市场，没有掏钱购买某种商品，转一圈就出去了，就减少了一分购买力量，就可能使卖者稳定价格的信心减少一分，调低价格的想法增加一分。所以，我们千万不要低估自己的力量，我们每个人都对商品的价格决定有影响。你可以"用脚投票"，转身走人；也可以"用手投票"，掏钱购买。你的一投足、一举手都表达了买方的一分意愿，贡献了影响价格变动的一分力量。

对商品简单限价的结果

我们再回到月饼的例子上来。如果有关部门出来干预价格，对月饼零售商颁布一纸限价令，会怎么样呢？首先，月饼零售商会蒙受损失，本来可以卖10元/块的月饼按限价令只能卖8元/块，每块月饼少收入2元钱；如果每块月饼的毛利恰好是2元，那么，月饼零售商就无利可图了。可是，有人可能会这样说，消费者受益了啊！会是这样吗？谁会做亏本的买卖呢？

月饼店每天要发生人工费、水电费、房屋租金等费用，这些都要从每块月饼的毛利里出。现在，月饼零售商无利可图了，怎么办？关店或改做其他生意也没那么容易，这时，月饼零售商的第一反应就是向批发商传递压力，要求将每块月饼的进价从原来的 8 元降到 6 元，以保证自己的毛利不变。批发商会继续向后传递压力，直至月饼的生产商。月饼生产商如果有较大的利润空间，可能会向批发商让利，批发商在保证自己还有利润的前提下再向月饼零售商让利，但是，给零售商的每块月饼价格也不会是 6 元，而可能是 7 元。这样，月饼零售商的毛利减少了一半，它必然会压缩成本，如减少用工、节约用电等，这样，顾客来店里感受到的服务和环境可能都没有以前那么周到、舒适了。但是，不管怎样，好在月饼的品质还没变。

实际情况更可能是月饼的品质也会发生变化。在有关部门的一纸限价令下，向生产商提出降价要求的不会是一家批发商，而是受到影响的所有批发商。在这种情况下，生产商为了消化月饼出厂价降价的压力，保证还能有利可图，必然想法降低生产成本。在生产成本中，固定成本短期内是不可降的，可降的只有变动成本，而其中最容易降、见效最快的是原材料成本，即生产月饼用到的面粉、果仁、食用油、食糖等材料成本。生产商会向这些原材料的供应商提出降价要求，同时更可能减少这些原材料的用量尤其是相对贵重食材的用量，如果仁、蛋黄、枣泥等，或者不减少用量，而是降低食材的质量等级，例如，对于果仁月饼，原来用的是优质果仁，现在改用一般果仁。于是，在价格降低的同时，月饼的尺寸可能变小了，或者虽然尺寸没变，但是月饼里好吃的东西少了，或者没有原来那么好吃了，也就是说，我们吃不到原来 10 元/块的月饼了，月饼的品质变了，此月饼已非彼月饼。

如果有关部门将每块月饼的最高价不是限定在 8 元，而是 6 元，又会怎样呢？此时，从月饼零售商到生产商的整个月饼供应链上的各个环节都面临着更大的成本压力。于是，一方面月饼的品质会进一步变差，6元/块的月饼距原来10元/块的月饼品质差距更大了。好品质的月饼消失了，市场上的月饼都是价低质次的月饼。另一方面有些承受不起成本压力的月饼商放弃了生产和销售月饼，市场上的月饼少了。也就是，价格是限定住了，但是，市场上都是低品质的月饼，而且还不容易买到，如图5-4所示。

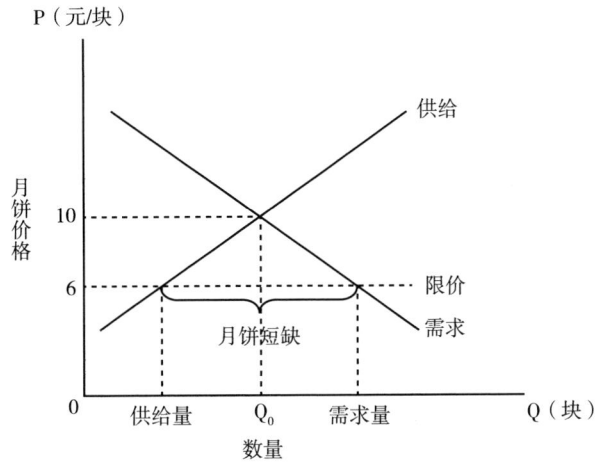

图5-4　限价6元/块的月饼市场

如果对月饼的限价甚至不是6元/块，而是低到了4元/块，那么，从月饼店到生产商可能都无法再承受价格之低带来的成本压力。他们放弃了生产月饼，可能就改做其他糕点了。这样，月饼就彻底从市场上消失了，如图5-5所示。如此，人们可能再也吃不到中秋传统食品月饼了！

谁也不愿做赔本的买卖，至少不会长期做赔本的买卖，因为那样不可持续，最后连自我生存都会成问题。月饼商可以出于慈善目的免费向养老院或孤儿院赠送一批月饼，但是，不可能长期

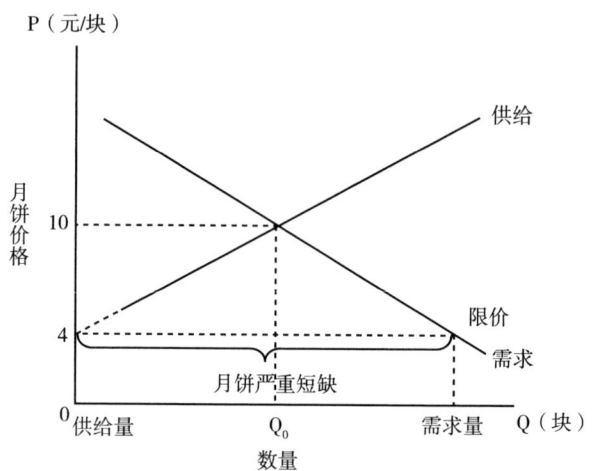

图 5-5　限价 4 元/块时月饼无市场

无偿赠送；他们可以出于促销的目的开展些价格优惠活动，但不可能长期以低于成本的价格销售月饼。我们不能要求月饼商无利可图甚至亏本做月饼。只有月饼商有利润，他们才能受到激励持续提供不同风味、不同价位的月饼，我们也才能享用到各式各样的月饼。如果月饼商无利可图，消费者就会面临月饼短缺。

什么买卖都是这样，所谓两好钆（ga）一好（东北方言）。一方受益另一方受损是不可能的，至少是不可能长期存在的。因此，对某一商品的限价应控制在合理的范围内，否则，如果限价过低，那么该商品会从市场上消失。与此同时，还有一个可能的结果是商品黑市的出现。只要对月饼的需求还在，而且还很旺盛，那么虽然在公开市场上月饼消失了，在不公开市场还会有月饼交易，有人会继续生产和销售月饼。此时的月饼价格一定会突破限价，月饼的品质也会有所恢复。由于这种私下交易的成本和风险较高，月饼价格甚至会高于公开市场上的均衡价格。

不公开的市场交易使卖者难卖、买者难买；同时也使政府缺失了一块税源，减少了税收，还增加了监管成本。

政府对于控物价可以有所作为

那么，在物价面前，政府就能超然其外吗？当物价高企的时候，政府当然不该无所作为，也不会无所作为。

买卖价格是买卖双方共同决定的，是基于双方自愿基础上的，没有人逼着买者买，也没有人逼着卖者卖。只要是买卖双方自发形成的价格，通常情况下，政府就应该超然其外。

那政府什么时候该介入呢？政府可以做些什么呢？当买卖双方任何一方出现不诚信的行为时，政府应该介入。例如，当有强买强卖行为时，当卖者以次充好、以假充真、缺斤短两时，当卖者串通涨价、形成价格联盟时，政府应该介入，打击、惩处不诚信、不正当竞争行为。在买卖行为面前，政府的主要任务是维护诚实守信、公平竞争的环境，保护买卖双方的独立性和自由买卖权，让买者可以自由地买、卖者可以自由地卖。

政府对价格就没有影响吗？不可以让价格降下来吗？有影响，而且有很大影响。首先，政府可以通过减税降费降低物价。每一件商品的价格里都含有一定比例的税款，商品的销售者并不能得到税款，而是要将其上缴给国家。在月饼的价格里就包含不超过13%的增值税，商家每卖一块10元/块的月饼，就向国家上缴不高于1.3元的税。除了对商品征税外，企业还担负着其他税种和多种行政性收费，比如，如果一个企业有盈利，就要缴所得税。目前一般企业所得税税率为25%，也就是说，企业如果盈利

100万元，要将其中的25万元上缴给国家。企业负担的这些税费至少部分地要转嫁给消费者，体现到其商品价格上。因此，政府如果对企业减税降费，减轻企业负担，就会引导和推动企业降低商品价格。

其次，政府可以通过降低企业准入门槛，提高办事和服务效率，让更多的企业参与到市场竞争中来。一个市场上，卖家越多，对买者越有利；卖家越少，对买者越不利。月饼的生产和销售企业越多，他们之间的竞争越充分，越趋向于降低月饼价格，以吸引消费者。反过来，月饼的生产和销售企业越少，他们对月饼的定价权越大，越趋向于推高月饼价格。因此，政府的任务不是直接限定价格，而是给愿意生产和经营月饼的企业与商户"开绿灯"，让更多的经营者进入这个行业，让消费者有更多的选择。这样，月饼的价格就很难高起来。

看，政府在价格面前是可以有所作为的，但不是简单、粗暴地限定价格，而是放手让企业竞争，维护企业自由竞争的环境，并且努力降低企业的经营成本。我们不要凡事希望政府出手，要相信市场自发的调节能力，要容忍市场调节有一个过程，虽然有时候这个过程并不短暂。

5.2 是中间商推高了物价吗？
——中间商和价格决定

我们前面分析了在现代市场经济中中间商的作用，得出结论：中间商连接着生产商和消费者，中间商必不可少，中间商的作用不可替代。那么，既然在生产商和消费者之间增加了一个中间商，中间商为了获取更多的利益，会不会推高商品的价格呢？

当某种商品价格偏高的时候，人们往往会产生上面这样的联想和疑问，甚至总是把商品价格偏高的责任归咎到中间商身上。他们总是把商品的市场价格与其出厂价格相比较。如果市场价格比出厂价格高出很多，他们就认为是中间商赚取了暴利，牟取了不义之财；如果市场价比出厂价高出不多（高出的幅度是他们可以接受的），即使出厂价很高，他们也觉得可以接受，很少有人去追究出厂价何以那么高，似乎生产商牟取暴利是可以接受的，中间商得到太多的利益是不可以接受的。

这种说法的背后实际上隐含着这样的观念：价格是由成本决定的，而流通环节没有发生太多的成本，成本主要发生在生产环节，因此，产品进入流通环节到达市场后不应该以高出出厂价很多的价格售卖给顾客。这种观念对吗？

价格不是由成本决定的

我们说，价格不是由成本决定的。如果价格是由成本决定的，那么就会推出一些荒唐的结论：成本越高，价格越高；成本越低，价格越低，不管产品是不是受到市场的欢迎。一种产品，一家工厂用一个工人生产出来，另一家工厂用两个工人花同样的时间生产出来，两家工厂工人的工资是一样的，后一家工厂就该以比前一家工厂高出一倍的价格出售同样的产品，这可能吗？不要说市场上没有人接受，就是这家工厂本身也不会傻到这样给产品定价，因为它知道如果这样定价，只能导致工厂关门倒闭。

"价格由成本决定"是一种计划经济观念,也只有在计划经济体制下才行得通。在那样的体制下,没有市场竞争,没有降本增效的动力,导致低效无效的劳动和生产,造成资源的浪费和普遍的贫困。

价格不由成本决定,不是说价格与成本没有关系。价格与成本有直接关系——成本越高,要求价格越高,因为只有价格包得住成本,才有利可图;成本增加,要求价格随之上涨,如果价格不变,原来有利可图就可能变成无利可图。所以,包括生产商和中间商在内的供给方都希望水涨船高,价格随着成本增加而上涨,永远包得住成本,而且价格高于成本的差越大越好。

价格的决定是供给方一厢情愿的吗?显然不是。供给方只是市场中的一股力量,市场中还有与之对应的另一股力量——需求方,供给方和需求方共同构成了市场。价格是由供需双方共同决定的。一种商品,只有当它被需求方所喜爱甚至追捧而供给方供给不足的时候,它才可能以较高的价格出售,而这个价格无关乎它的成本高低,如苹果手机等。对于年轻人喜爱的时尚手机,需求者宁愿以高出同类普通商品很多的价格获得它们,而不关心它们的成本是多少;即使它们的成本不高,需求者也愿意以高价获取它们。相反,一种商品,如果不被需求方广泛接受和喜爱,不论它的成本高低,都很难以较高的价格出售,甚至可能以低于成本的价格促销。

价格也不由商品的营销组织方式决定

一种商品,是经中间商分销还是生产商直销并不能决定商品价格的高低。最终决定商品价格的仍是商品被需求方需求的程度以及供给方供给的情况。

一种商品，从出厂直到到达需求者手里，中间还有或短或长的一段过程，其间要经历宣传推介、进入市场、谈判交易、服务保障等过程。这一过程要耗费时间、精力、人力和物力，这些所需要的费用是附加在出厂产品上的发生在流通过程中的成本。这部分成本不发生在采取直销模式的生产商身上就发生在承担分销任务的中间商身上，总之，这部分成本总是要发生的。

生产商会根据产品和目标客户的特点采取他们认为的最适合、最经济、最有效的营销方式，中间商也会根据产品特点和他们预估的市场前景来选择代理或经销的产品。我们说过，口香糖的生产商不会撇开中间商，自己单独开设千千万万个专卖店以覆盖市场的各个角落。口香糖作为低值易耗的消费品和非必需品，面向终端个体消费者，不会有大额的购买行为，这样的商品适合于摆放在销售相关商品的超市、食杂店和一些便利店里。零售商也愿意引进这样的产品，丰富自己的商品系列，和其他相关商品相互促进销售。相反，像石油钻机这样的大型特种设备生产商通常不得不直接向最终用户销售，因为这类产品单件价值大、技术含量高、操作复杂，目标客户是工业客户，明确而有限，需要向客户宣传推介、培训辅导、替用户安装调试、维修维护等。生产商每年生产和销售这类产品的数量有限，如果委托中间商代销反而多此一举，事倍功半；也很少有中间商有能力、有兴趣代销这种销量有限、专业性特别强的产品。

事实证明，哪一种营销方式成本更低、效果更好，生产商就会采取哪种方式。代理或经销哪一种产品最能发挥自己的能力和优势，最有利可图，中间商就会代理或经销哪种产品。一切都是最好的安排。作为顾客和消费者，实在没有必要去操心和质疑生产商何以不直销而是让中间商代销，或者何以直销而不是让中间商代销。

　　毫无疑问，无论是生产商还是中间商都会努力降低销售成本，他们不会把钱花在无谓的支出上，对于他们认为有助于提高市场占有率、扩大销量的支出也一定舍得支付。至于他们是否采取了正确的营销策略，那是另外一回事。逐利是生产商和中间商共同的特征和目的。他们不会盲目增加营销成本进而通过提高终端商品的价格将增加了的成本转嫁到需求者身上，如果这样，他们的商品就会因价格比同类商品高而在市场竞争中失去竞争力，而这是他们最不愿看到的。

　　如果他们的商品是（独家）垄断的，情况就不一样了。他们会向需求者提出垄断价格以获得超额利润。这些超额利润在生产商和中间商之间分配，或者生产商多些，中间商少些；或者相反，生产商少些，中间商多些。无论面对的是生产商还是中间商，只要他们手里握着的是垄断商品，需求者就失去了价格谈判的可能；在他们面前，需求者会很无力。这种无力感可以是直接销售的生产商给的，也可以是代销或经销厂商商品的中间商给的，但归根结底是由商品的垄断地位决定的。正是由于商品的垄断地位决定了商品到达终端需求者时可以索要超高价格，才容许在垄断商品的流通环节可以有多重中间商共同逐利；而不是相反，由于中间商太多，从而推高了商品价格。

进口抗癌药从出厂到进入医院药房，再到患者手里，其间可能经过几层的中间商。而普通感冒药从出厂到进入药房，再到需求者手里，其间就不可能有太多的中间商。为什么呢？抗癌药往往是国际大医药公司的专利产品，独家生产，在专利保护期内是绝对的垄断产品，价格十分高昂，因此就容得下几重的中间商；而感冒药的品牌和生产厂家众多，疗效相同或接近，彼此可以互相替代，因此价格低廉，当然也就容不下太多的中间商。

商品的价格是由市场供求关系和市场结构决定的，与有没有中间商以及有多少中间商无关。当商品供不应求的时候，价格就上升；当供过于求的时候，价格就下降；当供求平衡的时候，价格暂时稳定下来，这时的价格就是均衡价格。市场竞争越充分，即同一种商品的卖家越多，均衡价格越低，就像感冒药的情形；市场竞争越不充分，或者说垄断程度越高，即卖家越少，均衡价格越高，即如进口抗癌药的情况。

不是中间商推高了商品价格，是商品价格决定了容不容得下中间商以及可以容得下多少中间商。我们可以看到，中间商更多地存在于竞争不充分的领域，或者说均衡价格偏高的产品销售环节。一种商品供给严重不足的时候，价格就趋于上升，这时候增加供给就有套利的机会，于是就有更多的中间商趋之若鹜，争相代理或经销这种商品。看上去是中间商多了，价格也高，但实际上是因为价格高吸引了更多的中间商介入。随着中间商的增多、供给的增加，价格会慢慢降下来，那时，因为不再有利可图，有的中间商会退出，中间商会变少。

中间商不仅没错,而且有功

很多人不懂得这个道理,他们只看到了问题的表象,本末倒置了。有一年春节前的一段时间,某城市市面上蔬菜价格奇高,引得市民议论纷纷,怨言很大。有人说:蔬菜价格贵是因为中间商在产地价基础上加价太多,其言下之意是要降低菜价必须打击中间商乱加价的行为。这种说法很具有代表性。经济学家王东京对此提出不同意见。他认为,蔬菜价格贵是由于供应短缺造成的,不是中间商的错,如果3元/斤的萝卜可以随处买到,中间商怎么可能卖出5元/斤的价格?不仅如此,他还认为,中间商不仅没错,而且有功。该市当地产的蔬菜只能满足全市需求的30%,其余的70%靠中间商从外地贩运过来。如果没有中间商长途贩运,该市的蔬菜供应将短缺70%,如此大的供求缺口,菜价将会涨得更高。[①]

事实上是这样的。中间商看到了市场和产地之间的价差带来的套利机会,在利己动机的驱使下从产地向市场贩运蔬菜,增加了市场供给,客观上对平抑市场价格起到了积极作用。如果像有人建议的那样,打击中间商,限制他们的经营行为,结果只能适得其反:中间商的积极性受到影响,蔬菜供给减少,菜价不降反升。正确的做法恰恰相反,应该鼓励和保护中间商的积极性,取消各种限制和歧视中间商的政策规定,打击个别部门乱收费和一些执法人员吃拿卡要行为,让更多中间商没有障碍、没有顾虑地进入市场。经营蔬菜的中间商多了,蔬菜供

---

① 王东京. 王东京经济学讲义[M]. 北京:中信出版集团,2021:103.

给自然增加了，中间商之间的竞争也更加充分了，蔬菜价格自然会降下来。

在这件事情上，有人说，中间商从外地菜农手里收购蔬菜贩运进该市，以数倍于收购价的价格卖到市场，是坑了菜农，肥了自己，其意为如果没有中间商从中倒手，菜农直接把菜运到该市去卖，菜价不会那么贵，菜农还会挣得更多。

事实上，如果没有中间商，菜农的菜根本卖不到该市。菜农知道，如果自己把自家种的一点菜长途贩运到该市，不卖上天价根本就赚不到钱，而卖上天价又是不可能的。因此，菜农只能在自家跟前卖菜或者卖给上门收购的中间商。实际上，中间商不仅没坑菜农，还帮了他们。如果没有中间商收购，菜农的菜会卖得更便宜，甚至根本就卖不出去。王东京举了他老家——鱼米之乡洞庭湖的例子：早年农民养鱼却卖不上价，后来城里的鱼贩们下乡收鱼，鱼价上涨，农民才赚到了钱。我们在媒体中也经常看到这样的报道：一个地方的大枣滞销了，另一个地方的苹果因无人收购都烂在地里了……这些地方的果农是多么希望有中间商上门收购啊，这时的中间商对于果农而言就如同救命恩人一样，可以解决他们一家一年的生计问题啊！

第6章 劳动和资本

6.1 食堂厨师要加薪
——劳动和劳动市场

一天,某公司食堂厨师小张找到单位主管领导——公司副经理王某,提出要求加薪,而且言语中流露出不加薪就走人的意思。王副经理感到很诧异,小张平时表现很好,很少提出什么非分的要求,最近倒是听说他偶尔发些牢骚,但没想到他这么直截了当地提出了加薪的要求。王副经理没有急于表态,而是耐心地与小张交流起来。

原来,小张受到了来自两方面的压力:第一,他是有家室的人,他的家就安在了他工作的这个城市,最近,他的家人总跟他抱怨物价上涨了,食品和日用消费品都在涨价,他拿回家的钱越来越不够用了。第二,周边饭店的厨师都涨工资了,在饭店当厨师的几个同乡薪酬已经高出他一大截了。

王副经理对小张的想法很理解,他并不觉得小张的要求过分。小张的薪酬标准是三年前定的,三年来一直没变过。物价年年在涨,厨师也越来越不好招,饭店为了留住厨师,年年给厨师涨薪。相比之下,小张的工资是有些太低了。

王副经理虽然同情小张,但是也很无奈。他所在的这家公司是一家国有集团企业的下属公司,员工的薪酬标准都是上级人事部门制定的,下级没有权力调整。小张作为外雇员工,不同于一辈子端"铁饭碗"的正式职工,工资低不说,而且调资很不及时。

工资由劳动市场上对劳动的供求决定

这家公司所在城市是我国北方一座资源型城市。支撑这个城市经济的是几家国有大企业。它们以及它们带动的相关配套产业的总产值以及这些产业吸纳的就业总人数都占了地区总量的一半以上。这几家大企业不仅对这个地区的经济发展有着重要影响，也对这个地区人们的社会生活有着重要影响。大企业员工的收入水平和消费能力在很大程度上决定着这个地区的物价水平和其他人群的收入水平。很明显，每当年终岁初几家大企业给员工发放年终奖的时候，当地物价总有不同幅度的上涨。除了可能的其他因素影响之外，大企业员工消费需求的集中释放无疑是引起物价上涨的一个重要因素。物价上涨的结果是这个地区的居民生活成本上升，从而带动劳动力成本上升，使大企业之外的其他行业企业给员工加薪的压力加大。

厨师是千千万万劳动大军中的一员。劳动跟土地、资本和企业家精神一道被称为生产要素。在市场经济中，生产要素也要在市场中获得，它们也有各自的市场价格。工资就是劳动这个要素的市场价格。要素价格也由供求关系决定，是供给和需求两方面相互作用的结果。劳动的需求方是工厂、企业等大大小小的市场主体，劳动的供给方是劳动力的拥有者——一个个劳动者。

跟对其他商品的影响一样，价格同样是影响劳动需求和供给的最重要因素。在变化的价格面前，对劳动的需求和供给也呈现相反的倾向：价格（工资）越高，对劳动的需求越小，劳动的供给越大；价格（工资）越低，对劳动的需求越大，劳动的供给越小。换句话讲，在劳动力市场上，价格（工资）越高，用工单位越不愿意雇用劳动者,相反,劳动者就业意愿越强烈,越希望被用工者雇用;价格(工资)越低,用工单位越愿意雇用劳动者,而劳动者就业意愿越弱,越不愿意被用工者雇佣。这两种相反的倾向相互作用的结果,就是对劳动的需求和供给达到一个均衡的状态,这时候的价格即工资水平是均衡价格。在这个价格水平上,有就业意愿的劳动者基本都能找到工作,有用工需求的单位也大体上都能招到员工。

如图6-1所示,在这个坐标系里,我们将对应着不同价格的劳动需求量和供给量的点分别连起来,可以画出两条线,即为劳动的需求曲线和劳动的供给曲线,它们一条向下倾斜、一条向上倾斜,这两条线的交叉点对应的价格即为均衡价格(P_0)。均衡价格是对应着一定条件的。如果影响需求和供给的条件发生变化,需求曲线和供给曲线就会移动,均衡价格自然也跟着变化。

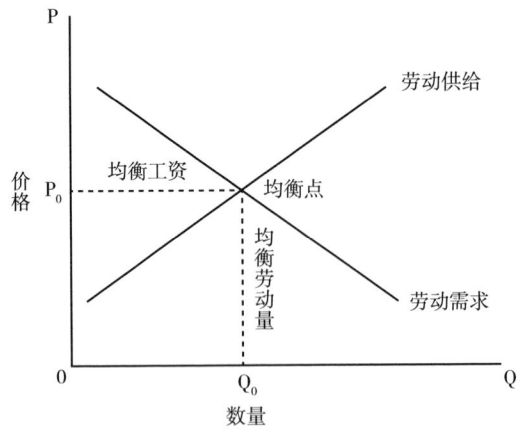

图6-1 劳动的供求曲线

如果我们能收集到不同价格(工资)水平下餐饮行业的厨师需求量和供给量的数据,就能画出厨师的需求曲线和供给曲线,它们一定也是一条向下倾斜、一条向上倾斜，它们的交叉点对应的价格就是厨师劳动的均衡价格（P_0）。当一个地区的物价上涨时，如果劳动的价格不变，劳动的供给将趋向减少，这意味着劳动供给曲线向左移动，导致与需求曲线的交叉点上移，均衡价格上升为 P_0'，如图 6-2 所示。这就是为什么厨师小张要求加薪的缘故。

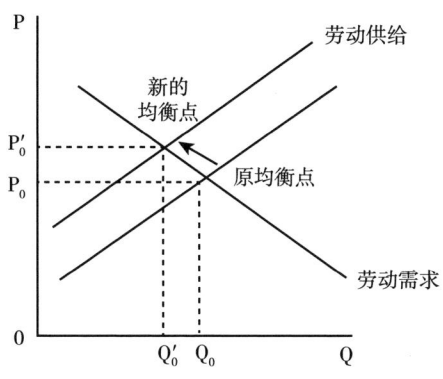

图 6-2 劳动供求曲线的变动

以上是将厨师行业作为一个市场。其实，厨师行业可以细分出不同的市场，在遵从上述大趋势的前提下，每个细分市场都有各自的需求曲线和供给曲线以及均衡价格。按照餐饮行业的档次粗略地分，可以分为高档酒店、一般饭店、小吃店等；按照餐饮行业的类型可以分炒菜类饭店、火锅店、粥铺等。不同类型、不同档次的饭店对厨师有不同的要求，也有不同的价位（工资水平）。小张为单位食堂做饭，对他的烹饪技术要求并不高，他的工资价位应该比照炒菜类一般饭店或者其他单位食堂给出的价位，他自己比较的标准也应该限定在这个范围，这是他作为厨师所在的细分市场。

不同的劳动市场对劳动存在着竞争

一个人的职业是可以变化的。一个学习能力强、适应能力强、不安于现状的人更可能在职业变换中寻求实现自己更大价值、努力过上更好的生活。小张如果肯学习、能吃苦，还可以跳到其他行业发展，如当大车司机、做装修工等。如果他觉得这个单位给的工资太低，也可以跳槽到其他给的工资高的单位或饭店当厨师；如果他觉得这个行业工资太低，可以跳到其他行业就业。

在社会劳动人口一定的情况下，各类职业对劳动存在着竞争关系，专业化程度不高的劳动密集型职业之间对劳动的竞争更为激烈。一个人应聘了这份工作，那份工作就少了一个应聘的人。在市场经济里，市场机制引导着人们选择职业、选择岗位。一般来说，劳动价格即薪酬水平无疑是影响人们择业的最重要因素，虽然它并不是唯一因素。

一个行业的工资水平如果长期低于相近行业的工资水平，就会不断有人离开这个行业，转向其他相近行业，新进入这个行业的人也会减少。如果建筑施工行业工人工资长期偏低，就会不断有工人辞掉工作，进入其他行业，比如进工厂里当工人，同时也很难有新人进入建筑施工行业，这时就会出现建筑施工行业的"用工荒"。

这是同一地区不同行业之间对劳动的竞争。一个国家不同地区之间也存在着对劳动的竞争。由于各地区经济繁荣程度不同，经济发展水平不同，对劳动的需求量不同，劳动的均衡价格也不同。统计部门常常定期发布各个地区的平均工资水平。我们可以看到,东部沿海地区、经济发达地区的平均工资水平明显高于西部地区和东北地区的平均工资水平。虽然前者地区的生活成本要高一些,如房价更贵,但是,前者可利用的资源多,发展的机会也多。因此,对后者地区的劳动者仍然有很强的吸引力。

从国内不同地区的人口变动趋势可以看出人口迁徙和劳动力转移的趋势。近几年,东北和西部大部分地区的人口就表现为净流出,而东部和沿海地区很多省份则表现为人口净流入。整体上,中国大陆人口转移趋势是北方向南方转移,西部向东部转移。小张如果愿意,不仅可以辞掉单位食堂的工作,在本地区找到更好的岗位重新就业,而且可以加入"南飞的北雁"大军中来,到南方发达地区闯一闯。

人口迁徙和劳动力转移不是坏事

人口迁徙和劳动力转移可以增加流入地劳动供给,满足流入地对劳动的需求,从而使流入地劳动价格趋于下降;同时减少了流出地劳动供给,使流出地劳动价格趋于上升。如果作为生产要素之一的劳动可以无障碍地自由流动,将会有大量的劳动力从经济落后地区向经济发达地区转移,其结果就是使不同地区的同类从业人员扣除生活成本之后的薪资水平趋同。此时,经济发达地区的吸引力会下降,会有一部分劳动力回流到流出地或其他地区,从而使各地区的劳动供给和需求都趋于均衡。

虽然目前国家没有禁止人口迁徙和劳动力转移,但是,现实中却存在着诸多阻碍人口迁徙和劳动力转移的因素,如户口问题、孩子入园和入学问题、医疗费用报销问题等,这些障碍吓退了不少经济落后地区有志到经济发达地区发展的劳动者。由于劳动力不能自由流动,就会形成一个个分割的孤立的劳动市场,从而导致有的地方很多人找不到工作,有的地方却出现各类"用工荒";劳动力富裕的地方平均工资偏低,劳动力短缺的地方平均工资偏高。

人口迁徙和劳动力转移有助于经济的整体发展及不同地区之间经济结构调整,有助于个人和家庭增加收入、提高生活水平,也有助于个人实现自身价值。人口迁徙还是实现人的居住权的一种有效方式,居住权是一种基本人权,允许和保障人口自由迁徙就是保障人的居住权,就是保障人权。因此,政府应该逐步去除影响人口迁徙和劳动力转移的障碍,让劳动力这个生产要素自由流动起来。

小张作为厨师,是他所服务的这家国有企业的外雇人员,即所谓"体制外"的市场化用工,是真正的"能进能出"的员工。既然小张是按市场机制管理的员工,企业就该按市场机制管理小张的薪酬,灵活调整小张的工资标准,不能像对待体制内的非市场化的正式员工那样进行薪酬管理。如果小张的工资收入长期低于厨师市场的均衡工资标准,总有一天他会辞了现在的工作,另谋高就;企业也很难以现在的工资标准再招到合适的厨师。

6.2 由员工工资想到的
—— 合同收入和剩余收入

小王在一家大型国企上班,是公司机关一个部门的科员,工作按部就班，压力不大，每月的工资收入在 5000 元左右。妻子小刘是自由职业者，她用自己的积蓄，加上从父母那里借的钱和从银行贷的款，开了一家小型的化妆品店，开始的时候生意不好，经过几年经营，逐渐走上正轨，现在每年能净挣 10 万元左右。小刘还聘了一个女孩小吴做帮手，每月付给小吴 3000 元工资。

虽然化妆品店总体上是盈利的，但是由于进入门槛低，竞争激烈，加之电商的冲击，经营起来还是很辛苦，每月的收入不稳定，常常弄得小刘很疲惫。生意不好的时候，小刘跟小王诉苦，羡慕他工作稳定、收入稳定；生意好的时候，小刘又开玩笑地奚落小王收入不如自己高。颇懂些经济学的小王很理解妻子，总是给她鼓劲打气，并耐心地向她解释，他们的收入是不同性质的，他的收入是合同收入，小刘的收入是剩余收入。小刘渐渐地理解了，不再跟小王抱怨和炫耀了。

合同收入和剩余收入

什么是合同收入？什么又是剩余收入呢？所谓合同收入就是依据合同约定取得的收入。企业招募员工，总要跟员工订立一个合同，约定员工工作的内容、时间和标准，也要约定企业给员工提供的工作条件、报酬以及双方任何一方违约应承担的责任。只要员工按合同履行了自己的责任和义务，企业就要同样按合同约定给付员工相应的报酬。这个报酬就是合同收入，是员工按合同约定应得的收入。丈夫小王的收入就是这样的收入。可以说，工薪阶层的收入都是合同收入，或者说，一切受雇于人、以自己的劳动付出换取报酬的人的收入都是合同收入，无论你是在国企工作，还是给私企打工，抑或是为政府工作。这个例子里的小吴的收入无疑也是合同收入。

企业除了支付员工报酬外，还要依据合同约定支付用房租金和借款利息等。房屋产权人和贷款人所得收入也是合同收入。合同收入是到期必须给付的，无论企业经营状况如何。如果企业违反合同约定拖欠或拒付，权益人可以寻求法律保护，申请法院强制企业履约。即使企业因经营不善而破产，在进行破产清算的时候，也要先给员工补发欠薪，然后给债权人清偿债务。所以，合同收入是有基本保证的。合同收入虽然是可以调整的，但是在合同未变更前是相对固定的，或者说在合同期内是固定的。所以，小王和小吴的收入相对于小刘的收入要稳定得多。

剩余收入是企业全部收入扣除全部成本后的净剩余。企业给付的员工工资、用房租金和借款利息等在员工、房屋所有人及贷款人一方是收入，在企业一方却是成本。企业的营业收入只有扣除成本后的剩余部分才归企业所有。那么，这个剩余最终该归谁所有呢？当然是企业是谁的就归谁所有。在上面的例子中，化妆品店的利润当然归小刘所有。

企业所有者冒着市场风险，投资开办企业，主观上奔着发家致富去，客观上也可能亏钱蚀本回。如果开办企业的人把握住了商机，善于经营，企业兴旺发达，他的剩余收入可能就会很多；反之，如果他决策失误，不善经营，企业可能亏损甚至破产倒闭，他根本就赚不到什么剩余收入，甚至要承担巨额损失。这正是经营化妆品店的小刘所体会到的。

不管市场形势如何变幻、经营成果好坏，企业都要按照合同约定支付各项开支。所以，合同收入是固定的、相对有保障的，剩余收入却是不固定的、无保障的，可能多也可能少，可能没有甚至可能是负的。剩余收入不是会计利润，而是经济利润。剩余收入是对企业所有者的奖赏和回报，既可能是正回报，也可能是负回报。

剩余收入的合理性和合同收入的决定

剩余收入的合理性在哪里？都包括哪些部分呢？

企业所有者是出资开办企业的人，同时也可能直接经营管理企业。就像上例中的小刘，她出资开办了化妆品店，还亲自经营这家店。企业所有者的出资不是借贷关系的出资，不能以利息的形式获取合同收入，它是企业的实收资本。但是，任何出资都是有成本的，开办企业的人的资金也是有成本的，这个成本就是其机会成本，即用于其他用途可能取得的收益。因此，企业所有者取得的剩余收入（如果能取得的话）中有一部分是补偿他的出资的机会成本的。

例如，小刘开办化妆品店除了向银行贷款和向父母借钱外，自己也拿出了5万元作为开办费用，这5万元是有机会成本的。这5万元资金的机会成本是用于其他用途可能确定的收益，一般来讲至少是存于银行的定期存款利息。剩余收入首先应该用来补偿这5万元的定期存款利息。那么，余下的部分是什么呢？

小刘从无到有把化妆品店置办起来，从一个人干到雇了个帮手小吴,从起初的艰难到每年有不错的盈余,她要操心店里的所有事情,特别是要揣摩顾客对化妆品品牌的偏好,决定采购什么样的化妆品,还要琢磨采用什么样的营销策略,建立顾客对自己的化妆品店的忠诚度。化妆品店经营好坏自然与小吴的工作表现有关,但主要还是由小刘的智慧、才干和付出多少所决定的。因此,剩余收入除了补偿小刘出资的机会成本外,余下的是对她对这个店所有付出的回报。

显然,剩余收入的多少取决于企业的所有者和经营者经营企业的能力,具体而言就是增加经营收入和控制成本支出的能力。市场的不确定性会引致企业经营结果的不确定性和剩余收入的不确定性。常人通常只看到日进斗金、风光无限的成功者,却看不到或有意忽视那些身心俱疲、一文不名的失败的创业者。其实,只有极少数人有勇气有能力承受很大的不确定性风险,去追逐梦想中的财富和利益。大多数人在风险面前望而却步,宁愿拿一份合同收入,过着波澜不惊的日子,他们构成了劳动力市场中劳动的供给者。

那么,作为合同收入的工资的多少是由什么决定的呢?我们上面说过,工资由劳动市场对劳动的供求决定。工资是劳动这个生产要素的价格,而价格是由市场决定的,工资自然是由劳动市场决定的。在劳动市场上,供给方是劳动的拥有者——劳动者本人,需求方是大大小小的各类企业,也包括政府机关、学校、医院等用人单位。同其他市场的价格决定一样,劳动的价格也是由供求关系决定的,是供给和需求两支力量博弈的结果。

6.3 谁是一个企业里最有权的人？
——资本、剩余索取权和委托代理关系中的道德风险

企业，规模有大小，小到只有几个人的小微企业，大到拥有百万人之众的跨国公司；企业无论大小，总有当家的人、最有权的人，谁是一个企业里最有权的人呢？

拥有剩余索取权的人是企业里最有权的人

我们从简到繁，以前面谈到的小微企业化妆品店为例，谁是这个店最有权的人呢？当然是小老板刘女士，这是一个很简单的问题。化妆品店采购什么化妆品？以什么样的价格对外销售？对特定的顾客给不给折扣、给多大的折扣？等等，一应事情都应由小刘决定，而不是由丈夫小王或小刘的父母决定，更不会是由员工小吴决定。有些事情小刘可以给小吴授权，但是在小刘授权之外的事情，小吴都应请示小刘。

小刘是这家化妆品店的实际出资人，而且是唯一出资人；小吴是这个店的员工，以获得合同收入为条件，听从小刘的指挥，付出自己的劳动。小刘以给付固定支出为条件，拥有对这个店的控制权，自己拿的是剩余收入。小刘是对这个店最终经营结果负责的人，也是承担经营后果的人，哪怕这一后果是亏损。

经济学里将获得剩余收入的权利叫剩余索取权。拥有剩余索

取权的人拥有最终决策权。也就是说，谁拥有剩余索取权，谁就是一个企业里最有权的人。小小的化妆品店是这样，大企业也是这样，而不论企业规模多大、企业内部机构和层级多少。通常这样的人都是企业的所有者，即企业的实际出资人。如果出资人是唯一的，自然他就是拥有剩余索取权的人，就像小刘；如果出资人是多人，那么所有出资人都是拥有剩余索取权的人，他们都对最终决策拥有发言权，这时候就要建立一种机制，保证决策的产生，通常根据出资额的大小赋予相应的表决权，因此，拥有最大话语权的人一般是出资额最大的人，这个人通常被称为董事局主席或董事长。

谁出资，谁拥有最终决策权；谁出资额大，谁的话语权大，这个事实说明了"资本雇佣劳动"的逻辑。作为重要的生产要素之一的资本通常是稀缺的。资本的拥有者出资办企业，以给付被雇佣者稳定的收入为条件换取对他们的指挥权和管理权，同时承担市场多变的风险，接受经营结果的不确定性。他们的资本不是都能保值增值的，出资额最大的人自然承担着最大的资本损失的风险。按照风险和责任对等的原则，谁出资谁拥有决策权；谁出资额最大，谁拥有最大的决策权。

委托—代理关系中的道德风险问题

拥有决策权的人未必亲自管理企业。特别是当企业规模很大、业务很复杂、管理层级很多的时候，出资人可以聘请专业人士即所谓经理人组成管理团队来代为管理企业，他们向经理人授权，给经理人设定经营目标，并承诺给经理人相应的回报。经理人在授权范围内工作，对实现经营目标负责。出资人和经理人之间构成了委托—代理关系。

如果出资人给经理人授权过大，随着经理人对企业管理的不断深入，他掌握的企业内外部信息越来越多，而出资人掌握的越来越少，两者之间会出现信息不对称，而且这种不对称程度可能越来越大。这时，由于企业的所有权和经营权分离，经理人可能掌握企业的实际控制权。但是，经理人终归不拥有剩余索取权，他的报酬仍然是合同收入，虽然这个收入可能很高。他知道这个企业不是自己的，自己只是一个高级打工者。于是，经理人可能出现背离出资人利益、努力使个人利益最大化的行为倾向，如追求个人办公条件和待遇的奢华、片面追求企业规模的扩张以抬高自己在所从事的行业和经理人市场上的身价等，结果使企业和出资人的利益受损。这就是委托—代理关系中的道德风险问题。

为了避免或减轻这种倾向，出资人会采取一些措施激励和约束经理人，尽可能使经理人的利益和自己的利益重合或重叠，朝着自己设定的目标努力，如提高奖金水平、授予股票期权等。但是，不管出资人怎样的努力，只要委托—代理关系存在，代理人偏离出资人利益、追求个人利益的机会主义倾向就会存在。不过，即便如此，出资人终究是企业所有权人，拥有剩余索取权和最终决策权，至少他或他们可以解除与经理人的聘用合同，结束与后者的委托—代理关系。

因此，只要产权关系清晰，拥有剩余索取权的人明确具体，就有人真正对企业负责任。剩余索取权人对企业负责任，是对自己负责任，是对自己的利益负责任。如果一个企业没有明确、具体的出资人，没有明确、具体的剩余索取权人，就没有人真正对这个企业负责任，这个企业的运转就必然是低效、无效甚至负效的。

谁掌握稀缺要素，谁就拥有剩余索取权

以上所说的都是出资人就是剩余索取权人，是企业里最有权的人，这背后的逻辑是"资本雇佣劳动"，而"资本雇佣劳动"背后的逻辑是资本这个生产要素通常是稀缺的；什么要素稀缺，什么要素就可能成为雇佣方，去雇佣其他要素。既然如此，如果劳动稀缺了，劳动是不是可以雇佣资本呢？是这样的。

经济学制度学派创始人和主要代表人物，美国社会学家、经济学家索尔斯坦·凡勃伦提出，生产要素的稀缺程度决定了权利转移的方向。他举证说：奴隶社会最稀缺的是劳动力，而奴隶主拥有劳动力，故权利掌握在奴隶主手里；到了封建社会，生产工具的改进提高了劳动效率，劳动力不再稀缺，土地变得稀缺，于是权利转移到地主手中；后来发现了新大陆，土地不再稀缺而资本变得稀缺，于是权利又转移到资本家手中。

凡勃伦进一步推定：到了后工业社会，随着投资机会越来越少，储蓄会大于投资，资本会过剩，那时相对稀缺的已不是资本而是"专门知识"。若资本不再稀缺，掌握企业权力的也就不再是资本家，而是拥有专门知识的"技术阶层"。凡勃伦还解释说，技术阶层不单指技术人员，而是指由技术人员与企业高管组成的"专家组合"。①

---

① 王东京. 王东京经济学讲义 [M]. 北京：中信出版集团，2021：193.

也就是说，当资本不再稀缺而技术变得稀缺的时候，就不再是资本雇佣劳动，而是劳动（技术）雇佣资本，掌握剩余索取权的就是技术专家或技术专家与经理人组成的专家团队，而不再是出资人，专家或专家团队将成为企业里最有权的人。这种情况会发生吗？经济学家王东京就举出过这样一个例子。[①]

刚进入21世纪的某一年，王东京在北京中关村访问过这样一家高科技企业，这家企业拥有技术专利，出资人是一位民营企业老板，董事长却不是这位老板，而是持有专利的一位技术专家。他们订立了这样的约定：民企老板出资3000万元，企业按固定比率给他支付股息，老板不过问企业的经营管理，剩余收入归专家和他的团队所有，企业经营管理和最终决策自然也由专家和他的团队负责。

这就是劳动（技术）雇佣资本的例子。这里民企老板的出资不是企业的借贷资本，是企业的实收资本，按照传统的观点，这位民企老板是这家企业实实在在的老板。但是，他拿的是固定比率股息形式的合同收入，将剩余索取权交给了掌握高科技的技术专家和他的团队。在这个企业里，专家显然是最有权的人。

之所以能出现这种情况，一定是这家企业的专利技术在它所涉及的行业领域里是领先的，而且有着很好的市场前景。那位民企老板一定对此深信不疑，而且技术专家和他的团队能够轻松地拉到投资。这就是资本是过剩的，而这项专利技术和它的美好愿景是稀缺的，更准确地说是掌握这项技术的专家是稀缺的。于

---

① 王东京. 王东京经济学讲义［M］. 北京：中信出版集团，2021：193-194.

是，资本的拥有者宁愿以获得固定比例的合同收入为条件，将资本交由技术的拥有者使用；而技术的拥有者甘愿以给付资本的拥有者固定的报酬为条件，取得使用资本的权利，将专利技术转化成现实的价值，去获得更多的剩余收入。

近些年这样的事例时有出现，但总体上并不多。不管怎样，这说明并非只有资本雇佣劳动（技术），劳动（技术）也可以雇佣资本；同时也说明，通常情况下相较于劳动（技术），资本还是稀缺的，真正有美好商业前景、能让资本低头的技术是不多的。

无论是资本雇佣劳动，还是劳动（技术）雇佣资本，谁拥有剩余索取权，谁就是最有权的人。"最有权"并不意味着可以为所欲为，而是承担最大的责任和压力，同时也享有最大的荣光，或者承受最大的损失。

第7章 企业和企业家

7.1 抱怨客户不如专注于满足顾客需要
—— 诉诸客户的自利而非善意

企业销售人员常常苦恼于产品订单量无法增加、产品市场份额止步不前甚至有下滑的迹象；企业管理者常常困惑，客户为什么不买我们的产品？我们已经很努力了，市场为什么还对我们的产品不认可？企业销售人员及管理者的苦恼与困惑透露出一种对市场和客户的抱怨——他们过于严苛、不具善意和慈悲心。那么市场是建立在善意和慈悲上的吗？显然不是的。

市场交易不是慈善行为

企业经营的目的是通过向客户销售产品从而获得实实在在的利益，这是一种出于利己动机的行为，绝不是出于善意和慈悲的行为。虽然也会有出于善意和慈悲的捐赠或赠送，但那绝不是常态。客户购买企业的产品，也是因为使用了企业的产品后可以给其带来实实在在的利益，这是客户出于利己动机的行为，也绝不是出于善意和慈悲的帮助与扶持。虽然也会有那样的行为，但那也绝不是常态。

所以，企业经营虽然出自利己的动机，但其出发点和落脚点一定是从利他的角度考虑并努力，让客户从使用的产品和服务中得到切实的好处，而不是奢求对方出于善意和慈悲给企业以帮助与扶持。因此，企业的销售工作要诉诸客户的利己之心，告诉客户他能从对企业的产品的购买和使用中得到怎样的利益、获得多少好处；当存在竞争者的时候，企业的产品能给客户带来更大的利益、更多的好处。只有这样，客户才肯花钱购买这家企业的产品。

销售和购买行为在经济学中即为"交换"或"交易"。在保证自由和独立的前提下，自愿的交换只能发生在交换双方彼此都从能交换行为中获得好处的情况下。亚当·斯密在《国富论》中指出，只有人懂得通过交换与别人进行合作，获得别人的帮助。亚当·斯密说，在文明社会里，"人总是需要其他同胞的帮助，而单凭别人的善意他是无法得到帮助的。如果激发别人的利己之心，向他们表明他要求他们所做的事情对他们自己是有好处的，他才更有可能如愿以偿。任何想与他人做买卖的人都是这样行事的。给我所需，你也得到所需，这就是每项交易的意义；我们正是通过这种方式得到自己所需的绝大部分帮助的。我们得到自己的食物并不是由于屠夫、酿酒师和面包师的恩惠，而是由于他们自利的打算。我们不是向他们乞求仁慈，而是诉诸他们的自利之心；我们从来不谈自己的需要，而只谈对他们的好处"。[①]

这段在《国富论》开篇不久的论述振聋发聩，虽然并不复杂和深奥，却揭示了人性的本质，被许多经济学家引用来说明人的交换动机是出自利己之心而非出于善意和慈悲。屠夫、酿酒师和面包师售卖肉类、酒类和面包，出发点绝不是为了让购买者填饱肚子和享受美酒的刺激，而是为了换取金钱，以便购买自己生活

---

① [英]亚当·斯密. 国富论[M]. 孙善春，李春长，译. 沈阳：万卷出版社，2008：10.

所需。如果是纯粹为了别人的需要，他们就不会有偿出售，而是无偿赠送了。他们也知道愿意花钱购买他们售卖的东西的顾客也不是出于善意和慈悲，而是这些东西的确能满足他们的需要。因此，他们在售卖的时候，绝口不提顾客购买对他们自己的好处，而只是强调商品对顾客的好处。

诉诸顾客的自利之心

我们可以观察到，小到集市上摊贩的吆喝，大到大公司的家电、汽车、房产等主导产品的广告，无一不是在宣扬自己产品的优点以及会给顾客带来的好处，没有一个会说销售出去产品会给商家自己带来什么好处的。这就是诉诸顾客的自利之心，唤起顾客的购买欲望，从而实现商家自己牟利的愿望。顾客并不在乎购买的产品对商家的好处，只在乎对自己的好处。如果吆喝和广告恰好点中了顾客需要的"穴位"，顾客就愿意掏出钱来购买产品。如果产品能极大地满足顾客的需要，顾客会迫不及待地掏钱购买，甚至唯恐买不到。

苹果系列手机每个型号上市之初几乎都能吸引顾客排队认购，因为顾客相信新款苹果手机一定会给他们带来更新的、更舒适的使用体验。这时，他们几乎不在乎新手机的价位，更不在乎他们的购买会给苹果公司带来多么高的利润，他们只在乎给自己带来的良好使用感受。苹果公司在宣传新款手机的时候，从来不宣扬这款手机如果大卖会给自己带来多高的利润，也从不声称销售不好会给自己带来多大损失，因为他们知道这跟顾客无关。

我们看到，有些经营不善的商店在关门倒闭之前，挂出"清仓大甩卖"的牌子，以求尽可能多地收回成本，这时如果顾客出于善意纷纷购买，也许还能挽救商店于不倒；然而，此时决定顾客买与不买的仍然是商品对他是否有用、有益，而不会是因为恻隐之心而购买。顾客的钱也是自己挣来的，他要用自己的钱换取能改善自己生活的东西，他没有义务用自己挣来的钱换取对自己无多大益处的商品来拯救一个濒临倒闭的商店——那不是正常的商业行为。

企业销售如果出现了问题，企业产品如果销售不畅，一定是企业的产品没有更好地满足顾客需要，或者没有让顾客认识到该产品可以更好地满足其需要，而且多数情况下是前者的原因，而不是后者。因此，企业管理者应该时时检视自己的产品是否满足了顾客的需要，还可不可以更好地满足顾客的需要，而不应抱怨顾客挑剔、市场无情。

很多企业管理者信奉投机和实用主义

"客户至上""顾客永远是对的"等这些理念似乎已经成为很多管理者的共识，成为企业的经营理念和企业文化的核心，但是，有多少企业能始终如一、坚定不移地坚守和贯彻这些理念呢？当企业处于顺境的时候，他们会坚守这些理念；当企业出现困难尤其是在市场和营销方面出现问题的时候，他们常常也会动摇，不是反省自己产品和服务方面的问题，而是抱怨客户过于苛刻，总是希图在自身不做出改变的情况下通过各种手段"拿下"客户的决策者，获得订单。企业管理者在做对了事情（迎合了顾客需要）的时候，相信这些理念是对的，甚至津津乐道、到处宣扬自己的成功之道；然而，当管理者没有做对事情（做无助于顾客利益增加的事情）时，就将这些理念抛在了一边，他们只是一味地批评市场部门工作不力，业绩不佳。

有些管理者常常醉心于做无助于增加甚至有损于客户利益但是却可以使自己和自己的企业看起来更体面、更愿意炫耀的事情，如盲目铺摊子、跨界经营、建设高标准非生产设施、增设无用的部门和机构等，这些行为有时不仅无助于提高产品和服务的品质，而且增大了经营成本，增加了产品价格上涨的压力，削弱了产品的价格竞争力。

相当一部分企业管理者持投机和实用主义的想法，他们并不真正信奉"客户至上"的理念，他们并没有足够的耐心和恒心去研究顾客需要，围绕顾客需要改进和提升产品品质。因为这些事情是慢功夫，需要长期坚守、持之以恒的努力。然而，市场不相信眼泪，消费者更看重利益。当企业的产品不符合消费者的需要，或者有其他更好的产品符合消费者的需求的时候，他们就会做出新的选择。企业管理者必须笃信并坚守只有给消费者带来利益并不断满足他们新的需求，才能让消费者忠诚于你的企业和你们的产品。这是企业生存的铁律！

想更好地生存吗？给顾客带来好处吧！这是企业存在的价值。

7.2 企业亏损了为什么还不停产？
——短期亏损和停业点

我们经常听到这样一句话：企业不消灭亏损，亏损就消灭企业。这话自然是不错的。企业是以盈利为目的的经济组织,自然容不得亏损。但是,这里的"亏损"是指长期的亏损,不是一时的亏损。在市场经济里,市场形势瞬息万变,企业竞争日趋激烈,企业有盈有亏是正常的事情。没有一直盈利的企业,百年老店也曾有亏损的时候;也没有一直亏损的企业,长期亏损的企业终将难以为继,总有关门倒闭的那一天。

市场环境的突然变化和企业决策的一时失误,都可能导致企业一时亏损。然而,企业并非出现亏损就要停产关门,而要是看亏损多少、问题出现在哪里。亏损会给企业造成损失,但有时刚出现亏损就停产反而会给企业造成更大的损失。这是为什么呢?

企业的成本构成

所谓亏损,就是企业收不抵支,利润为负。

利润 = 收入 - 成本

如果收入 > 成本,利润为正,企业盈利;如果收入 = 成本,利润为零,企业盈亏平衡,不盈不亏;如果收入 < 成本,则利润为负,即为亏损。

我们来分析一下成本。对于企业而言,成本是企业生产产品所投入的全部资源的货币价值。一个企业无论生产什么产品,总要有生产厂房、办公场所,这些固定的房屋建筑或者自建,或者购置,或者租用;还要购置或者租用机器设备,雇用工人和管理人员,购买原材料;生产过程中还要耗用水电气等能源;企业通常还要筹措资金,从银行借款,每月向银行支付借款利息;等等,所有这些需要花费的开支都是生产产品的成本。

这些成本通常被归为两部分——固定成本和变动成本。在一定时期内不随产量变化而变化的成本为固定成本。企业在开工生产前自建房屋或购置房屋、机器设备已经发生的费用属于沉没成本，在企业存续期间以折旧费的形式体现出来。房屋和机器设备的折旧费或租金、付给银行的借款利息都是固定成本。如果员工工资收入几乎不随产量变化而变化，那么员工工资也是固定成本。在企业存续期间，不管企业生产不生产、产量多少、企业盈亏，这些成本都要如期如数发生。而在一定时期内可以随着产量变化而变化的成本是变动成本，如生产需要的原材料、水电气等能耗；如果企业按市场机制聘用和管理员工，员工能进能出，收入能升能降，那么员工工资也是变动成本。

各项固定成本之和为总固定成本，各项变动成本之和为总变动成本，总固定成本与总变动成本之和就是总成本。成本最终要分摊在每一件产品上。所以，我们知道平均每件产品能分摊多少成本是有意义的，这就是下面的平均成本的概念。总固定成本与总产量之比为平均固定成本，总变动成本与总产量之比为平均变动成本，总成本与总产量之比为平均成本。平均成本即为每件产品分摊的成本，平均固定成本和平均变动成本即为每件产品分摊的固定成本和变动成本。平均成本自然等于平均固定成本与平均变动成本之和。

短期内企业的停业点

企业盈利来自实现销售收入的全部产品分摊全部成本之后的盈余。由于固定成本已经发生或终将发生，而变动成本是随着产品生产而来的，所以，每一笔销售收入必先消化相应的变动成本,再承担一部分对应的固定成本。如果在销售收入中除去对应的全部变动成本和固定成本后还有剩余,就是利润;如果除去变动成本后,所余收入不能抵掉对应的全部固定成本,这时就出现了亏损,但是仍能分担一部分固定成本;如果仅仅可以抵掉变动成本或者连变动成本都抵不掉,这时生产和销售产品对企业就没有贡献甚至是负贡献了。

所以,有的经济学教科书也将销售收入与变动成本的差称作"贡献",将价格与单位变动成本的差定义为单位产品贡献,[①] 因为价格就是单位产品的收入。还以前面提到的面包坊为例。假定面包坊每天生产和销售 200 个面包,每天的平均固定成本是 0.6 元/个,面包的销售价格是 1 元/个。如果面包的平均变动成本是 0.2 元/个,那么,面包的单位产品贡献是 0.8 元 (1 - 0.2),单位产品利润是 0.2 元 (0.8 - 0.6)。这样,面包坊每天取得 40 元的利润,这时,面包坊是盈利的。

如果面包坊的平均变动成本是 0.4 元/个,那么,面包的单位产品贡献是 0.6 元 (1 - 0.4),单位产品利润是 0 元 (0.6 - 0.6),此时面包坊不盈不亏。由于市场竞争的关系,现在面包的价格降到了 0.9 元/个,面包的平均固定成本和平均变动成本仍为 0.6 元/个和 0.4 元/个。这时,单位产品贡献变成了 0.5 元 (0.9 - 0.4),单位产品利润变成了 -0.1 元 (0.5 - 0.6),面包坊亏损了,并且生产越多,亏损越多。这时,面包坊要不要停产呢?

---

① 吴德庆,马月才. 管理经济学 [M]. 北京:中国人民大学出版社,1996:178.

答案是不要停产。因为这时候面包还有贡献，每个面包能贡献0.5元，就是说每卖出一个面包，除了能收回平均变动成本外，还能收回0.5元的平均固定成本。如果这时停产会怎么样呢？如果这时停产，虽然不发生变动成本，但是固定成本照常发生——给银行的借款利息要照付、房屋租金要照付等。此时停产，固定成本一点也得不到补偿，亏损正是全部的固定成本，显然比不停产的损失还要大。

那么，什么时候要停产呢？是在单位产品贡献为零的时候。这时候，每件产品的销售收入仅够消化平均变动成本，对于补偿固定成本没有任何贡献。此时生产和销售产品对企业而言已经没有意义。在本例中就是，如果变动成本不变，面包价格降到0.4元/个的时候；或者如果价格不变，变动成本上升到0.9元/个的时候。美国经济学家保罗·萨缪尔森和威廉·诺德豪斯称此点为停业点，并提出了企业的停业原则：企业在收入刚好抵补它的变动成本或者损失正好等于固定成本时，停业点就会出现。当价格低于平均变动成本时，企业就会停业以使其利润最大化（即损失最小化）。①

他们进一步指出："关于企业停业点的分析得出了一个出人意料的结论——追求利润最大化的企业即使亏损，也可能在短期内继续经营。尤其是对于有大量负债，从而拥有较高的固定成本的企业（航空公司就是很好的例子）来说，情况更是这样。因为

---

① ［美］保罗·萨缪尔森，威廉·诺德豪斯.经济学（第18版）[M].萧琛，主译.北京：人民邮电出版社，2008：131.

对于这些企业来说,只要亏损小于固定成本,它们支付固定成本并且继续营业,就是实现利润最大化和损失最小化。"[1]

航空公司不停飞的原因

明白上面的道理,就能理解为什么民航机票有时候折扣很大甚至会大到让人难以置信的程度。淡季,从北京、上海飞往东北某三线城市的航班票价从一两千元降到了二三百元,即使这样,航班依然有余票。为什么在市场如此萧条的情况下,航空公司还以如此之低的票价坚持飞行而不停飞呢?因为航空公司明白,一次飞行的收入即使抵不上该次飞行的总成本,只要超过变动成本,就值得飞行。因为收入在抵补了变动成本后,对于消化一些固定成本还有贡献。

航空公司的全部运营成本都要分摊在每一项经营活动上,而航空公司的主营业务就是一次次载运乘客和货物的飞行。客运飞机一次飞行的变动成本包括这次飞行耗用的燃油、餐食和机组人员的绩效薪酬等,固定成本即平均在这次航行上的航空公司的固定成本,包括飞机的租金或折旧费、航空公司给机场的服务费以及机组人员的固定薪酬等。无论飞机飞与不飞,固定成本都是要发生的。因此,只要收入能抵补变动成本,对消化固定成本有贡献,就值得飞,这样可以避免更大的损失。由此,我们也可以知道航空公司在这个航线上每次飞行分摊在每位乘客上的平均变动

---

[1] [美]保罗·萨缪尔森,威廉·诺德豪斯. 经济学(第18版)[M]. 萧琛,主译. 北京:人民邮电出版社,2008:132.

成本不超过二三百元。

通过以上分析我们知道,企业即使亏损了,也不一定要马上停产停业,只要亏损没达到停业点,继续营业比停业要好,停业反而损失更大。这是一种尽可能减少损失的态度和思路。但是,必须清楚的是,这只是一种短期的应对困难局面的态度和办法,是不可持续的。企业长期亏损最终必将导致破产倒闭。因此,当企业出现亏损的时候,除了坚持在到达停业点之前的生产之外,还要迅速采取行动,或者调整成本结构,减少浪费和支出,努力降低成本;或者调整产品结构,推出更富竞争力和盈利能力的新产品,努力增加收入;或者兼而有之,综合施策,尽快扭转被动局面。

长期来看,企业不消灭亏损,亏损终将消灭企业。

7.3 热电厂收购煤矿背后的经济学道理
—— 交易成本和企业的边界

一家位于高寒地区的大型燃煤热电厂,每年的发电量占该地区总发电量的60%,是当地举足轻重的一家主力发电厂,而且供热量能满足当地冬季采暖的全部需求。燃煤热电厂的工作原理是将燃烧煤炭产生的热能大部分转换成电能,同时将余下的热能作为当地采暖用能。因此,煤炭是热电厂最主要的原料和燃料,而且需要持续不断地保证供应。

另外,作为电厂核心设备之一的燃煤锅炉通常对于所用煤炭都有相应的性能指标要求。如果使用不符合要求的煤炭,不仅影响热效率，而且可能对锅炉造成损害。该地区恰好有一家煤矿所产煤炭符合这家热电厂所需煤炭要求；而且该煤矿储量丰富，年产量可以满足热电厂全年需求。

自然地，该煤矿成为热电厂的主要供应商。热电厂希望跟煤矿订立长期供应合同，以确保煤炭就近长期稳定供应。可是，煤矿却没有积极性订立长期合同。近几年，由于国家出于节能减排、治理环境污染的需要，关闭了很多小煤矿，使得煤炭市场供应日趋紧张，煤炭市场俨然成了卖方市场。煤矿希望在买家的竞争中获取最大利益。因此，它不愿意将自己的大部分产能被热电厂这个单一客户绑定。

于是，热电厂的煤炭供应常常处于不稳定状态，或者是供应量不稳定，或者是价格不稳定。热电厂的管理层和职能部门把相当一部分精力用在了与煤矿沟通协调、讨价还价上，有时候由于煤矿的供应量不足，还要联系南方的煤矿供应，甚至要进口煤炭。这些无疑增加了煤炭的采购成本，削弱了电厂的经济效益。为此，热电厂决策层经过长时间的反复研究和酝酿，决定出资收购这家煤矿，并开始付诸行动，派人与煤矿方接触。

这里且不去展开讨论双方接触的结果——电厂最终是否成功收购煤矿，只想谈谈这件事在经济学上的意义。

企业因避免市场交易成本而出现和存在

热电厂从煤矿买煤也好、收购煤矿也好，都是为了获得煤炭这种资源以满足发电和供热需要，只不过从煤矿买煤是通过公开的市场交易的手段，收购煤矿是将煤矿纳入热电厂，将该煤矿作为热电厂内部一个生产单元。两种方式有着本质的区别。前者，热电厂和煤矿是平等的交易伙伴关系，双方基于自愿原则发生买卖行为；后者，煤矿成为热电厂的一个部门，接受热电厂的管理，按照热电厂的指令完成生产任务，企业内部的生产组织代替了企业间的市场交易。热电厂向产业后端延伸实现了纵向一体化，企业的边界扩大了。

怎样理解热电厂的这一行为？自亚当·斯密以来，经济学一直坚持专业化带来了效率的提高和资源的节约，推动着经济的发展，而且专业化程度随着市场范围的拓展而加深，为什么还出现了与专业化趋向相反的一体化倾向呢？在回答这个问题之前，我们先来考察什么是企业以及企业何以产生。既然"生产可以通过个体间的合约而采取完全分散的方式进行"①，为什么还出现了企业呢？的确，企业并不是从来就有的，"在最原始的市场上，交易活动的当事人大都是个体生产者，只是到了现代，生产者绝大多数已经不是个体生产者而是企业了"②。那么，企业是因什么而产生的呢？

在诺贝尔经济学奖获得者、美国经济学家罗纳德·哈里·科斯于1937年发表《企业的性质》一文之前，经济学一直假定市场是无成本运行的，虽然经济学教科书没有明确地指出这一点，但是，几乎所有的经济学理论都没有考虑市场运行的成本。科斯

---

① [美]罗纳德·H.科斯.企业、市场与法律[M].盛洪,陈郁,译校.上海：格致出版社,上海三联书店,上海人民出版社,2014：6.
② 吴德庆,马月才.管理经济学[M].北京：中国人民大学出版社,1996：13.

在《企业的性质》中提出了"交易成本"的概念,并进而指出企业的存在就是为了节约市场交易成本,从而回答了上述问题,并由此开了新制度经济学的先河。

科斯通过研究市场运行过程发现,"市场的运行是有成本的"[①],这个成本就是市场交易成本,包括寻找交易对象和发现交易价格的费用、讨价还价和签订合约的费用、执行交易和监督履约行为并对违约行为进行惩罚的费用等,这些费用在过去的经济学里显然是被忽视了,没有经济学家关注到它们,但是在现实生活中它们却是伴随着市场交易过程而无时无处不在的。它们的存在足以改变现实中人的经济行为,也足以影响经济学的发展方向。

科斯同时注意到,在市场中的价格决定机制在企业内部却完全不存在。他说,在市场中,"生产要素在各种不同的用途之间的配置是由价格机制决定的。如果要素 A 的价格在 X 比在 Y 高,则 A 就会从 Y 流向 X,直到 X 和 Y 之间的价格差消失为止,除非存在着某种程度上的其他方面的利益补偿。然而,在现实世界中,我们发现这种说法在许多地方并不适用。如果一个工人从部门 Y 流向 X,他这样做并不是因为相对价格的变化,而是因为他被命令这样做"[②]。

后者的情形显然是在企业内部发生的事情。"在企业之外,价格变动决定生产,这是通过一系列市场交易来协调的。在企业

---

① [美]罗纳德·H. 科斯. 企业、市场与法律[M]. 盛洪,陈郁,译校. 上海:格致出版社,上海三联书店,上海人民出版社,2014:33.
② [美]罗纳德·H. 科斯. 企业、市场与法律[M]. 盛洪,陈郁,译校. 上海:格致出版社,上海三联书店,上海人民出版社,2014:29-30.

之内,市场交易被取消,伴随着交易的复杂的市场结构被企业家所替代,企业家指挥生产。"① 很显然,企业内的运作不同于市场中的运作。

企业家以某种方式将生产要素集合起来,以不容置疑的权威角色调度和安排要素发挥作用。他以一个长期的契约代替了一系列短期契约,或者拥有了要素的产权,或者拥有了要素的使用权。一个长期的契约显然比一次次的短期契约来的经济和更有效率。生产要素在某些情况下也愿意签订长期的契约以节省交易费用。"通过契约,生产要素为获得一定的报酬(它可以是固定的也可以是浮动的)同意在一定限度内服从企业家的指挥。"② 就劳动要素而言,劳动者以获取满意的稳定收入为条件甘愿听命于雇佣者的较长期的指挥。

在企业内部,对要素的安排和使用不需要询价,没有讨价还价,企业家在长期契约规定的权力范围内行使指挥权,部门和员工服从命令和计划安排,就像我们前面提到的化妆品店一样,这样就节约了交易成本。由此,科斯得出结论:企业是价格机制(市场)的替代物。只要由企业组织生产的成本小于通过市场展开交易的成本,企业就会出现,代替市场组织那些通过市场交易也可以完成但交易成本过高的活动。

科斯还注意到一个现象,政府管制"常常对市场交易和在企

---

① [美]罗纳德·H.科斯.企业、市场与法律[M].盛洪,陈郁,译校.上海:格致出版社,上海三联书店,上海人民出版社,2014:30.
② [美]罗纳德·H.科斯.企业、市场与法律[M].盛洪,陈郁,译校.上海:格致出版社,上海三联书店,上海人民出版社,2014:32.

业内部组织同样的交易予以区别对待。如果我们考察一下销售税的课征就会看到，显然，它是一种有关市场交易而不是在企业内部组织的同样交易的税收"[1]。也就是说，市场交易活动要向政府缴纳相应的税收，而企业内部部门间的协作活动则无须缴税。这样的政府管制便会导致企业的存在，不仅如此，还倾向于鼓励企业扩大规模。

这就是科斯对于企业何以在市场里出现和存在的解释。企业的出现和存在是为了避免市场交易成本。那么，接下来很自然的一个问题是：企业内部组织不存在成本吗？既然企业是市场的替代物，为什么市场依然存在呢？为什么全部市场没有被一个统一的大企业替代呢？

企业的边界在内部管理成本和市场交易成本二者的边际价值相等的地方

企业内部组织也是有成本的。例如，协调部门之间、员工之间配合行动，监督下级贯彻上级决策、执行制度规定，减少和避免资源浪费等都需要耗费人力物力。美国经济学家哈罗德·德姆塞茨称由此带来的费用为管理成本[2]；科斯称此为企业内部交易费用。企业规模越大，内部协调和监督的成本越高，以致高到足以抵消本来打算避免的市场交易成本。只有当管理成本低于市场

---

[1] [美] 罗纳德·H. 科斯. 企业、市场与法律 [M]. 盛洪，陈郁，译校. 上海：格致出版社，上海三联书店，上海人民出版社，2014：33.
[2] 臧旭恒，徐向艺，杨蕙馨. 产业经济学 [M]. 北京：经济科学出版社，2005：43.

交易成本的时候，才会有企业的产生，也才会有企业的扩张。

所以，企业的出现，准确地说，不单单是因为市场交易存在成本，更主要的是企业提供了一种低于市场交易成本的组织资源的方式。当企业内部的管理成本低于市场交易成本的时候，企业的存在是可能的和有意义的；而当企业管理成本高于市场交易成本的时候，企业的长期存在就变得艰难甚至不可能，企业就该缩小规模和范围，将部分业务交由市场通过价格机制来调整安排。于是，在市场经济里，市场和企业并存，企业通过市场同其他企业发生联系，市场连接着一个个企业。

科斯在《企业的性质》里引用经济学家罗伯逊的话来描述这种现状："在不自觉地统筹协调的大海中的自觉力量的小岛，它们如同凝结在一桶黄油牛奶中的一块块黄油。"① 这里的大海和牛奶是指市场，小岛和黄油自然是指企业。

美国经济学家、诺贝尔经济学奖获得者赫伯特·西蒙则用一个寓言更加形象地描述了这个事实。他假设有一个来自火星的访问者"'从外太空来到地球，带着特殊的望远镜，可以看清我们的社会结构'。在火星人的望远镜里，绿色区域代表着公司，红色线条代表着市场交易。因此，整个经济就呈现出红色线条与绿色区域相互交织的蛛网结构……火星人会把自己看到的景象描绘成这里'存在着大片的绿色区域，相互之间由红色线条连接起来'"。②

---

① ［美］罗纳德·H. 科斯. 企业、市场与法律［M］. 盛洪，陈郁，译校. 上海：格致出版社，上海三联书店，上海人民出版社，2014：30.
② 约翰·麦克米兰. 市场演进的故事［M］. 余江，译. 北京：中信出版社，2006：214.

科斯及后来的经济学理论认为,企业和市场本质上都是"一种资源配置的机制",通过不同的方式实现整个社会经济资源的优化配置,降低整个社会的"交易成本"。企业和市场的连接点就是企业和市场的分界点,也是企业生产链条的截止点。在那个点之内,是企业内部组织生产;在那个点之外,是企业间通过市场交易发生联系。这个点标志着企业的生产链条有多长、企业的专业化和一体化程度有多高。

按照科斯的话说,"当追加的交易(它可以是通过价格机制协调的交易)由企业家来组织时,企业就变大;当企业家放弃对这些交易的组织时,企业就变小。"[1] 企业的规模应该是在这样一点上:"在企业内部组织一笔额外交易的成本等于在公开市场上完成这笔交易所需的成本。"[2] 换句话说,企业扩张的终止点就在"企业的管理成本和市场的交易费用二者的边际价值相等的点上"[3]。

这段话有些难懂。我们试着用开头的例子来解释这段话的意思,也试着用科斯的交易成本和企业性质的理论来分析开头的例子。

热电厂收购煤矿的经济学意义

热电厂从煤矿购买煤炭,这是两个企业之间的市场交易行

---

[1] [美]罗纳德·H. 科斯. 企业、市场与法律[M]. 盛洪,陈郁,译校. 上海:格致出版社,上海三联书店,上海人民出版社,2014:34.
[2] [美]罗纳德·H. 科斯. 企业、市场与法律[M]. 盛洪,陈郁,译校. 上海:格致出版社,上海三联书店,上海人民出版社,2014:35.
[3] 臧旭恒,徐向艺,杨蕙馨. 产业经济学[M]. 北京:经济科学出版社,2005:35.

为，就像赫伯特·西蒙的寓言里说的，两片绿色区域被一根红色线条相连。当然，这根红色线条是不可见的，它只是表示二者之间存在买卖关系。由于该煤矿的煤炭对热电厂构成了专用性，反过来说即热电厂对该煤矿具有依赖性，热电厂要花很多精力跟煤矿沟通、谈判、签订协议，还要监督、维护协议能够如约履行。热电厂花在这上面的人力、物力和时间折合成的货币价值就是与这家煤矿的交易费用。

热电厂高层深为交易费用之高而苦恼。他们经过论证后，决定收购这家煤矿。他们知道，收购这家煤矿后，由于规模扩大，而且是跨界经营，管理成本必然增加。但是，他们相信，增加的管理成本仍然低于目前的交易成本。因此，他们着手行动，与煤矿方接触谈判。如果收购成功，热电厂就实现了采煤、发电和供热一体化，今后获得煤炭不用再在市场上通过交易手段，而是靠自己内部组织生产了。热电厂无须再跟煤矿方谈判、讨价还价和签订采购合同，只要下达生产计划即可，煤矿则要按照热电厂下达的计划安排生产。这就是企业内部组织生产代替了市场交易。

热电厂与煤矿合一后，热电厂规模变大了，热电厂作为企业与市场的边界向市场方向延伸。今后，热电厂将无须跟煤矿进行交易，而是跟煤矿原来的供应商如煤矿机械供应商打交道了。热电厂还可以继续向后延伸，收购某个煤炭机械主力供应商，前提是一体化后新增的管理成本低于之前与该供应商的交易成本。理论上，这种一体化整合可以一直做下去，直到管理成本与交易成本相等为止。

反过来，假定热电厂是一个多元化经营的企业，除了发电、供热主营业务外，还有电机制造和维修、电力工程施工等业务，后者的业务除了为主营业务供应产品和提供服务外，还对外经营。随着热电厂规模的扩大和市场对这类产品与服务的供给越来越充分，对这类业务的管理成本较从市场上获得这类产品和服务的交易成本越来越高，热电厂直接组织这类业务的运行已经没有优势，不如从市场上去购买相关产品与服务。这样，热电厂就可以退出这些业务，热电厂的规模就变小了，热电厂作为企业与市场的边界向后退了一些。

所以，企业的规模不是一成不变的，变大和变小都是正常的，企业一体化或多元化经营还是归核化发展取决于企业的管理能力，具体体现在企业的管理成本与市场交易成本的相对高低上。一些企业崇尚"大"，追求"大"，宁可舍弃低成本从市场上获取资源，也要高成本地在内部组织生产，这就是这类企业大而不强甚至"大而弱"的原因。

正像科斯所提出的，企业和市场都是配置资源的机制，按照管理成本和交易成本的相对高低，企业和市场相互替代。管理成本相对较低的企业多开展一些业务，管理成本相对较高的企业放弃一些业务，交由市场去配置资源。这样，整个社会的交易成本趋于降低。

7.4 企业家是怎样的人？
——企业家和企业家精神、企业家职能

企业家是怎样的人？什么样的人能被称为企业家？中国改革

开放以后，企业就多了起来，除了国有企业外，还有民营企业、外资企业、合资企业等。企业多起来之后，企业间的竞争也激烈起来，自然，有的企业被淘汰，有的企业则越做越大、越做越强，渐渐地成为行业的领头羊和有影响力的企业。人们常常称那些领导这些企业走向成功的人为企业家。

企业家精神是一种特殊的生产要素

企业家——一个带有些许赞美和敬意的称呼，在常人看来意味着一种特殊的身份和某种成就，在经济学里却是一个很重要的概念和范畴。传统经济学将土地、资本和劳动称为生产三要素，它们协同作用，创造了商品价值。现代经济学开始将企业家精神列为第四种生产要素，因为人们发现，土地、资本和劳动并不能自动组合生产出可供人们消费的产品，必须有人将它们组织起来，加以有效地安排使用，才能产生具有新的价值的产品。这个将它们组合利用的人就是企业家。企业家身上具有一些共同的精神特质——逐利、冒险、开拓、创新……这些特质就是企业家精神。

企业家精神是一种特殊的生产要素，也是一种不可或缺的生产要素。在自给自足的自然经济时代，人类以家庭为单位，利用天然的土地及有限的生产资料生产农产品和手工业品，并用来相互交换、互通有无。人类进入工业化大生产阶段以后，生产要素的供给和需求变得活跃起来。在分割的土地、资本和劳动面前，企业家精神成了黏合剂和催化剂，催生出无穷无尽的满足和引导人们需求的新产品与新型服务，让人类的物质生活极大地丰富起来、精神生活也极大地丰富起来。

经济学里的企业家概念不同于普通人通常称谓的企业家含义。按照企业家精神的定义，所有那些不甘于按部就班地生活、甘愿冒着风险投资经商办企业、努力获取更多剩余收入的人都可以称为企业家，像我们前面举例的化妆品店老板小刘这样的人也可以算小小的企业家，因为他们身上或多或少都有着企业家精神，他们都勇于承担风险，面对市场的不确定性。

企业家是怎样的人？美国经济学者保罗·海恩等认为，企业家是这样一群人——将社会生活的一部分进行重组的人。他们和其他普通的社会生活参与者的区别就是他们要为结果承担责任。[①]这里说的是企业家的工作方式和社会角色。中国经济学家张维迎说，企业家就是"以盈利为目的提供产品和服务的人"[②]。这里说的是企业家的工作目的和工作内容。综合两种说法，企业家就是以某种方式将诸如土地、资本和劳动等生产要素组合起来，以某种权威角色调度和安排他们发挥作用，创造和提供满足市场需求的产品或服务，以获得最大的剩余收入的人。

企业家改变了世界

企业家创业创新活动起初的动机本质上是让自己和自己家人的生活变得更好，他们中的相当一部分人也的确让自己和家人的生活好了起来。美国经济学家保罗·萨缪尔森和威廉·诺德豪斯将企业家精神看作致富的重要途径。他们通过研究得出结论：富

---

① [美]保罗·海恩，彼得·勃特克，大卫·普雷契特科. 经济学的思维方式[M]. 史晨，译. 北京：机械工业出版社，2017：151.

② 张维迎. 经济学原理[M]. 西安：西北大学出版社，2015：234.

人们致富的主要途径是冒险创办高利润的新产业,并列举了具有代表性的商界传奇英雄——比尔·盖茨(微软的创始人)、山姆·沃尔顿(沃尔玛的创始人)等。① 这些传奇人物通过创新活动使企业快速发展壮大,个人也迅速积累起巨额财富。

企业家创业创新活动的结果客观上让他人的生活也得到了改善,让其他合作者分享了企业经营发展的成果。生产要素的拥有者通过契约将生产要素托付给了企业家,"为获得一定的报酬(它可以是固定的也可以是浮动的)同意在一定限度内服从企业家的指挥"②。结果,企业家使土地所有者得到了地租、使资本的供给者得到了利息、使劳动的提供者得到了工资收入。

企业家的创业创新活动还使无数消费者用上了更高技术含量的新产品、享受到了更高品质的服务。微软公司开发的操作系统和办公软件使得过去只被专业技术人员使用的电脑平民化,成为无数普通家庭和个人的必备工具。沃尔玛公司开创的连锁零售新模式给顾客带来了极大的购物便利和超值享受,开启了零售业的新纪元、新时代。企业家们的创业创新冲动不断给人们带来新技术、新体验和新享受。他们是引领时代发展的人,他们改变了千千万万人的生活和人类发展的轨迹。

企业家职能是发现不均衡和创造不均衡

企业家都做什么事情呢?他们是怎么做事的呢?企业家所做

---

① [美]保罗·萨缪尔森,威廉·诺德豪斯.经济学(第18版)[M].萧琛,主译.北京:人民邮电出版社,2008:336.

② [美]罗纳德·H.科斯.企业、市场与法律[M].盛洪,陈郁,译校.上海:格致出版社,上海三联书店,上海人民出版社,2014:32.

的事情和他们做事的方式方法被称作企业家才能，中国经济学家张维迎称它们为企业家职能。张维迎将企业家职能归纳为两种基本类型——发现不均衡和创造不均衡[1]，而这两类职能的目的只有一个——套利，就是通过发现和利用市场上的资源错配获利。

所谓均衡，就是市场上某种产品的供求达到平衡。这个时候，需求者的需求基本都可以得到满足，供给者的供给能力基本都得到利用，不存在供不应求或供过于求的情况。所谓不均衡，恰与此相反，市场上存在供不应求或供过于求的情况。在实际生活中，均衡是暂时的，不均衡则是常态。具有企业家精神的人总在寻找和发现不均衡，利用不均衡带来的盈利机会，从事套利活动。张维迎将不均衡分为三种类型：空间上的不均衡、时间上的不均衡以及产品和要素市场间的不均衡。相应地，企业家的套利行为也分为三种类型：跨市场套利、跨时间套利和要素市场上的套利。

很容易理解，空间上的不均衡就是某种商品在不同地区的供求状况不同以及由此导致的该种商品在不同地区的价格不同，跨市场套利就是利用不同区域市场间的价差进行的牟利行为。例如，生长在南方的一些瓜果在南方人看来已经司空见惯、价廉易得，但在北方人看来却十分珍贵稀有，这样，在南北方之间就产生了很大的价差。如果这个价差高于南北方之间的运输成本，就会有人从南方向北方贩运这些瓜果，从两地间的价差中获利。

时间上的不均衡就是某个市场在不同时间节点上对某种商品

---

[1] 张维迎. 经济学原理［M］. 西安：西北大学出版社，2015：235.

的供求状况不同以及由此导致该商品表现出来的价格差异,跨时间套利就是利用这个差异进行的获利行为。例如,种种迹象表明,某商品在未来一段时间之后将出现供给紧张、价格高企的状况,此时收购囤积该商品或组织力量生产该商品,待价格涨到高位时再出售将有利可图。有人看到了这个商机,经过对成本的评估测算,认为确有赚头,就会采取行动。

产品市场和要素市场间的不均衡是指在产品市场与要素市场之间的供求状况不同以及由此带来的获利机会,要素市场上的套利就是利用这些机会进行的获利行为。例如,新疆是我国最大的产棉区,由于其独特的自然条件,其棉花绒长、品质优,颇受国内外纺织企业欢迎,是棉花市场上的翘楚。在大面积推广机械化采摘棉花之前,每到九十月份棉花成熟季节,仅靠当地棉农无法抢在无霜期结束前收获全部棉花,而此时正是四川、甘肃、宁夏等地的农民农闲时节,于是,在政府的支持下,一些棉农经纪人组织这些地方的富余劳动力赴新疆帮助采摘棉花,提供劳务服务,从中赚取中介服务费。

所谓创造不均衡是指在已经均衡的市场上通过创新推出新产品或赋予产品以新的功能,从而打破原来的均衡状态,使市场重新变得供不应求,从而获取利益。相对于发现不均衡,创造不均衡对企业家精神提出了更高的要求。发现不均衡,重在发现;而创造不均衡则重在创新,以创新的思维、创新的勇气、创新的行动推出新技术、新产品、新模式。

创新既然是推出新的东西,就是对旧的东西的否定和替代。汽车的出现,替代了马车和人力车;新能源汽车的出现又将逐步替代传统的燃油汽车。创新给消费者带来或者是增加了产品的新功能、消费者的新体验,或者是降低了产品的成本,帮助消费者减少支出,总之是增加了消费者的福利;否则,创新不会被消费者接受,也就变得毫无意义。在汽车发展史上,正是由于美国汽车大王亨利·福特采用了流水线的生产组织模式,才使得汽车产量大增,生产成本和销售价格大幅下降,从而使汽车这种本来是奢侈品的新生事物放下身段,走入寻常百姓家。

无论是发现不均衡还是创造不均衡的创业创新活动,都是企业家将生产要素组织起来,以新的组合、新的利用方式创造财富的过程。他们不仅为自己创造了财富,也为社会创造了财富,虽然这也许并非他们的本意和出发点。他们的活动改变了行业的市场结构,增加了人们选择的多样性,丰富了人们的生命体验,提高了人们的生活品质。企业家的财富是面对风险和不确定性的剩余收入,是市场和消费者对他们的正向回馈和鼓励。对于合法经营的企业家,政府和全社会都应该秉持尊重、包容、保护的态度,无论他们是大企业家、小企业主,还是个体工商户。

第8章

外部性
和政府行为

8.1　环保，管理者不得不重视的问题
——外部性、庇古税和科斯定理

初夏，一个周末的早晨。一阵阵歌声从开着的窗户飘进来，吵醒了正在熟睡的小赵："大礼拜的，这是谁这么讨厌，这么早就唱歌？"

已经起来的妻子一边随着歌声轻声哼唱，一边忙碌着："噢，'六一'儿童节要到了，小区幼儿园的老师们排练节目呢！"

"真烦人！忙了一个礼拜了，周末想睡个懒觉都睡不成！"

"你也该起了，再说这歌也挺好听的呀！"

"好听也不能打扰人家休息呀！"

"那怎么办？小区也不是你家的，幼儿园也不是你家的，你管得着人家吗？你就当是免费听歌，不就得了！"

小赵不作声了。

是啊，小赵以为自己应该享有一个周末可以睡懒觉的安静环境，幼儿园也认为他们周末早晨练歌没什么不妥，歌声传到哪里、传多远他们控制不了，或许他们的歌声还能给附近的居民带去愉悦和快乐呢！其实，我们生活里经常有这样的事情。楼上邻居家装修吵得你不得安宁，楼下邻居家经常传出的钢琴声却让你感到愉悦。我们常常不得不接受不请自来的烦恼和不适，也常常享受免费的愉悦和快乐。同时，我们也可能给别人带来不快，当然也可能给别人带去喜悦和快感。例如，你是一个烟民，虽然你

已经很注意了，不在密闭的公共场合吸烟，但是即使你在开放的空间吸烟，你吐出的"二手烟"对邻近能呼吸到的人仍然是一种伤害。相反，你是一个很有生活情趣的人，尤其善于侍弄花草，你养了多种鲜花，把它们摆放在落地窗的阳台上，姹紫嫣红、错落有致的花卉总能吸引路人的目光，引得他们啧啧称赞。

无处不在的"外部性"

这种现象在20世纪初就被经济学家们注意到了，他们称此为"外部性"。所谓外部性是指一个人或者一个组织的行为使另一些人受损或受益，而行为主体却不为此付出相应的代价或者获得相应的回报的现象。外部性包括负的外部性和正的外部性。负的外部性是某个行为主体的活动使他人或社会受损却不为此承担代价；而正的外部性就是某个行为主体的活动使他人或社会受益却得不到应有的回报。用更经济学的语言描述，外部性是经济主体（包括企业或个人）的经济活动对他人和社会造成非市场化的影响，即社会成员（包括企业和个人）从事经济活动时其成本与后果不完全由该行为人承担。

无论是负的外部性还是正的外部性，都会导致经济主体不能按照真实的或者说全部的成本或收益来安排生产活动，从而导致生产过度或不足。经济学家称此为市场失灵，并据此提出由政府干预市场，用政府这只"看得见的手"矫正市场失灵。关于外部性，经济学家常举的例子是环境污染造成的负的外部性和教育带来的正的外部性。

企业向周边环境排放污染物或噪声，对环境造成破坏，给波及的居民百姓带来生活上的不便甚至是对生命健康的伤害,这是一种负的外部性。企业生产某种产品,在安排产量的时候,通常会将边际产量限定在边际收益和边际成本相等的点上,然而,这里的成本并不包括污染或噪声给社会带来的损失即社会成本,因而是不完全的成本。当考虑社会成本的时候,产量应该在边际收益等于加上边际社会成本以后的边际成本的点上,这时的产量要小于不考虑边际社会成本的产量。也就是说,在存在负的外部性的情况下,产量是偏大的,企业过度生产。

相反,教育除了让受教育者掌握更多的知识和技能,提高他们的就业能力,让他们自己在今后的生活中受益外,还提高了他们的文明程度,甚至还赋予了他们学习和创造的能力,让他们中的优秀分子成为创造财富和引领社会进步的主力军,让社会也变得更加文明和进步,让更多人的境况得到改善。所以,教育显然具有正的外部性。但是,开办教育者并没有获得正的外部性带来的收益,实际边际收益少于应得的全部的边际收益,因此教育的产出偏低。在存在正的外部性的情况下,生产不足。

外部性内在化思路

针对外部性引起的过度生产和生产不足问题,最简单的办法是由一个权威力量直接限定产量,最容易让人想到的权威力量自然就是公民授权管理公共事务的政府,这种做法叫政府管制。政府对于负的外部性限定最大产量或者限定污染物的最大排放量,对于正的外部性限定最小产量,对突破限定产量或不足限定产量者予以处罚,这通常是政府经常采取的办法,就像美国经济学家萨缪尔森说的，"命令—控制型管制通常不允许厂商、区域和产业之间存在差别……结果低成本的厂商得不到任何激励去更多地减少污染，即便这样做会更经济"[1]。

经济学家们更推崇市场化的办法。既然过度生产和生产不足的原因是成本不完全和收益不完全，那么让行为主体的成本和收益变得完全，就应该可以解决这类所谓的市场失灵问题。怎么让它们变得完全呢？就是把社会成本变成行为主体的成本的一部分，把社会收益变成行为主体收益的一部分，这叫将外部性内在化。[2] 外部性内在化后，行为主体的决策对其自身来讲通常是最佳决策，对社会也通常是最佳决策。

怎么样让外部性内在化呢？还是要依靠外部性涉及的当事方之外的政府，由政府向有负外部性的活动征税以及向有正外部性的活动进行补贴。理想的税收和补贴额度应该恰好是负外部性引起的社会成本和正外部性带来的社会收益，当然，这个理想的额度显然是不容易确定的；但即便是不准确的，这个办法也比生硬的管制措施更能调动企业的积极性。例如，两家不同的工厂排放等量的污染物，政府按同样的标准对污染物征税，两家工厂会衡量减排的成本和税收成本，减排成本低的工厂会比减排成本高的工厂更多地减少污染物排放量，而且它们由此会调整工厂的产量，以达到考虑污染成本后的最佳产量。

---

[1] ［美］保罗·萨缪尔森，威廉·诺德豪斯. 经济学（第18版）［M］. 萧琛，主译. 北京：人民邮电出版社，2008：324.

[2] ［美］曼昆. 经济学原理：微观经济学分册［M］. 梁小民，梁砾，译. 北京：北京大学出版社，2015：214.

最早提出用征税的办法矫正负外部性的是英国经济学家阿瑟·庇古。他在其著作《福利经济学》里提出了这个想法。这种税收被称为庇古税,也被称为矫正税。庇古也是最早提出外部性概念的经济学家之一。实际上,也可以将庇古税理解成是对污染权的一种定价。减排成本低的企业不需要取得污染权或者只需要取得较少的污染权,减排成本高的企业必须取得较多的污染权。矫正税通过加大企业成本强迫企业考虑负的外部性,让企业利益尽量靠近社会利益。但是,企业增加了的成本到哪里去了呢?交给政府了。矫正税只是使企业尽可能减少污染成本,但并没有让企业受益。企业是被动地减少污染。有没有更好的激励办法让企业乐于减少污染呢?有,这就是排污权交易制度。

市场化的排污权交易制度

排污权是指排污企业经过政府部门核定和许可,可以在一定范围内排放一定种类和数量污染物的权利。排污权交易的前提是政府实施管制政策。假定一地有甲乙两家工厂,甲是一家造纸厂,乙是一家钢铁厂,两家工厂每年都向附近的河流排放废液500吨。现在,政府规定两家工厂都减排200吨,废液排放量不得超过300吨,否则将给予巨额罚款。两家工厂为了减排,需要投入资金,改造生产工艺,更新设备设施。甲厂平均减排1吨需要花费1万元,而乙厂则需要花费5万元。甲厂减排200吨后还有很大潜力;而乙厂经过测算,即使减排100吨,总边际成本已经接近于边际收益,如果减排200吨,工厂将严重亏损。乙厂索性放弃减排,向政府提出愿意给甲厂一笔资金,由甲厂再减排

200吨。政府考虑虽然乙厂没有减排,但是两厂的总目标实现了,于是便同意由两厂自行协商。两厂协商的结果,乙厂给甲厂500万元,甲厂再减排200吨。这样,两厂完成了减排的总目标,还从这次交易中分别受益。甲厂净收益300万元（500 - 200×1）,乙厂减少支出500万元（200×5 - 500）。

看,思路一变,结果完全不一样。减排目标实现了,企业的减排成本下降了,参与交易的企业都从中获得了收益。把这个做法推广至所有的企业,就成了排污权交易制度。这个想法最早由美国经济学家戴尔斯于1968年提出,随后在20世纪70年代率先被美国国家环保局（EPA）用于大气污染源及河流污染源管理,并逐渐扩大应用范围。至90年代,排污权交易已经在美国和欧洲等西方发达国家蓬勃发展起来。也是在这个时候,我国开始研究引进排污权交易制度。2001年9月,我国首例排污权交易在江苏省南通市顺利实施。交易双方为南通天生港发电有限公司与南京醋酸纤维有限公司,双方在2001~2007年交易二氧化硫（SO_2）排污权1800吨。

排污权交易作为市场化的污染治理手段,给治污企业提供了一种强有力的市场激励。那些有能力降低减排成本的企业通过出售超量排污权获得经济回报,这是市场对企业环保行为的补偿;而那些减排成本高的企业不得不从前者那里购买排污权,这实质上是减排成本高的企业污染环境的代价。排污权交易的意义在于它使企业为自身的利益提高治污的积极性,使污染总量控制目标得以实现。这样,治污就从政府的强制性行为变为企业之间自觉的市场行为,其交易也从政府与企业之间的行政安排变成市场上的经济交易。

排污权交易制度实施的关键问题之一是如何合理地将初始排污权分配给各个有排污需求的企业。现实的做法一般是政府环保部门先将污染普查得到的排污总量作为基数，再根据区域环境发展目标确定区域最大允许排污总量，然后根据普查得到的各企业排污数据和企业生产工艺、设施设备条件等综合确定企业最大排污量，或无偿或有偿向企业分配。无论怎样分配，有排污需求的企业总是希望以较低的成本获得较多的排污权。所以，初次分配总是与企业的诉求有距离。但是，"只要存在一个污染权的自由市场，无论最初的配置如何，最后的配置都将是有效率的"[1]。

立足于自行解决问题的科斯定理

排污权交易制度相较政府管制显然更加市场化了，但是在很大程度上仍是由政府主导，这是对以庇古为代表的经济学家主张政府出手干预外部性的具体实践，已经成为市场经济国家比较通行的做法。但是，在庇古提出庇古税大约四十年后，有一位美国经济学家提出了不同看法，他就是罗纳德·哈里·科斯——1991年诺贝尔经济学奖获得者。科斯坚称"'外部性'的存在并不能成为政府干预的依据"[2]，他甚至从来不使用"外部性"这个词汇。是这样的，在他著名的关于外部性的论文《社会成本问题》

---

[1] [美]曼昆. 经济学原理：微观经济学分册 [M]. 梁小民，梁砾，译. 北京：北京大学出版社，2015：222.

[2] [美]罗纳德·H. 科斯. 企业、市场与法律 [M]. 盛洪，陈郁，译校. 上海：格致出版社，上海三联书店，上海人民出版社，2014：19.

里,没有一处使用外部性这个词汇;在他的其他文章里提到有限的几次外部性的时候,也都是加了引号的。

科斯认为,"大多数'外部性'应该被允许继续存在,如果我们追求的是生产价值最大化的话。"① 科斯认为,所谓"外部性"具有交互性质。如果甲的经济行为给乙造成了损害,传统的反应就是要制止甲的行为,但是制止甲的行为、避免对乙的损害将会使甲遭受损害,所以,"必须决定的真正的问题是:是允许甲损害乙,还是允许乙损害甲?关键在于避免较严重的损害"②。

例如,一家造纸厂排出废液到河里,使河里的鱼类死亡,给位于下游的渔民造成了损害。传统的观点是指责造纸厂,勒令它停止废液排放,但是这样就可能使造纸厂关门倒闭,也就是说,避免对渔民损害就要使造纸厂遭受损害。造纸厂是因为造纸才排污,而纸张是包括渔民在内全社会都需要的。所以,问题是:鱼类的价值大还是纸张的价值大?再接下来的问题就是:是继续让鱼类死亡还是让造纸厂关门倒闭?

传统的观点是应该让政府出来裁决。但是科斯的观点是:如果没有交易成本或者交易成本很低,只要产权界定清晰,不需要政府干预,当事方可以通过协商解决问题,实现资源的最优配置。这就是科斯定理(coase theorem)。我们前面说过,所谓交易成本是指交易各方为了达成协议和保证遵守协议需要发生的获取

---

① [美]罗纳德·H. 科斯. 企业、市场与法律[M]. 盛洪,陈郁,译校. 上海:格致出版社,上海三联书店,上海人民出版社,2014:20.
② [美]罗纳德·H. 科斯. 企业、市场与法律[M]. 盛洪,陈郁,译校. 上海:格致出版社,上海三联书店,上海人民出版社,2014:79.

信息、谈判、签约、保证各方履行合同等相关活动的成本。

假定造纸厂和渔民的交易成本为零，我们将双方的损害量化成货币。假定造纸厂排污给渔民造成损失 500 万元，禁止造纸厂排污将使造纸厂损失 1000 万元。现在我们再假定河流属于渔民所有，渔民自然不允许造纸厂向河里排污，或者允许造纸厂排污但要给予渔民足够的补偿。双方协商的结果，很可能是造纸厂给渔民经济补偿以换取继续排污的权利，补偿额度在 500 万~1000 万元之间。假定补偿 700 万元，渔民获得了 200 万元（700 - 500）的净收益，造纸厂避免了 300 万元（1000 - 700）的净损失。现在假定河流属于造纸厂所有，造纸厂有权排污，这时渔民就会主动找造纸厂商量，给后者补偿以换取其停止排污。但是，渔民能补偿的最大额度不超过 500 万元，而造纸厂能接受的补偿不低于 1000 万元，双方谈不拢，只好作罢，造纸厂继续排污。渔民改作他业，或者迁居别处。不管怎样，结果是损失小的渔民做出妥协。

反过来，如果造纸厂排污给渔民造成的损失是 1000 万元，造纸厂停止排污将损失 500 万元，不管河流的产权归谁，协商的结果一定是停止排污。这就是不管初始产权如何，协商的结果都是一样的：损失小的一方做出妥协，就像科斯所说的"避免较严重的损害"。

在产权归属清晰的情况下，如果协商谈判解决问题的成本很高，还可能直接通过产权交易的办法解决问题。假如河流归渔民所有，造纸厂可以从渔民手里买下河流，只要出价足够高且出价是造纸厂能够接受的，这样就将外部性内在化了；反过来也一样，渔民也可以买下造纸厂，这样也解决了外部性问题。

如果河流的产权归属不明，相关方就无法谈判协商，这时候就需要政府（如法院）裁定产权归属，但是也仅仅是裁定产权归属。"法院面临的迫切问题不是由谁做什么，而是谁有权做什么。"[①] 如果河流产权不能裁定给私人，而是归公众所有，就只能由政府采取管制或征税的方式强制造纸厂将外部性内在化。

以上从庇古的外部性到科斯的社会成本问题，都承认人的行为除了发生私人成本外，还可能导致社会成本；从庇古税到排污权交易，再到科斯的私人解决方式，都是在探讨社会成本问题的解决途径，他们的分歧在于是个人协商解决还是需要政府介入以及政府该做什么。总的趋势是尽可能减少政府干预，更多地采用市场化方式，激发个人的积极性、主动性，但不管什么方式，有一个共同的前提——产权明晰。当产权不明晰的时候，需要政府（法院）来明确。如果产权是公有的，就需要政府来维护公众利益。

己所不欲，勿施于人

实际上，正像前面所列举的，生活中外部性几乎无处不在。大部分的外部性既不会造成太多的社会成本，也不会带来太多的社会收益，不值得人们为此付出太多的精力。由于产权问题和交易成本的存在，个人通常既没有条件也没有能力解决外部性影

---

① ［美］罗纳德·H. 科斯. 企业、市场与法律［M］. 盛洪，陈郁，译校. 上海：格致出版社，上海三联书店，上海人民出版社，2014：91.

响。即如前面的例子,清晨幼儿园的歌声影响了小赵休息,小赵即使生气也没辙,就像他妻子说的,小区不是他家的,幼儿园也不是他家的,他管不着人家。就是小赵去跟幼儿园理论,他也得联系几个业主一块理论,但是,其他业主会跟他的想法一样吗?连妻子跟他的想法都不一样呢,前去理论的成本太高了。

我们不得不与大量微小的外部性现象共存共生。作为个人,就是要提高个人修养,谨记"己所不欲,勿施于人",这是自觉地把外部性内在化的态度。

突出的外部性影响通常是跟企业特别是工业企业联系在一起的,如生产中的污染排放问题。工业污染具有传播的广泛性和影响的深远性,不仅损害当代公众利益,而且危及子孙后代的生活,必须引起全社会的高度关注。作为企业,必须有将外部性内在化的意识,确保污染物排放达标,同时积极参与和利用市场化解决污染问题的机制,最大限度降低排污治污成本,保证企业利益。在当今中国和世界,对企业而言,环保已不仅是道义上的问题,也不仅是经营上的问题,而是守法与违法的问题,管理者必须予以高度重视。

8.2 为什么没有人站出来疏导一下?
—— "搭便车"、公共物品和政府职能

在一个工作日的早晨,小王像往常一样开车上班。快到单位的时候,遇上了堵车。小王一点儿也不觉得意外,因为这个地方经常堵车。这个路段前面有一个丁字路口，路口既没有红绿灯，也没有交警值守，所以在早高峰的时候堵车是常有的事。平常堵车多数情况下也就是三五分钟就通了，但也有时间长的时候。时间长了，会有人打电话报警，会有交警到场指挥疏通；也有的时候是有人下车主动疏导交通，小王就曾自告奋勇当过一把"业余交警"。那次，他有急事，要迟到了，他实在等不及，干脆下车走到前面查看是什么情况。原来是在路口两辆交叉左转的车都着急了些，差点儿顶在一起。两车前后都是车，前行不能、后退不得。小王前后查看了一下，劝说一个方向的车都向后倒一点，腾出空让另一台车左转过去，车流就通畅了。

那一次他特别有成就感，通过自己自告奋勇地站出来疏导，车流解堵了，自己也没耽误事。但是，这次他不想再出去疏导了，他不想总是站出来当志愿者，因为那不是自己的职责，而且也没有什么回报，或许还有一些风险，遇到不听劝的司机还可能发生争执。就在车里等吧，反正今天也没有太着急的事。结果大概20分钟后有交警来了，车流才慢慢挪动起来。其实，这时候大家都希望有人来疏导一下，这个人当然最好是交警；如果交警不可得，那么车流里任何一个司机或乘客站出来也可以。大家只是需要一个权威，通过他的疏导指挥让自己受益。

什么是"搭便车"？

这里，偶尔站出来的志愿者其动机首先是想让自己早点离开这个地方。当车子动起来以后，他会立即跳上自己的车，尽快驶离。但是，他的行动客观上使整条道路疏通了，别人从他的行动中受益，而且是免费受益。这个志愿者的行动具有正的外部性。其他人从志愿者的行动中得到好处却没有为此付费，这种现象在经济学中被称为"搭便车"，就如同免费搭别人的顺路车一样。

"搭便车"的现象在生活中十分常见。例如，每逢新春佳节的时候，有人喜欢在小区里燃放烟花，烟花的绚烂多彩给人愉悦喜庆的感觉；有人也喜欢烟花的美，但是考虑既然有人燃放烟花，自己可以无偿地欣赏到绽放的烟花，自己就不燃放了，这就是在"搭便车"。再如，一个爱美的业主把自己家周围的绿篱修剪得十分美观，惹得路人都啧啧称赞，他家的邻居也每天生活在一个优美的环境里，享受着绿篱的美观，这也是在"搭便车"。

"搭便车"现象之所以存在，是因为"便车"无法不让别人"搭乘"。道路疏通了，疏导交通者可以把自己的车开走，其他车辆也可以有序离开；小区里燃放的烟花无法不让旁观者观看，自家周围漂亮的绿篱也无法不让别人欣赏。生产"便车"者方便了自己，同时也方便了别人，但是却没有从别人那里得到补偿。"搭便车"的免费属性使得大家都愿意成为"搭便车"者，而不愿做生产"便车"者。这就导致"便车"生产者动力不足，"便车"供给不足，对全社会来说这是一种效率和福利的损失。

如果给提供"便车"者一定的补偿，人们就有动力成为生产"便车"者，"便车"的供给就会变得充足，全社会的效率和福利就会得到改善。如果堵车的时候人们能预料到将持续较长的时间，大家愿意给志愿疏导交通者以一定的补偿，就会有人受此激励而心甘情愿疏导交通，从而使所有人减少因堵车造成的经济损失。我们试着把堵车成本货币化。假定有100人被堵在路上，平均每人每分钟损失1元，堵车20分钟，这样，平均每人损失20元，共损失2000元。假定每个人能够预期堵车将不少于20分钟，现在有人愿意站出来疏导交通，但是希望大家给予一定的经济补偿，为了避免20分钟的损失，被堵的人同意给予补偿，他们每人愿意出的价应该不高于20元。假定每人拿出5元，小王共得到500元的激励，他自己的期望价不低于200元，这样，他会心甘情愿地去解决拥堵问题。结果，交通很快顺畅了，大家每人避免损失15元（20-5），共避免损失1500元（2000-500），小王得到剩余300元（500-200），堵车问题解决了，双方还都有福利。

政府是公共物品的提供者

上述设想能够实施的前提是交易成本为零。但事实上交易成本是巨大的，人们很难有明确的预期，也很难就是否补偿以及补偿多少达成一致。这个问题靠人们自发的谈判难以解决。这种交通疏导工作实际上变成了一种公共服务，人们最终委托政府来提供这种服务。政府提供服务的方式有两种，一种是在这个路口设立红绿灯，让人们服从红绿灯的指挥；一种是在这里派驻交通警察，让人们听从交警的指挥；或者两者兼而有之。政府服务当然也是有偿的，人们也要给政府以经济激励。不过这种激励不是像上述设想那样出于公众自愿，而是强制性的，这就是征税。公众成为纳税人，以税收收入为主要收入来源、为公众服务的政府工作人员就是公务员。

我们可以从以上分析来理解政府存在的理由和政府的职能。政府的一项主要职能是提供私人不愿提供但却被公众需要的产品和服务，即政府是公共物品的供给者。疏导交通这项公共服务被公众需要却少有私人愿意承担，政府就来承担。还可以说，"政府可以被看成通过使用强制来降低交易成本的制度安排。"① 如果通过市场化的办法招募个人来疏导交通要花费巨大的交易成本，干脆通过强制公众缴税来招募公务员专司交通指挥和疏导，这样就大大降低了交易成本。

人们生活中需要的物品通常不是公共物品，而是私人物品，即可以在市场上买到的物品，如食品、服装、汽车等消费品。你想要一件新衣服吗？你肯定会想去哪个商场、时装店购买，或者从网上购买；你不会想到找政府机关去要，这是私人愿意提供的物品，市场供给非常丰富，政府不提供这样的物品。政府只提供私人不愿提供的物品，或者说靠市场机制提供不了的物品，即公共物品。那么，什么是私人物品？什么是公共物品呢？

经济学家用两个特征来区分私人物品和公共物品：排他性和竞争性。排他性是指一种物品具有可以阻止其他人使用该物品的特性。如果具有该属性，就说该物品具有排他性；如果不具有该属性，就说该物品不具有排他性，或者说是非排他的。商店里的一件衣服，你不能随意拿取，只有按价交钱，店员才会给你这件衣服，这件衣服就具有排他性。相反，大街上的路灯，任一个路

---

① [美] 保罗·海恩，彼得·勃特克，大卫·普雷契特科. 经济学的思维方式 [M]. 史晨，译. 北京：机械工业出版社，2017：246.

人都可以无偿享用它的灯光，路灯就不具有排他性。竞争性是指一种物品被一个人使用将减少其他人对该物品使用的特性。如果具有该特性，就说该物品具有竞争性；否则，就说该物品不具有竞争性。商店的衣服，你买了一件，别人能买的就少了一件；而大街上的路灯，一个人享用了它带来的光明，并不影响别人享用它的光明。我们说，衣服具有竞争性，路灯不具有竞争性。

既具有排他性又具有竞争性的物品是私人物品，对应的，既不具有排他性又不具有竞争性的物品是公共物品。很显然，衣服是私人物品，路灯是公共物品，指挥疏导交通这种公共服务也是公共物品。由于公共物品的非排他性，公共物品容易被人"搭便车"，因此难以向享用者收费，自然就没有私人愿意提供。我们分析了疏导交通的情形，路灯也一样。如果某个人设置了一盏路灯，他如何向享用路灯灯光的人收费呢？难道要将路灯灯光所及的地方围起来，再开两个收费口吗？这样收费的成本就太高了，而且人们会绕着走，收费还是实现不了。既然私人不愿意提供公共物品，只好由政府提供，那么政府提供公共物品是免费的吗？也不是。政府是用向纳税人征缴的税收来提供公共物品的。人们享用公共交通管理服务、路灯照明看似免费，实际上是支付了服务费的。

除了以上提到的公共物品外，还有一些重要的公共物品是我们应该知道的，如国防和基础研究。国防是一个国家为保卫国家领土主权所采取的军事及其他方面的防御措施。国防使该国每一位公民受益，而且不因一人受益而妨碍和减少其他人受益，因此，国防既无排他性也无竞争性，是典型的公共物品。通常国防也是一个主权国家支出最多的公共物品之一。

基础研究是指人类认识自然现象、揭示自然规律，获取新知识、新原理、新方法的研究活动。基础研究与应用研究不同，它不以任何专门或特定的应用或使用为目的，它的成果是关于自然的一般性知识，不能像应用研究成果一样申请专利从而获得排他性保护。例如，化学家发现一种新元素，天文学家发现一颗新行星，这些新知识都是人类共同的成果，它们一经发现者公布，就不具有了排他性；它们显然也不具有竞争性，任何一个人使用这些知识都不妨碍或减少其他人使用这些知识。因此，基础研究显然也是公共物品。

基础研究同样需要投入大量的财力和人力，并且需要长期艰苦的努力。个人很难凭一己之力投身基础研究，即使他个人对此抱有极大的兴趣。私营机构和组织缺乏动力提供这项公共物品，以营利为目的的企业将资金投入能给其带来收入和利润的新技术、新工艺和新产品的研发，它们想的是搭基础研究成果的"便车"，提高它们的应用技术，进而提高它们的市场竞争力。因此，毫无疑问，政府是基础研究的组织者、推动者。政府可以通过组建公立研究机构来开展基础研究，也可以通过向私立大学和企业研究机构提供资助，鼓励它们开展基础研究。

私人物品的供给比公共物品供给更有效率

公共物品和私人物品的认定与区分并不总是容易的。有些看似无法排他的公共物品一旦解决了向享用者收费的问题，就成了私人物品，无须政府直接提供。在这方面，经济学家讨论比较多的是灯塔问题。这里说的灯塔是建在海上用来为航船指示航向、帮助航船避开礁石和漩涡的高耸建筑物。从19世纪的英国经济学家约翰·穆勒到20世纪的美国经济学家保罗·萨缪尔森都认为，由于灯塔所有者无法向过往船只收费，所以灯塔的建设和管理只能由政府承担。但是，与萨缪尔森同时代的美国经济学家罗纳德·哈里·科斯根据对英国早期灯塔制度的研究反驳了这种观点。他用事实证明，早期英国的灯塔是由私人建造和经营的，灯塔的所有者并不直接向船只收费，而是向附近港口的所有者收费。[①] 港口所有者会向停靠的船只收费。港口一般都会配合灯塔的经营，因为有了灯塔，停靠在港口的船只会增多。

经济学通常认为私人物品的供给比公共物品供给更有效率、更利于节约社会资源、更利于增进社会福利。出于利己动机，私人更有动力提供私人物品。另外，私人物品的买卖通过价格机制可以实现均衡。在市场上，买者对价格的反应显示了他们对物品的评价，卖者的出价显示了他们期望的收益。在均衡状态下，买卖双方都得到各自满意的剩余。而公共物品供给与否以及供给多少缺乏可供观察的价格信号，常常造成供给不足或过剩。

因此，经济学家倾向于谨慎确定公共物品，尽量减少政府直接涉足的领域，尽可能让私人通过市场机制提供人们需要的各类产品和服务。即使是不得不由政府提供的公共物品，也应尽量采用委托私人承办、政府采购的方式。

---

① ［美］曼昆. 经济学原理：微观经济学分册［M］. 梁小民，梁砾，译. 北京：北京大学出版社，2015：239.

8.3　为什么提到官员腐败时常说"权力寻租"？
——地租、经济租和寻租腐败

"日前，经××省委批准，××省纪委监委对××市原副市长×××严重违纪违法问题进行了立案审查。经查，×××违反廉洁纪律……大搞权力寻租，利用职务便利为他人在土地出让、项目开发等方面谋利，并非法收受巨额财物……"这是一则对某贪腐官员执纪审查情况的通报。细心的人可能会注意到近几年类似的通报里多了一个常用词——"权力寻租"。权力寻租是什么意思呢？它是怎样的一种错误或者罪行？下面我们就试着来解读和剖析一下"权力寻租"。

寻租的经济学含义

"权力寻租"概念源于经济学中一个用以解释特定腐败现象的理论——寻租理论。寻租理论最初由美国经济学家戈登·塔洛克等人提出，后来经由美国经济学家、诺贝尔经济学奖获得者詹姆斯·布坎南等发扬光大，形成了比较系统的关于寻租问题的理论体系。所谓"租"，即租金，源于地租的说法。但是这里的租金并非指地租、房租等因转让土地、房屋等资产的使用权而获得的收入。"租"，在经济学里的意思是指一种生产要素的所有者获得的收入中，超过这种要素的机会成本的剩余。所以"租"也可以称作"经济租"，类似于我们说过的"经济利润"的概念。

例如，明星的高收入就是一种"租"。明星是拥有某种特殊才能的人，而这种特殊才能又恰恰是为大众所喜爱的，于是，明星就获得了远超出同行业一般从业者的超高收入，这个超高收入就是他们的租，或者说经济租。有媒体曾公开报道篮球运动员姚明2002~2011年在美国NBA打篮球8年、9个赛季，总签约收入9339万美元，平均每年收入1167万美元。如果姚明同期在国内打球，他的年收入可能仅仅是在NBA年收入的零头，这个收入就是他在NBA打球的机会成本，他的租就是这两个收入的差。

明星的租的形成也是供需两方面共同作用的结果。姚明之所以能有如此之高的租，是因为一方面NBA收视率高，在美国和全球有太多喜欢甚至痴迷NBA赛事的人，他们愿意为他们喜爱的球队和球员买单；另一方面姚明只有一个，中国只出了一个姚明，姚明这样的篮球奇才的供给非常有限。相比之下，台球"神童"丁俊晖虽然也是拥有特殊才能的人，但是，台球终究是一种小众的运动，因而丁俊晖的租就远没有姚明的高。丁俊晖自2003~2020年17年的职业生涯中，先后参加了275场共计6468局比赛，获得过22个冠军，收获的赛事总奖金为383万英镑，折合美元约480万元，年均约28万美元。

明星的租是在广泛的需求面前明星个人对某种特殊才能的独占带来的，因而是天经地义的。广大观众和消费者对此羡慕、敬仰，当然也可能有些嫉妒，但是，绝不会认为这有什么不合理，更不会认为这有什么不合法之处，因为这是一种市场行为，是通过自由竞争形成的。

企业间的竞争同样可以形成这样的租。一个企业靠着技术进步推出广受市场欢迎的畅销产品，就会获得高于同行业企业很多的超额收入。在自由竞争的体制下，其他企业看到这种产品热销，会群起而效仿，有的企业会推出同类产品，有的企业则研制出性能更好的产品，投放市场。渐渐地，产品的超额收入消散，各企业的收入趋于与机会成本相等，一切归于短暂的平静。只要市场是自由竞争的，生产要素可以自由流动，这个过程就会动态地反复出现。这就像我们曾说过的"垄断—打破垄断"的过程。

然而，还有一类垄断带来的租为部分企业或个人所垂涎，取得这类租不需要开展生产性活动，只需要向政府部门游说，因为这个垄断是政府授权的。例如，政府通过行政准入门槛限制其他竞争者进入该行业，从而使相关企业成为行业内的垄断者，就可以获得垄断带来的超额利润。于是，相关企业必然各显神通，一边冠冕堂皇地游说官方，一边托关系找"门路"。这种企业或个人为获取由政府行政管理带来的租而进行的非生产性投资活动被称为"寻租"（rent seeking）。寻租通常伴随着行贿、受贿等腐败行为。

寻租的前提是政府创租或设租

政府使用行政权力限制竞争、控制竞争造租的行为被称作"创租"或"设租"。政府创租或设租行为通常体现在以下几方面做法上。

1. 政府管制价格。在特殊情况下，如疫情、战争等，政府会对相关商品价格实行管制，通常是限定商品的最高价格。限定最高价格的商品通常是市场上紧缺的商品。然而，限价有时会挫伤厂商供给的积极性，一些情况下，会造成紧缺的商品更加短缺，限定的价格更加偏离真实的市场价格。这时，就会有人大量收购限价商品，私下高价倒卖，这就形成了所谓"黑市"。如果商品是由政府控制的，"黑市"上的商人就会向政府官员行贿，以低价获取这些商品。

2. 政府特许权。政府对某些商品的生产和销售实行特别许可制度，只有取得特别许可的企业和个人才可以从事这些商品的生产与销售。对于市场需求比较大的商品，本来市场会自发涌现更多的供给者，供给增加，以平衡需求。然而，特别许可权把没有取得许可的供给者排除在外，使取得许可权的供给者拥有了垄断地位，从而获得超额利润。例如，一些国家对某些商品实施专卖管理，从事该类商品经销必须经政府授权许可，如果政府授权的标准从紧，从事该类商品专卖的企业和个人将十分有限，得到授权的企业和个人在所在地区就处于垄断或相对垄断地位，就可以获得垄断带来的租金。

3. 政府关税和进出口配额。一国政府对进出口商品征收关税和对某些商品的进口或出口实行数量限制，是世界各国常见的做法。设定关税和进出口配额虽然可以保护国内部分产业和企业，但也为受到倾斜和保护的企业人为设定了租金，于是，争取有利的进出口关税政策和进出口配额就成了一些企业努力的方向与目标。

除了以上三个方面外，在政府采购、国有产权交易等方面也可能产生创租、设租行为，给企业和个人提供寻租机会。

寻租和寻利不同

美国经济学家詹姆斯·布坎南为了区别企业及个人通过市场竞争寻求垄断的好处和通过游说、行贿政府官员的寻租行为，特意将前者称为"寻利"。经济学家们公认，寻利是生产性活动，是企业家和民众创新的动力，有利于增进全社会福利；而寻租则是个人竭力使价值极大化，造成了社会浪费，而没有形成社会剩余。寻租造成的浪费包括游说或行贿政府官员需要花费的人力、物力、财力，而政府反行贿受贿需要在教育、防范、监督方面付出相应的成本。寻租还会造成资源配置的扭曲。寻租者会将其寻租成本转移到产品成本上，最终转嫁给消费者。寻租还将影响收入再分配的公平性。寻租的受益者包括成功的寻租者、政府和政府官员等，而消费者和失败的寻租者则承担了不必要的损失，这是社会经济中强势群体对弱势群体的掠夺。

布坎南以出租车牌照为例，指出寻租活动在三个层面上进行。如果政府限制出租车的数量，限量发放营运执照，就会导致一系列的寻租活动。

一是直接获取执照的寻租。有执照数量限制情况下运营出租车的收益一定远高于没有执照数量限制情况下运营出租车的收益，两者之间的差就是寻租的空间。只要寻租成本不高于这个差，就值得寻租。执照的发放可以采用竞争性拍卖的方式，也可以采用行政审批的方式。如果是前者，执照的价格就是寻租空间，但是这时候得到执照就不是寻租了，因为它是通过公开竞争取得的；如果是后者，只能通过寻租的方式获得执照。

二是对政府"肥缺"的寻租。只要出租车执照受到限制，出租车管理部门就成了"肥缺"。人们相信出租车管理职位可以从发放出租车执照的收入中获益，因此，获得出租车管理职位也成了人们追逐的目标。其实，不只是出租车管理部门，只要是有行政审批权和控制权的政府部门，都容易成为人们寻租的目标。

三是对政府收入的寻租。政府部门无论以什么方式获得的出租车执照收入都是公共财政收入的一部分。公共财政的基本原则是"取之于民，用之于民"，问题是用之于什么民、用之于哪些民？公共财政收入是有限的，支出自然也是有限的，用于哪些群体、哪些地区，都是这些群体和地区的福利，于是，就会产生这些群体和地区的代言人为了获得公共财政支出的寻租活动。

寻租产生的原因是政府对市场过多干预和政府权力过于集中。当企业家发现"搞定"政府部门比辛辛苦苦改善企业管理、创新产品和服务更容易让企业处于有利的市场地位时，必然"不找市场找市长"。在缺乏有效的外部约束时，政府常常以市场失灵或无序为由干预市场运行。当官员在寻租者的寻租活动中受到激励时，就会有更大的动力去创租、设租，在创租、设租中获得更多的激励。

"权力寻租"就是寻租腐败

近年来，许多人将一些政府官员利用职权从服务和管理对象那里收取好处称为权力寻租，官方也把官员索贿受贿类的腐败行为定义为权力寻租，就像本节开头所引的例子。其实，"权力寻租"不是一个规范的经济学概念,回顾我们前面的介绍和分析,所谓"租",即租金,是在经济行为中超过通常的机会成本的剩余,寻租就是为了获取剩余针对政府部门和官员开展的非生产性活动,寻租者不是官员,而是官员管理和服务的对象①,一些官员有条件利用手中的权力配合和帮助企业或个人寻租进而从中捞取好处,这叫徇私舞弊、索贿受贿,从这个意义上来说,权力寻租就是寻租腐败。

现在,我们且不去做学术上的深入辨析,只需明白常被使用的权力寻租要表达的意思:一些掌握公权力的政府官员利用职权在配合或帮助寻租行为中获取不正当经济利益的腐败行为。这种腐败行为主要表现在以下两个方面。

一是通过创租、设租捞取好处。就像前面说的,通过限定价格、限定市场准入等方式人为创造租,诱导企业向他们行贿作为得到这种租的条件。

二是将公权力当成私权力,将用权如同出租土地、房屋等私有财产一样收取租金。例如,有的本应正常为服务对象办理的事项,故意刁难,逼迫对方拿钱办事;有的本应秉公用权、公正用权,却将谁给了好处甚至谁给的好处多当作资源分配的标准,这种情况常发生在选人用人、工程项目发包等事项中。

本节开头提到的通报里的×××兼具了这两方面的问题。寻租腐败现象不仅在政府官员里可能出现,在公办事业单位、国有企业管理人员等公职人员身上都可能出现。只要是存在公权力的

---

① 张军.书里书外的经济学[M].上海:上海三联书店,2002:202.

地方，就存在寻租腐败的空间。

寻租腐败有其存在的必然性。由于人的自利本性，我们前面说过的委托—代理关系中的道德风险普遍存在。政府官员是层层接受委托的代理人，本质上都是接受公众委托打理公共事务的代理人，应该一切从公众利益出发，不徇私情、不谋私利。但是，当缺乏有效的监督和制约的时候，一些人就容易把公权力当成私权力，寻租腐败现象也就出现了。

如何治理和防范寻租腐败呢？除了加强监督检查、强化执纪问责、加大惩处力度、提高违纪违法成本外，更重要的是从产生租的根源入手，从源头抓起，让产生租的机会最小化，让寻租空间最小化。首先是大幅简政放权，最大限度地让市场来配置资源，尽可能减少政府对市场交易活动的政策干预和行政管制；其次是对于必不可少的政策干预和行政管制，要最大限度地公开化、透明化，向公众充分披露信息，让公众和媒体真正起到监督作用。

第9章 货币和银行

9.1 货币那点事儿
——交换、货币及纸币的产生

购物是一件多么奇妙的事啊！你一手交钱，他一手交货；你得到了心仪的商品，他得到了他需要的钱。大家两相情愿，皆大欢喜。这是生活中每时每刻都在发生的事情，我们已经司空见惯，从不觉得有什么奇怪了。可是细想一下，卖家交给买家的是实实在在的商品，买家给卖家的却是我们称之为"钱"的纸币或者通过手机支付的数字而已。为什么卖家见了这些"纸"或"数字"，就心甘情愿甚至满心欢喜地给对方实实在在的商品呢？钱为什么会有这么大的魔力？钱是怎么产生的呢？

货币是作为交换媒介出现的

其实，在茹毛饮血的时代，人类是用物与物交换的。当一个部族或一个家庭捕猎了太多的猎物的时候，就愿意跟其他部族或家庭交换其他的猎物，这就是物物交换。但是物物交换经常会遇到一些障碍，有很多不方便的地方。例如，一个擅长猎鹿的人，他的家人吃鹿肉吃够了，想吃野牛肉，他就找到一家擅长捕猎野牛的人家，提出用自己的鹿换对方的野牛。对方猎捕的野牛虽多，却不喜欢吃鹿肉，他们喜欢鹿皮衣服，很想用野牛换鹿皮衣服。可是，猎鹿人家不擅长缝制鹿皮衣服，也没有多余的鹿皮衣服拿来交换。两家的交换没达成。

猎鹿人没有死心，为了让家人吃到野牛肉，四处找寻擅长缝制鹿皮衣服的人家，终于用一只鹿换了几件鹿皮衣服。他又拿着鹿皮衣服来找捕牛人，对方很高兴。两人商定1头野牛可以抵3件衣服，可是捕牛人目前只需要2件衣服，这下又不好办了，怎么给猎鹿人2/3头牛呢？两人又没交换成。看，交换是你情我愿的事情，你想要人家的东西，可是人家不需要你的东西，交换就难以达成；你想要人家的东西，人家也相中了你的东西，可是如果物品无法分割，在交换数量上双方达不成一致，交换也不能达成。

　　逐渐地，大家都意识到了这个问题，他们开始寻找新的交换方法。可不可以指定一种物品作为媒介，大家都用它来交换其他物品呢？譬如鹿皮，猎鹿人用鹿皮跟捕牛人换野牛，后者再用鹿皮去与制衣人换衣服，这样，交换就容易成功了。例如，大家商定1头牛顶3张鹿皮、2张鹿皮顶1件鹿皮衣服，猎鹿人给捕牛人3张鹿皮，换来1头牛；捕牛人给制衣人2张鹿皮，换来1件鹿皮衣服。通过这次交易，捕牛人还剩余1张鹿皮，可以留作交换其他物品使用。这里，鹿皮其实就充当了早期的货币功能。

　　人类早期不同的民族和地区曾经使用过多种物品充当货币，包括动物毛皮、布帛、盐等。距今三千多年前的中国商朝曾用贝壳做钱币。在殷商的甲骨文里就出现了很多以"貝（贝）"作偏旁的汉字，并一直沿用至今，如寶（宝）、買（买）、賣（卖）、資（资）等，这些汉字均表示货币或与货币相关的意思。自17世纪初英国人殖民现在的美国弗吉尼亚直到18世纪末，在近两百年时间里,烟草一直是弗吉尼亚州及其周边殖民地的主要货币。殖民者用烟草购买食物、衣物,甚至用来纳税。既然烟草是货币,当然也可以充当娶妻的彩礼。"每当有船从伦敦到达的时候,是弗吉尼亚那些帅小伙最开心的事,他们一个个夹着一捆上好的烟草跑到岸边,然后每人都带回一个美丽而贤惠的年轻妻子。"① 直到 19 世纪末,在太平洋密克罗尼西亚加罗林群岛最西端的雅浦岛上,当地居民还在拿开采出来的石头当作货币使用。② 关于人类早期货币的事例和故事有很多,据说人类用作货币的物品累计起来可以达到上千种。③ 这说明,无论生活在什么地方的人们,都先后认识到了交换媒介在生活中的重要性。

货币天然是贵金属

随着人类的不断尝试,不同地域的人们最后都先后放弃了曾经选定用作货币的物品,最终都选择了黄金或白银等贵金属作为货币。因为黄金或白银具备其他物品所不具备的独特优势:坚固,不易破碎和损坏;不容易锈蚀,可以长期存放;可以分割,高温熔化后可根据需要铸成任意大小和形状;既然可以分割,就可以做到标准化,铸成统一大小的金币或银币,来代表统一的价值。除了以上诸多优点外,金银的储量有限,且不易被发现和开

---

① [美] 米尔顿·弗里德曼,罗丝·弗里德曼. 自由选择 [M]. 张琦,译. 北京:机械工业出版社,2019:257.
② 周洛华. 货币起源 [M]. 上海:上海财经大学出版社,2019:4.
③ 陈彩虹. 钱说——货币金融学漫话 [M]. 北京:三联书店,2002:15.

采,这就不易造成流通的货币过多,失去价值标尺的作用。另外,黄金或白银本身具有使用价值,可以用作饰品和容器,可以提高生活品质。所以,一旦金银成为货币,就再没有退出历史舞台,即便今天它们已经被纸币替代,但仍是颇有价值的资产,在特殊时期、特殊情况下仍可作为货币使用。

东西方社会在古代不约而同地都采用金银作为货币。当欧洲人发现和殖民美洲后,他们把金银带到美洲,其后在美洲也发现了金矿和银矿,他们又把美洲的金银运回欧洲,又进一步促进了金银在欧洲各国的流通推广。美洲矿山的储量非常丰富,远高于其他地区的贵金属矿山储量。欧洲人索性直接把美洲的金银运到中国、印度等亚洲国家,交换他们所需要的产自这些异国的物品。亚当·斯密在《国富论》中多次提到他那个时代以及之前的几百年里欧洲和中国的金银贸易。他说,"当欧亚初通贸易时,在亚洲各国,尤其是中国和印度,金银的价值却比欧洲高得多,如今仍是如此","将白银运往那里比运黄金更为有利,因为在中国以及印度的大部分其他市场,纯银和纯金的比率仅为10∶1,至多是12∶1,而在欧洲则为14∶1或15∶1。"[1] 亚当·斯密所述的时代正对应着中国的明清时期,白银在明清两朝与欧洲通商的货物种类中占有重要比重。欧洲人为了换取他们喜欢的中国茶叶、瓷器和丝绸等,把大量白银贩运到中国。明清时期作为法定货币的白银相当一部分来自同欧洲的贸易,正是因为从欧洲进口

---

[1] [英]亚当·斯密. 国富论[M]. 孙善春,李春长,译. 沈阳:万卷出版社,2008:136-137.

的大量白银缓解了国内白银的短缺,保证了以白银作为法定货币的充足供给。

中国是世界上最早开始使用金属铸币的国家。自商朝使用贝壳作货币之后,从春秋战国开始主要以铜作货币,直到明朝中后期开始普及用白银作法定货币。其间,在有些朝代也曾间杂使用过金、银、铁等,或几种金属同时使用,但主币金属基本上一直都是铜。

在距今2000多年前的中国战国时期,各国已经基本上实行了统一铸币,例如,齐国和燕国的刀币,赵国、魏国和韩国的布币等。公元前221年,秦始皇统一中国后,也统一了货币铸造,规定一枚铜钱重半两,这就是历史上有名的"秦半两"铜钱。①"秦半两"为方孔圆形,自秦以后中国历朝历代都沿用了这种圆形方孔的铸币制式。

后来的西晋文学家鲁褒有感于钱(铜钱)的神奇功效,以短短三千余字作《钱神论》。作者用辛辣、形象的文字讽刺了以皇室为首的大地主、大贵族阶层挥金如土、奢靡成风以及时人对钱的过度崇拜,同时也客观地描写出了铜钱在市场交易中的方便之处。文中写道:"……上智先觉变通之,乃掘铜山,俯视仰观,铸而为钱。使内方象地,外圆象天……市井便易,不患耗损。难朽象寿,不匮象道;故能长久,为世神宝。亲爱如兄,字曰'孔方'。"意思是:……有聪明人先知先觉,改变了交易方式。他们开掘出一座铜矿,然后俯视大地,仰观上天,将铜铸成了叫

---

① 周洛华. 货币起源[M]. 上海:上海财经大学出版社,2019:128.

作"钱"的东西。铜钱的形状是内为方孔、外为圆形，所谓天圆地方……在街市上使用方便容易，不用担心有所损耗。铜钱相对来说很难腐蚀朽坏，像那些长寿的人一样；钱总在流通因而不会穷尽，就像"道"一样生生不息。

铜钱外圆内方这种制式契合了中国人关于天地"天圆地方"的想象，也契合了中国人外圆内方的处世哲学，所以被历朝历代所接受，乃至今天，中国四大国有商业银行——工商银行、农业银行、中国银行和建设银行的行标都是外圆内方的形式。

随着金属货币被广泛而长期地使用，人们发现金属货币仍然有很多不方便之处，比如说不方便携带。一般人家日常消费用度只要随身携带几枚金属铸币就够了，但大户人家有大的开销的时候，需要支出大量金属币，就必须用车或牲畜拉运，至于大的商户，做跨地区的买卖，那就更需要长途贩运大量的金属币，这就带来很多的不方便，也很不安全。人们开始设想，既然只是做交换的媒介，为什么一定要用实物呢？用一张纸片，在上面写上金属货币量，用它代替对应数量的金属货币进行交易，只要持有纸片的人随时可以兑换所标记数量的金属货币就行了啊！是啊，有什么不可以呢？就这样，纸币产生了。

纸币对金属货币的替代

人类最早使用的纸币产生于距今一千年前的中国北宋时期的四川一带，名为"交子"。北宋时期商品经济非常发达，其经济繁荣程度可谓前所未有，宋朝画家张择端的传世名作《清明上河图》就再现了北宋都城东京（即今河南开封）的日常市井生活，反映了当时的商业繁荣景象。发达的商贸需要更充足的货币支撑。古来川蜀道路险峻难走，且当时的四川一带铜钱短缺，以铁钱补充。然而，铁钱分量重、价值低，一枚铜钱抵十枚铁钱，曾经买一匹布需要的铁钱重达500斤，大量采购物资需要的铁钱就更多。若一地的商人到异地采办物资，运送铁钱十分艰难，将铁钱运到该地后，在选商和谈判时将铁钱带在身边又极不方便，于是，就将铁钱先寄存在一些信得过的商铺，商铺给开具一个证明，商人随时可以来铺里取钱，当然是要给些寄存费的。逐渐地，这种存放铁钱的需求越来越多，有些商铺就专门做保管存放铸币的业务，它们开具的证明按当地方言的发音被称为"交子"，承揽存钱业务的铺户就叫"交子铺"。

交子铺最早出现在益州，即今成都一带。有了交子、有了交子铺，商人做生意就方便多了。一开始买卖双方还凭交子到交子铺取钱进行铁钱和实物的交接，后来索性就不进行铁钱的交接，只要买家将交子交给卖家，交子铺仍然保管铁钱，承认交子的凭据作用，而不管谁持有交子。这样，交子就逐渐成了代替铁钱流通的纸钱。但这时的交子还不是真正意义上的纸币，只是存取钱的凭据而已。

随着交子使用越来越广泛，为了满足商人跨地区经商的需要，一些交子铺开始在异地设立分铺。商人把钱存放在一地的交子铺，到异地采办物资只需携带交子而不需携带和运输铁钱了，跟异地的卖家只要一手交交子、一手交货即可。卖家拿到交子，可以随时到当地同一铺号的交子铺兑换铁钱。同样，作为卖方的商人到异地卖货，买家只需给出能在本地兑换铁钱的交子，而不需要给付沉重的铁钱。为了保证商人在任何一地的交子铺随时都可凭交子取出现钱，交子铺要经常在各个分铺之间调剂余缺，确保每个分铺都有足够的铁钱供人提现。这时候，各铺号的铁钱总量和各铺号印发出去的交子总额是一致的，市面上流通多少交子，交子铺里就一定有相应数量的铁钱。这些铁钱就是交子的准备金，即准备让人以交子来提取的现金。这时的铁钱总金额与交子的额度总量的比率即准备金率是100%。

时间长了，交子铺发现，大家已经习惯使用交子，真正以交子来兑换铁钱的很少，把足额的铁钱放在铺里似乎是浪费。有些交子铺就开始将部分铁钱挪作他用，用于为自己牟利。这种行为在剩下的钱足够兑现交子时并不易暴露，但是，生意就是生意，有盈有亏，当交子铺亏了钱的时候，如果有很多客户同时来取钱，或者交子铺动用铁钱的消息泄露，所有客户都来取钱，交子铺就无法满足所有客户兑现的要求。还有的交子铺私开交子，以私开的交子做生意牟利，这就使得市面上流通的交子量多于了实际储存的铁钱数量。当这种劣行暴露的时候，所有客户凭交子来取现钱，交子铺同样不能满足客人的需要。这时，交子铺实际上已经濒临破产，有的铺户闭门停业，有的铺户携钱逃走，从而引发纠纷和争讼不断。部分交子铺唯利是图、滥用信用的行为就这样破坏了交子和交子铺的信誉。于是，官府出手关闭了交子铺，实行官营。

宋天圣元年（公元1023年）11月，北宋朝廷在成都设立益州交子务，即负责发行交子的官方机构，专司交子的印制和发行。交子务发行的交子叫"官交子"。官交子同样以铁钱作准备金,即凭交子可以随时兑取相同额度的铁钱,但准备金率已经不是100%,而是远低于100%,首届交子的准备金率只有28%,此时交子额度远超实际储备的铁钱额度。这样,交子的性质就发生了根本的变化。民间的私交子实际上就是铸币的符号和代用品,是出于方便流通和交易而发明的,它建立在交子铺的信用基础上,每一张交子背后都有实实在在的铸币支撑,而且随时可以换成铸币,交子的流通本质上仍是铸币的流通。官交子大比例超发,并且以政权强制力禁止民间印制交子,强制使用官交子。这时候,官交子已经接近于现在的纸币了。

一旦朝廷尝到了发行纸币的好处,在毫无外界监督和制约的条件下,朝廷的胃口就越来越大,它们很快就不再遵守先前的规定,越来越大比例超发交子,在因内忧外患需增加财政开支的时候,更是有了无限量发行交子的理由,交子变得越来越不值钱,逐渐地丧失了信用。到宋徽宗(公元1100~1126年)时期,交子几如废纸。统治者不愿意纸币退出市场,他们又推出了新的纸币"钱引",以代替交子。但是,钱引跟交子的命运一样,从开始的谨慎发行到超发、滥发,再到后来几乎一文不值。

历史总是相似的。继钱引之后,南宋的会子、元朝的钞币以及明初的宝钞等纸币伴随朝代的更迭轮番登场,但由于监管体系的缺失和统治者的贪婪,它们在为朝廷搜刮几番民间财富之后,最终都相继退出历史舞台。到了明朝中期,由于纸币大幅贬值,民众怨声载道,铜钱又不足,加之前述与欧洲的贸易加深,大量白银流入大明,自此白银代替纸币通行起来。这种状态一直持续到清朝。

有一部电影以艺术的方式再现了一段中国古代文明,包括纸币在中国的使用和通行。这部电影是意大利和中国于 1982 年合拍的《马可·波罗》。马可·波罗是我们熟知的意大利旅行家,他的《马可·波罗游记》记述了他在遥远的东方特别是中国游历时的所见所闻。电影就根据这部游记改编。从电影中我们知道,是马可·波罗的父亲尼科洛·波罗和叔叔马泰奥·波罗先来到中国,他们从中国回到意大利后向人们讲述在当时的元帝国看到的奇闻趣事;在父亲和叔叔的影响与感召下,刚刚成人的马可·波罗随父亲和叔叔重返中国,并在元帝国逗留了 17 年,这才有了《马可·波罗游记》。

电影开始不久用 2 分钟的时长表现尼科洛兄弟俩第一次返回家乡威尼斯后,向大公、主教和贵族们报告元人不使用铸币而使用纸币这件事。尼科洛将带回的元宝钞给在场的人一一观看,向他们描述纸币的方便、神奇之处。贵族们有的表现出惊诧,更多的人表现出不屑。其中一个贵族从怀里掏出一枚金币,用蜡烛烧了一下,完好无损,然后他又把纸币放在火焰上,纸币瞬间化成了灰烬。于是,贵族揶揄道:金币才是货真价实的东西,纸币既无价值,也无重量,而且很容易损坏。对于习惯于将金银当作财富和使用金银铸币的意大利人来说,使用纸币着实是一件令人费解的事。

史学界有很多人怀疑《马可·波罗游记》所述事件的真实性。即便马可·波罗和他的父辈的故事是真实的,看来这些旅行家们对于纸币在意大利和欧洲的推广应用也没起到多大的作用。《马可·波罗游记》记述的是 13 世纪下半叶的事,这时距离交子的出现已经过去了 200 多年，此后又过了大约 400 年，欧洲才出现了纸币。

欧洲第一张由国家发行的纸币来自英国的英格兰银行。英格兰银行于 1694 年成立，其目的是为九年战争（1688～1697 年）筹集资金，并为此而获得货币发行权。1745 年，英格兰银行开始印制面值从 20 英镑到 1000 英镑的纸币，这标志着欧洲国家开始正式使用纸币。在随后的一段时间里，世界各地开始陆续使用纸币。像中国的交子、会子、宝钞等纸币一样，欧洲各国的纸币也成为政府在战时筹措资金、平时弥补赤字的有力工具。起初，各国发行的纸币都与本国的黄金储存量挂钩，即货币标示的金额与一定量的黄金是对应的，就像中国北宋刚开始发行官交子一样。这就是所谓的金本位。但是，尝到了纸币"无中生有"甜头的政府常常超发纸币，不断稀释纸币所对应的黄金量，以致到无节制的程度，最后终究逃不脱像中国古代纸币一样的谨慎—超发—贬值的"魔咒"。

信用货币时代的到来

第一和第二次世界大战以及两次大战之间的经济危机使西方各国本来有限的黄金产量和储存量更加捉襟见肘，货币发行受到影响，货币信用出现危机，国际货币金融体系出现混乱局面。为了解决这些问题，1944 年 7 月，44 个国家的代表在美国新罕布什尔州的布雷顿森林公园召开货币金融会议，史称"布雷顿森林会议"。经过两次世界大战后，美国成为世界霸主，此时美国拥有的黄金储量已占当时世界各国官方黄金储备总量的 75% 以上。这次会议提出：让美元跟黄金挂钩，1盎司黄金固定可以兑换35美元，每一美元的含金量为0.028571盎司黄金，即0.888671克黄金（1盎司=31.1034768克），其他国家的货币按照各自的含金量与美元挂钩，然后各国可以以本国货币兑换美元，再凭美元随时可以跟美国联邦储备银行兑换黄金。这本质上仍是将货币与黄金挂钩，不过是跟美国的黄金储备挂钩，而且要通过美元兑换。参会各国同意了这种安排。这反映了各国对美国的黄金储备有信心，对美国的经济实力有信心。这样就减轻了本国储备黄金的压力，全世界黄金储备的压力几乎都集中到了美国身上。美国承担起了稳定各国货币的责任。美元成了全球硬通货，其他各国虽然储备黄金的压力小了，但是要像储备黄金一样储备美元。

20世纪60年代，由于受越南战争的拖累，美国政府财政赤字巨大，国际收支持续出现逆差，美元信誉下降。由于担心美元贬值，法国等国家纷纷向美联储兑换黄金，导致美国储备的黄金大量外流。1971年8月，时任美国总统尼克松对外宣布，停止美元兑换黄金。没有足够的黄金来跟美元保持固定的比例关系，美元作为黄金的代表的作用就削弱了，美元的价值失去了支撑，美元必然贬值，其他货币跟美元之间的固定比例关系也没有了意义，固定汇率制度转向浮动汇率制度，布雷顿森林体系开始动摇。

这个过程一直持续到1976年。这一年的1月，国际货币基金组织在牙买加首都金斯敦召开20国会议，决定取消黄金统一的固定价格，黄金像普通商品一样可以自由交易，随行就市，黄金不再作为货币，其货币职能退出了历史舞台；各国的货币不再与黄金挂钩，由市场决定各自的价格，这就是所谓的"牙买加协定"。自此，以纸币为主的货币不再是某种可以为人所用的物品（如黄金）的代表，而成了纯粹的"钱"。人类放弃了金本位，进入纸本位时代。

纸币本身没有价值，它的价值是作为交易媒介，起到价值的标示作用。它的价值来自两个方面：强制和信用。纸币作为一国的主要货币是一国政府的强制规定，体现了国家意志，通常以法律形式固定下来。例如，《中华人民共和国中国人民银行法》规定，"中华人民共和国的法定货币是人民币。以人民币支付中华人民共和国境内的一切公共的和私人的债务，任何单位和个人不得拒收"。人们使用纸币还在于相信它的信用。一张只写有钱数的纸片我们可能毫不在意，但是，如果这张纸片印着"中国人民银行"，我们就不能不在意了。因为它是以中央银行的信用做抵押的。如果中央银行是由中央政府设立的，那么，中央银行信用的背后是中央政府的信用；如果中央银行是独立的金融机构，如美国联邦储备银行，那么中央银行的信用就是它本身的信用。支撑中央政府和中央银行信用的是国家的经济、政治、军事实力。一国政治稳定、社会安宁、经济平稳，没有大起大落，人民就对货币有信心，大家都放心地使用货币；如果一国政治动荡、政府腐败、社会动乱，经济也不会稳定，人民对货币就会丧失信心，就会导致货币贬值，民众又开始回归对黄金等实物货币的追求。

9.2 银行是干什么的？
——商业银行、中央银行和存款准备金

我们的身边有很多银行，大到一个城市，小到一个乡镇，都有大大小小的银行。我们在生活中也离不开银行。无论是个人、家庭还是企业都要经常跟银行打交道，最简单的，像存款、取款、贷款；复杂一点的，像买理财、保险产品，买卖外汇、贵金属；等等。银行看上去很有钱。是的，银行通常都位于城市或乡镇的黄金地段，银行建筑都是当地最气派的建筑，或者是当地最气派的建筑之一，银行工作人员都是西装革履，气度不凡。可是，银行却也有倒闭破产的。例如，1762年创立的英国老牌银行巴林银行于1995年2月倒闭；1998年底成立、曾被评为年度中国十大最佳城市商业银行的中国包商银行于2021年2月破产。银行到底是干什么的？银行怎么能破产倒闭呢？

商业银行是连接"有钱人"和"缺钱人"的企业

我们作为居民个体和家庭常打交道的是商业银行。商业银行也是市面上最常见、最多的银行，在我国主要有中国工商银行、中国农业银行、中国建设银行、中国银行、交通银行和中国邮政储蓄银行六大国有商业银行；还有12家股份制商业银行，包括招商银行、兴业银行、光大银行、广发银行和浦发银行等，这些银行股权相对分散，其中大部分仍是国有资本相对控股的银行；

另外还有由城市信用社重组改制而来的上百家城市商业银行和由农村信用社重组改制而来的上千家农村商业银行等。

商业银行是企业。我们日常称谓的"××银行"工商注册的全称都是"××公司",例如,中国第一大行——中国工商银行全称是中国工商银行股份有限公司,招商银行全称是招商银行股份有限公司。是企业就以盈利为目的,商业银行利润的主要来源是存贷款的利差。它们以低利率吸收公众的存款,以高利率将公众的存款贷给借款人;它们从借款人那里收取高利息,给存款人支付低利息,这两个利息的差就是银行的主要收入来源。那么,作为储户的我们,为什么要把钱存入银行由它们向外出借,挣取高额利息,而不是直接出借给借款人呢?

首先,我们每个人或每个家庭的存款对于一个大额借款人来说可能微不足道,只有把多个储户的资金集合到一起才足够借款人使用,这就需要一个人或一个机构把大家的钱凑到一起。其次,即使你多余的钱恰好是另一个人想借的数额,你们彼此怎么找到对方?即便你们凑巧相遇了,也都知道彼此有借贷的愿望,作为出借方,你还需要了解对方的资信情况,他是不是一个讲信用的人?他会不会按时足额还款?他有没有能力还款?如果他不按时足额还款,你有什么惩戒手段和补偿措施?作为一个自然人,作为一个独立的个体,你要搞清楚所有这些问题是很难的。即便你能搞清楚这些问题,而且也有办法应对对方不还款的行为,你们还要就借款的利息进行谈判。你们很可能达不成一致,这样,你们前面的努力就全白费了。所以,民间个人和个人之间的借贷行为很难成功。这个过程的交易成本很高,一方失信的风险很大。

英国文艺复兴时期伟大的剧作家莎士比亚的作品《威尼斯商人》就是一部关于个人之间借贷的恩怨故事。故事发生在16世纪的威尼斯,一向乐善好施的富豪安东尼奥有心资助朋友巴萨尼奥向富家女鲍西娅求婚,可是自己的货船尚未到港,资金周转一时困难,于是,向另一位富豪、犹太人夏洛克借钱。身为异教徒的夏洛克平时备受周围人的嘲讽和歧视,也曾被安东尼奥侮辱。夏洛克想借机戏弄和报复一下安东尼奥,就答应向他借钱,但条件是:如不能按期偿还,安东尼奥就要让夏洛克从他胸口割下一磅肉。安东尼奥答应了。巧的是安东尼奥的货船遇险,逾期未归,债务到期,他无力还款。夏洛克真的要割安东尼奥的肉了。可是,从一个人的胸口割掉一磅肉是很可能要这个人的命的。夏洛克诉诸法庭,希望在法庭的支持和见证下强制执行这个约定。在法庭上,鲍西亚假扮成律师为安东尼奥辩护,她认为按照约定应该割下安东尼奥的一磅肉,但同时也只能割一磅肉,不能多割也不能少割,不能流一滴血。夏洛克无法做到,只好认输。肉没割成,夏洛克还被法庭判以谋害市民的罪名,其财产的一半被充公,另一半被判给安东尼奥,夏洛克还被勒令改信基督教。

从这个例子我们可以看到,16世纪的威尼斯崇尚契约精神,尊崇法律,即便是这样,个人之间借贷的合约约定常常五花八门,当时个人之间的借贷也很容易产生失信行为;我们还可以看到,这时候还没有产生现代意义的商业银行,人们从事商业活动筹措资金还需要在个人之间进行。世界上最早以"银行"命名的信用机构恰是 1587 年成立于威尼斯的威尼斯银行，不过它的业务仅限于货币兑换和保管，即使有贷款业务，也只面向政府部门，不对个人和商户开放。

真正的现代意义上的商业银行的出现是自 1694 年英格兰银行建立开始，这是一家股份制的商业银行。此后，商业银行开始陆续在欧洲其他国家出现，并逐渐在世界其他地区普及。中国商业银行的出现滞后于欧洲近 200 年。直到 19 世纪中叶，外国银行进入中国，刺激了中国本土银行的出现。1845 年，英国的丽如银行在香港设立分行，从版图意义上来说，这是中国的第一家现代银行。1848 年，该行在上海正式开办了"东方银行"，这也是上海最早的银行。1897 年，清政府在上海成立中国通商银行，这是中国第一家民族资本银行。此后，商业银行就迅速增多起来。

商业银行出现以后，民间借贷行为逐渐减少，通过银行进行资金的借贷无论对于借方还是贷方成本都大大减少，风险极大降低。公众将多余的钱交给银行，委托银行代为寻找资金的最佳去处，以获取好处，让"钱生钱"。商业银行凭借自己的专业优势，审慎地评估借款人的资信、还款能力，并约定违约责任和补偿措施，以保证资金安全、孳息。商业银行在储户和借款人之间充当信用中介的角色，将"有钱人"和"缺钱人"连接起来，起到了融通资金的作用，解决了资金供求不均衡的问题。

所以，银行自身其实并没有多少钱，银行能调动的绝大部分资金都来自储户的存款，当然，这里的储户不仅是个人和家庭，还有企业、政府机关和事业单位等。这些存款是储户以获取一定的利息为条件出借给银行的，所以是银行的负债。据公开数据显示，2020年中国商业银行平均资产负债率为92%，六大国有商业银行的总负债中存款平均占比80%，其中，中国第一大银行、有"宇宙行"之称的中国工商银行截至2020年末资产总额为33.3万亿元，负债总额为30.4万亿元，资产负债率为91.28%，其中存款就达到25.1万亿元，占负债的比例达到82%，而工商银行的注册资本仅为3564亿元，占总资产的比例仅为1.07%，占负债的比例仅1.34%，[①] 真可谓通过债务杠杆实现了小资本撬动大资产。

商业银行的危机催生了中央银行

银行的负债越多，能拿来放贷的资金越多，利息收入就越高，存贷利息差越大，银行盈利就越多；但同时负债越多，风险也越大。风险体现在两个方面：一是不良贷款过多，导致大量贷款到期不能收回，轻则影响银行效益，重则导致银行不能如期兑付储户存款。二是储户挤兑风险。挤兑就是储户拿着存单集中到银行要求兑付现金。银行正常经营的前提是总是只有一部分储户提现，这样就可以用部分借款人的到期还款给付储户，或者用新增存款给付储户，资金正常周转。一旦发生挤兑，银行没有那么多现金满足所有储户的取现要求，银行就要向其他银行拆借资金，当拆借资金也满足不了要求的时候，银行就不得不贱卖资产以应一时之需，当这样也满足不了要求的时候，银行就要宣布破产倒闭了。

银行也是企业，破产倒闭也是正常的事。但是，银行又是特

---

① 中国工商银行官网。

殊的企业，银行破产倒闭将影响到千家万户的切身利益，使广大储户遭受经济上的损失。银行间又是相互联系、相互影响的，一家银行出现兑付困难，公众就会联想到其他银行也可能存在流动性问题，于是一家银行发生挤兑可能很快演变成多家银行大面积挤兑风潮，从而导致银行接二连三倒闭的连锁反应，酿成更大范围的金融危机。这是近代以来人类历史上曾屡次发生的事件。

金融危机的复杂性和严重性逐渐让人们认识到，金融风险非单个银行所能承受，需要一家有实力的大银行，有担当、有能力集中各家银行的现金准备，在有银行资金紧张、支付困难的时候，给予信贷支持。政府也希望有这样一家银行能够稳定金融形势，扶助银行业顺利发展；政府更希望有这样一个银行能为政府筹措资金，让政府支出变得轻松宽裕，特别是在发生战争和经济危机时，可以解决资金来源问题。于是，中央银行应运而生。

中央银行最初由大一些的商业银行转化而来，后来多为政府直接出资设立。目前世界各国的中央银行除了美国的美联储是私营机构之外，其他均为国有银行。政府通过立法赋予中央银行发行货币、监管金融和维护金融稳定的职能，使中央银行成为"发行的银行、银行的银行、政府的银行"。金融史上公认的最早的中央银行是1694年成立的英格兰银行。美国经历了多年金融大混乱之后，于1913年最终确立了美联储的中央银行地位。在两次世界大战之后，世界上大多数国家都建立了自己的中央银行。中国的中央银行是中国人民银行。

中央银行虽然也是银行，但却是特殊的银行。它不同于商业银行，不是企业，不以营利为目的，不开展商业性的存贷款、汇兑、理财等业务。所以，在我们周围、在城镇里看不到像商业银行一样多的中央银行的网点。

存款准备金制度的产生

中央银行出现以后，存款准备金制度也随之产生。存款准备金制度规定，商业银行不能将其吸收的存款全部用于发放贷款，必须将存款的一部分交由中央银行保管，这样，当商业银行资金紧张、发生流动性风险时，中央银行再将这部分存款交还商业银行，以助其渡过难关。当所有商业银行都将一部分存款交给中央银行的时候，这就是一笔巨款，中央银行可以用它来帮助任何一个遇到流动性问题的商业银行。这部分存款叫存款准备金，即准备用于客户提取存款的现金。

中央银行规定的存款准备金占商业银行存款总额的比例叫法定存款准备金率，简称"准备金率"。举例来说，如果准备金率为10%，某商业银行新增了一笔1万元的存款，就要将其中的1000元上缴给中央银行，作为准备金，其余的9000元才可以用于发放贷款等经营活动。目前世界各国的法定存款准备金率一般不高于10%。在法定存款准备金之外，商业银行通常根据银行的经营需要，还会留存一些存款，这部分存款叫作超额存款准备金。

存款准备金制度起源于18世纪的英国。最初是商业银行的自愿行为，它们在英格兰银行开设账户，存入活期存款以备不时之需。直到1863年美国以法律形式规定商业银行必须向中央银行缴纳存款准备金，存款准备金制度成了强制性的法律规定。经过1929~1933年世界性的经济危机后，各国普遍认识到限制商业银行信用扩张的重要性，纷纷以法律形式明确了存款准备金制度。存款准备金制度的实施对于商业银行对客户的正常支付以及商业银行的安全和稳定起到了一定的保障作用。

由于各国政府都通过立法授权中央银行确定法定存款准备金率，并根据货币政策的需要随时加以调整，本来只是为了保证商业银行存款支付和清算的存款准备金制度逐渐演变成了货币政策工具。中央银行可以通过调整准备金率影响包括商业银行在内的金融机构的信贷资金供应能力，从而间接调控全社会的货币供应量。当中央银行提高存款准备金率时，金融机构可用于贷款的资金减少，社会的贷款总量和货币供应量将相应减少；反之，当中央银行降低存款准备金率时，金融机构可用于贷款的资金增加，社会的贷款总量和货币供应量也相应增加。这里又涉及一个货币创造的问题。

9.3 再说说中央银行
——发行的银行、银行的银行、国家的银行

前面已经介绍了中央银行，为什么这里还要再展开介绍中央银行呢？因为中央银行太重要了！自从金银等实物商品货币退出历史舞台，信用货币主导货币市场，成为主要的流通手段和交易媒介后，央行就变得异常重要了。作为货币供给的主责部门和货币政策的主导力量，央行的一举一动都对通货膨胀水平、经济走势和财富分配有着举足轻重的影响。这一点我们从全世界对美联储的关注以及各国民众对本国央行的关注可见一斑。

央行是印钞机吗?

我们前面说过,央行也是银行,但却是特殊的银行。央行不对个人和一般企业开展业务,只与商业银行等金融机构发生联系。央行不以营利为目的,它的主要职责是实施货币政策、调节货币供给、稳定货币价值。央行的职责、权利和义务都是法律赋予的,央行必须依法行事。央行未必是政府的一个部门,但一定是国家治理的重要机构和重要力量。任何一个国家或地区的央行都是唯一的,每个国家或地区都不可能有两个或两个以上的中央银行。

人们常用三个短语来描述央行的定位,这就是:发行的银行、银行的银行、国家的银行。[①] 所谓发行的银行,就是说央行垄断了发行货币的权利,即俗语常说的"印钞"的权利,这是法律赋予的权利。在银行业发展的早期,几乎所有的商业银行都发行自己的银行券,那是一种为了方便流通、以金银等贵金属为基础的票据,可以说是各银行自己发行的货币。由于银行的信用能力不同,小银行的银行券常常不能兑换贵金属;由于各银行的信用流通范围不同,有的银行券流通得广些、有的流通范围小些,因此,多种银行券的流通常常给人们带来不便和混乱。随着经济的发展,越来越需要将银行券的发行权集中于实力强、信用高的大银行,当中央银行出现以后,它很自然地被赋予了这项权利。当然,这也是中央银行出现的理由之一。

中央银行出现以后的很长时期内发行银行券也是与贵金属挂

[①] 黄达,张杰. 金融学 [M]. 北京:中国人民大学出版社,2020:184.

钩的，有多少黄金储备，就发行多少银行券，银行券不过是黄金的代用券而已。这时候不存在银行券超发的问题。一直到20世纪70年代《牙买加协定》生效后，黄金不再是货币发行的"锚"，货币进入信用时代。人们相信纸币、票据，是相信它们背后的信用——央行的信用、国家的信用。但是，问题来了，央行作为货币的专营机构，它会自律吗？它会不会滥发货币、随意印钞呢？央行每每出台宽松的货币政策，就有人说央行开动了印钞机，又开始印钞了，是这样吗？

央行肯定是要印钞的，印钞是央行常态化的正常的工作内容之一。以我国为例，《中华人民共和国中国人民银行法》规定，中国人民银行负责发行人民币，管理人民币流通。所谓发行人民币就是印制人民币和向流通领域投放人民币的行为。人民币的印制由中国人民银行所属的中国印钞造币集团有限公司承担，人民币的投放则有一套严格的流程控制。中国人民银行设立人民币发行库，在其所属各地分支机构设立分支库。新印制的人民币构成人民币发行基金，分散在各个分支库里，分支库负责调拨人民币发行基金，但是，要按照上级库的调拨命令办理。分支库通过与商业银行的存贷关系和现金收付环节向市场投放人民币。

人民币的发行实行严格的计划管理。中国人民银行每个年度都要根据国家经济发展的需要编制下一年度全国信贷计划和现金计划，提出货币发行总量，报经国务院批准后组织实施。所以，在中国，印钞量并不是由中国人民银行决定的，而是由中央政府决定的，人民银行只是一个执行机构。

各国政府和央行都清楚，应该根据经济发展需要来发行货币，货币超发和少发都将导致货币币值不稳定，轻则影响经济健康发展，重则引起社会动荡和政权不稳，所以，一个负责任的政府和央行通常情况下都会审慎地确定某一时期的货币发行量。但是，为了使经济增速保持在一定水平以上，使失业率控制在一定程度以下，或者在经济低迷时为了尽快走出困境，政府通常倾向于要求央行增发货币，以至于可能到超发甚至滥发的程度。所以，进入信用货币时代以后，通货膨胀（以下简称通胀）就成了世界各国常态化的现象，虽然在大部分国家大多数时候是温和的通胀或低通胀。这就是为什么人们手里的钱虽然多了，但钱的购买力却下降了的缘故。这在各国又有程度上的不同，这与一国的政体和央行的独立性有关。关于央行的独立性我们后面会专门谈到。

说到通胀，较多的经济学者认为这是一种货币现象，过多的货币追逐过少的产量就引起了通货膨胀，即物价的普遍上涨。但是，需要注意的是，这里的货币是指货币供给总量，即广义货币M_1，而不是M_1（狭义货币），更不是M_0（流通中的现金）。而央行每年发行的货币仅限于M_0和M_1的一部分，是属于在银行体系之外流通的部分。其中，有一些用于兑换由于残缺、污损而由央行收回、销毁的货币，另外一些是根据需要而增发的部分。

例如，据中国人民银行官网消息，2021年12月末，广义货币（M_2）余额238.29万亿元……狭义货币（M_1）余额为64.74万亿元……流通中货币（M_0）余额为9.08万亿元……全年净投放现金6510亿元。[①] 净投放现金是指投放市场的现金与从市场上

---

① 2021年金融统计数据报告［R］.北京：中国人民银行，2022-1-12.

回笼现金的差,是在流通中净增的现金量,大体上等于新发行的货币量。我们看到,这个量仅占 M_2 的 0.27%,占 M_1 的 1%,占 M_0 的 7.17%。由此可见,新发行的货币量在各层次的货币量中占比都是很小的。如此小的货币投放量不足以引起物价的普遍上涨和货币的贬值。但是,发行货币的确增加了经济中的基础货币数量,基础货币经乘数效应的放大作用,会成倍增加经济中的货币量。

央行更多的是靠调整准备金率、再贴现率和公开市场操作等货币政策工具来增加货币供给,而不是靠开动印钞机印发天量钞票。我们只能理解后者是一种夸张的、形象的说法。

关于银行的银行,是说中央银行的地位高于商业银行和其他金融机构,在业务上和政策上对后者有领导与制约作用,同时为后者提供各种服务。概括起来,央行对商业银行等开展的业务或者提供的服务可以归纳为"存、放、汇"三种。所谓"存",就是商业银行等将存款的一部分缴存到央行,以做集中存款准备,一是为了保证商业银行等始终具备清偿能力,防止发生还款危机;二是服务于央行的货币政策目标,央行通过调整存款准备金率调节信用规模和控制货币量。所谓"放",是说央行作为商业银行等的最后贷款人,一是在必要的时候对陷入流动性困难的商业银行等提供资金支持,避免后者因挤兑而破产;二是通过再贴现、再贷款等措施调节货币供给量。所谓"汇",是为央行覆盖范围内的商业银行提供结算服务。银行间相互收受票据数量大,债权债务关系复杂,非常需要一个银行体系之外的平台统一进行集中结算,央行是提供这种服务的最合适的机构。

关于国家的银行，是说中央银行是专司执行国家金融政策的、特殊的同时也是特定的金融机构。世界上多数国家的央行是国家出资设立的，也有一些国家的央行是股份制的法人机构，国家持有部分股份，还有个别国家的央行完全是私人出资设立的金融机构，与国家没有任何资本连带关系。但是，无论央行的产权属性如何，它们都被法律规定并被授权为国家利益服务，具体负责代理国家财政金库、代理国家债券的发行、对国家财政给予信贷支持、保管外汇和黄金储备、制定和实施货币政策、对金融机构的金融行为实施监管等。

各国央行的独立性不同

所谓"发行的银行、银行的银行、国家的银行"是对中央银行职能属性的高度概括，具体到各个国家的央行，作为金融体系的核心实际发挥作用如何、执行货币政策的效果如何，与央行的独立性有很大关系。所谓央行的独立性是指央行被法律赋予或实际拥有的权力大小、履行职责时决策与行动的自主程度。央行的独立性主要反映在央行与政府的关系上。如果政府对央行的干扰小，甚至根本不能左右央行的决策和操作，就说明央行的独立性强；如果政府对央行的干扰大，甚至可以代替央行进行决策，央行只是政府的一个执行机构，央行的独立性当然就弱。

独立性越强的央行，其货币政策目标越单一且明确，就是保持货币币值的稳定；独立性越弱的央行，其货币政策目标越多元且复杂，除了保持货币币值稳定外，还有促进就业和经济增长等。通常在发达的市场经济国家，央行的独立性都比较强；在发展中国家，在市场经济不够发育、法治不够健全的国家，央行的独立性一般比较弱。

独立性强的央行，面对纷繁多变的经济形势，能够做出独立的、专业的判断和决策，政策手段多采用公开市场操作、再贴现等更偏于市场化的手段，较少采用调整准备金率等偏于行政化的手段，政策通常连续且可预期。这样的央行所在的经济体，通胀率一般较低，货币币值长期保持基本稳定，少有大的波动。独立性弱的央行，受政府影响较大，成为政府实现执政目标的工具。政府出于政治上的考虑，为了实现短期执政目标，通常倾向于采取宽松的货币政策，甚至在财政遇到困难、出现危机的时候，把央行当成"提款机"，实行政府债务货币化。这样的央行所在的经济体，通胀率一般较高，甚至经常出现恶性通胀，使得民众苦不堪言。

经济学家们公认的世界上独立性最高的央行是美国的央行——美联储。美联储是根据美国国会1913年通过的《联邦储备法案》设立的。依据这个法案，美联储不需要听命于任何政府机构，其决议无须获得总统或者立法机关的任何高层的批准，它不接受美国国会的拨款，其领导人员的任命和任期以及其决策程序都经过了缜密的设计，因此，能一直保持较强的独立性，不为个别集团、个人甚至总统控制，能够相对公正地代表各方面的利益。正是因为美联储始终保持着较强的独立性，才在其成立后的100多年来总体上使通胀率维持在可接受的范围内，保持了美元币值的相对稳定，有力地助推了美国经济稳定而持续地增长，使得美元成为自黄金退出历史舞台后至今最具价值的信用货币。

央行可以产生巨额利润

中央银行的独立性除了来自国家立法的授权之外，还有着其独有的财务基础。央行虽然不是企业，不以营利为目的，但它却有利润，而且可以产生巨额利润，因此，央行通常不需要国家财政拨款，这有利于央行避免对政府的依赖，减少政府的制约。但是，央行的利润却不可以自己留存，必须上缴国家，因为央行独有的特殊的角色和地位是国家法律赋予的，而且它在实施法律赋予的政策手段时可以产生利润。央行上缴利润也是法律规定的。

《中华人民共和国中国人民银行法》第三十九条规定，"中国人民银行每一会计年度的收入减除该年度支出，并按照国务院财政部门核定的比例提取总准备金后的净利润，全部上缴中央财政。"中央银行利润上缴财政，也是世界主要经济体的通行做法，美国的《联邦储备法案》、英国的《英格兰银行法》和日本的《日本银行法》都有类似的规定。那么，中央银行的利润来自哪里呢？

各国央行的利润来源并不完全相同，但大体上央行的成本支出除了自身的运营成本外，主要是对商业银行的存款准备金支付的利息，而央行的收入主要来自公开市场操作和外汇储备的投资收益以及向商业银行再贷款、再贴现获得的利息收入和向商业银行提供服务收取的报酬等。不同的收入来源对各央行的贡献不同。例如，中国人民银行外汇储备的投资收益对它的收入贡献最大。最近几年来，人民银行的外汇储备一直维持在3.2万亿美元左右（约合人民币20万亿元），这些外汇主要用于购买美国长期国债、美国短期国债和其他美国证券等，收益一直比较稳定。有专家估计 2020 年和 2021 年人民银行外汇储备的经营收益分别为 1070 亿美元和 1100 亿美元左右，大致对应人民币 6832 亿元和 7015 亿元。[①] 而美联储通过公开市场操作获得的证券利息收入是其收入的第一大来源。

2020 年美联储给美国财政部上缴了 885 亿美元的利润，按当年人民币对美元的汇率中间价平均值 6.8974 计算，合人民币 6104.199 亿元。2022 年 3 月 8 日，中国人民银行发布公告称，人民银行将依法向中央财政上缴结存利润，总额超过 1 万亿元。2023 年 1 月 4 日，中国人民银行召开工作会议，宣布提前完成向中央财政上缴结存利润 1.13 万亿元。而中国第一大商业银行也是世界第一大商业银行——中国工商银行，2021 年的净利润是 3502.16 亿元，2022 年的净利润是 3610.38 亿元。[②] 可见，人民银行的盈利能力远超工商银行。如果将央行与商业银行一同排名，最赚钱的银行应该是各国的央行，而不是商业银行。

9.4 关于美联储
——独特的、独立的中央银行

喜欢关心时政新闻的人常常听到和看到一个名字——美联储，从事经济研究、教学和管理的人更是几乎无人不知美联储，

[①] 复旦发展研究院金融研究中心. 金融学术前沿：浅析央行向中央财政上缴结存利润的作用机理和潜在影响 [R]. 2022.

[②] 中国工商银行官网.

美联储的一举一动、美联储的报告、美联储主席的讲话和文章都成为人们关注、研究和揣摩的对象。可是，谁是美联储？美联储是什么？美联储的组织架构、工作内容和工作机制是怎样的？美联储是怎样产生的？这些问题却是很多人并不清楚的。关于美联储，市面上有很多大量研究和介绍它的书籍与文献，其中不乏惊心动魄、引人入胜的关于阴谋论的描述和贬损，而且多见于美国人自己的作品。

美国畅销书作家 G. 爱德华·格里芬在他的专著《美联储传：一部现代金融史》里把美联储描绘成"一条喷着鼻息的恶龙"和"我们这片土地上产生的最危险的'怪物'之一"。① 格里芬的论述从 1910 年 11 月在美国佐治亚州杰基尔岛上的一场秘密会议开始。格里芬认为，美联储就是在这次会议上被构想出来并从此一点一点酝酿成立的，而参加这次会议的六个人拥有当时世界约 1/4 的财富，代表了两大金融财团——摩根集团和洛克菲勒集团以及它们背后更大财团的利益。他想借此说明成立美联储的目的就是为这些大财团攫取更大的好处。然而，他同时也承认，多数人认为杰基尔岛会晤不曾发生过，即便发生过也并不重要，"杰基尔岛会晤是千条阴谋理论的源泉"②。

阴谋论总是引人入胜的，因为它降低了人们思考的难度，满足了人们喜欢猎奇的心理。关于美联储的阴谋论之所以绵延不

---

① [美] G. 爱德华·格里芬. 美联储传：一部现代金融史 [M]. 罗伟，蔡浩宇，董威琪，译. 北京：中信出版集团，2017：前言.
② [美] G. 爱德华·格里芬. 美联储传：一部现代金融史 [M]. 罗伟，蔡浩宇，董威琪，译. 北京：中信出版集团，2017：9.

断,有时还甚嚣尘上,客观上还因为美联储对美国经济乃至世界经济影响巨大,不可替代;同时美联储的组织体制和运行机制是独一无二的,既无先例可循,也无同类机构可比,人们对它缺乏了解,即便了解了,也不那么容易理解。

美联储是承担公共职能的非营利性私人银行体系

美联储的全称是美国联邦储备系统(Federal Reserve System),它就是美国的中央银行。但是,它不像其他国家的中央银行,不是一个单纯的银行,而是一个银行体系。这个体系自上而下包括联邦储备委员会(Federal Reserve Board,也有人译为联邦储备局、联邦储备理事会)、公开市场委员会(The Federal Open Market Committee,FOMC)和12个联邦储备银行(Federal Reserve Bank)。美联储依据美国国会1913年通过的《联邦储备法案》设立。按照《联邦储备法案》,联邦储备委员会和公开市场委员会属于公共性质的机构,而联邦储备银行则是私人部门的非营利性机构。它们都要按照《联邦储备法案》规定的原则行事。

联邦储备委员会和公开市场委员会位于美国首都华盛顿哥伦比亚特区。联邦储备委员会由7名委员组成,其中包括一名主席和一名副主席。7名委员全部由美国总统提名,美国国会批准。每名委员的任期是14年,任期届满后不能连任。而且,7名委员之间都是间隔两年任期届满,这样每4年最多有两名委员到期,需要补充新委员。而美国总统的一届任期是4年,因此,每任总统在4年任期内通常最多只能提名两名新委员。联邦储备委员会主席和副主席从委员中产生,任期4年,可以连任。主席和副主席也是由总统提名,但要经国会批准。包括主席、副主席在内的7名委员在任期内不能由总统单独罢免,必须有国会2/3以上的成员同意方可罢免,通常情况下,这种情形很难出现。

美联储的主要职责是四个方面:制定和执行货币政策,监管银行等金融机构,维护金融市场的稳定,为金融机构、美国财政部和国外机构提供清算等金融服务。[①] 其中,制定和执行货币政策是其最主要的职责,而货币政策的主要实现工具是公开市场操作。美联储制定和实施公开市场操作方案的机构是公开市场委员会。公开市场委员会的构成也是很独特的。

公开市场委员会由12名委员构成,包括联邦储备委员会的7名成员和5个联邦储备银行的主席。其中,联储储备委员会主席兼任公开市场委员会主席;5个联储银行主席中,纽约联储银行主席同7名联储委员享有同等待遇,是固定的公开市场委员会委员,而其他4名联储银行主席委员由剩下的11家联储银行主席轮流担任,任期一年。由于纽约联邦储备银行实力最强,影响力最大,是美联储货币政策的主要操作者,所以纽约联储银行主席享受了高于其他储备银行主席的待遇。

美联储的主要职责和手段是通过公开市场操作调节联邦基金利率

公开市场委员会的决策机制是召开公开市场会议(也被称为

---

① 王健. 还原真实的美联储[M]. 杭州:浙江大学出版社,2013:30.

议息会议)。公开市场会议每年召开 8 次,大约每间隔一个半月一次,12 名委员和余下的 7 家联储银行主席均参加会议,并且都可以发言阐述自己关于货币政策的观点,但是只有 12 名委员有投票权。他们一人一票,而且是记名投票,权重相等。他们在这次会议上投票决定的内容主要是美国联邦基金利率的升降①,即所谓的加息还是减息。

联邦基金利率(federal fund rate)是银行间隔夜准备金贷款利率。② 各家商业银行的准备金通常余缺情况不同,准备金不足的银行会向准备金充足的银行进行短期贷款来筹集资金,这时的贷款利率就是联邦基金利率。如果美联储认为当前经济过热、通胀率偏高或者有继续上行的趋势,决定通过加息来抑制通胀,就会在公开市场上卖出债券,收回货币。这时银行的超额准备金就会减少,联邦基金利率就会上升。联邦基金利率是一种短期利率,可以影响其他短期利率如短期国债利率、商业票据利率等同向变动,进而影响长期利率如房贷利率、车贷利率等同向变动。当利率升高的时候,投资和消费的成本增加,投资和消费行为会趋于萎缩,通胀率就趋于下降。如果美联储认为经济衰退、通胀率偏低和失业率偏高,决定通过减息来刺激投资和需求,就会进行相反的操作。

所以,公开市场会议是美联储最受关注的会议,媒体报道的美联储会议通常就是美联储公开市场会议。每次会议结束后都对

---

① 王健. 还原真实的美联储 [M]. 杭州:浙江大学出版社,2013:30-31.
② 弗雷德里克·S. 米什金. 货币金融学 [M]. 郑艳文,荆国勇,译. 北京:中国人民大学出版社,2016:285.

外发布会议公报,向公众披露联邦基金利率是提高、降低还是保持不变,以及对未来经济形势的评估。

公开市场政策确定后,公开市场委员会并不负责具体操作,而是由纽约联储银行负责操作。纽约地区是美国和世界各大银行以及其他金融机构最集中的地区,纽约证券交易所自然也在其中,因此,纽约联储银行承担着不可替代的职责。纽约联储银行设有公开市场交易室,负责按照公开市场委员会的指令买卖债券,以实现公开市场会议确定的利率目标。交易室负责人每天向公开市场委员会报告交易情况。①

联邦储备银行保证了美联储的代表性

除了纽约联储银行外,美联储还有11个分布在纽约地区之外的联邦储备银行。根据《联邦储备法案》,按照经济活跃程度,美国全域被分为12个联邦储备区,每个区设立一个联邦储备银行。很明显,联储银行多分布在美国的东部和东北部,如波士顿、纽约、费城等。联储银行的使命是与联邦储备委员会和公开市场委员会一起承担中央银行的公共职能,包括本储备区的支票清算、货币发行,对商业银行的贷款和监管,收集研究储备区经济数据,向公开市场委员会提出货币政策建议等。

我们前面说过,联邦储备银行是私人部门的非营利性机构,为什么这么说呢?因为12家联储银行都是股份制银行,它们各

---

① 弗雷德里克·S. 米什金. 货币金融学[M]. 郑艳文,荆国勇,译. 北京:中国人民大学出版社,2016:249-252.

自所在地区的会员银行都是它们的股东,每个会员银行按照各自的资产比例认购本地区联储银行的股权。这些会员银行自然都是私人拥有的商业银行。而"联邦政府在联邦储备系统中并不拥有任何股份"①。因此,从资本属性上看,可以说联储银行是私人拥有的银行。但是,所有这些并非银行自觉自愿的行为,而是《联储储备法案》强制性的规定。

美国的商业银行主要分为两类:全国性银行和州内银行。在财政部的货币管理办公室注册成立的银行是全国性银行,在州政府注册成立的银行为州内银行。《联邦储备法案》规定,全国性银行必须成为美联储的会员银行,州内银行可自愿选择是否成为会员银行;同时,各储备区的会员银行必须成为该区联储银行的股东,但是,股东权益与通常的股东权益不同:会员银行的股票不能对外转让或出售,不参加联储银行每年利润的分红,只是每年获得固定利率6%的股息。我们前面说过,央行不以营利为目的,但是,因其独有的职能定位和业务性质,央行可以产生利润,而且可能是高额利润。美联储也会产生不菲的利润,能够保证每年给联储银行的股东分配股息。

同中国人民银行一样,通常情况下,美联储每年也要将扣除正常开支后的剩余利润上缴联邦政府。2020年,美联储在支付正常的运营开支和股息后向美国财政部上缴了885亿美元的利润。据达拉斯联储银行高级经济学家兼政策顾问、《还原真实的美联储》一书

---

① G. 爱德华·格里芬. 美联储传:一部现代金融史 [M]. 罗伟,蔡浩宇,董威琪,译. 北京:中信出版集团,2017:581.

的作者王健博士介绍,每年美联储向会员银行分配的利息大约有十几亿美元①,这远小于美联储每年上缴国库的利润。美联储目前拥有大约 2000 家会员银行②,占全美 6000 多家大小银行的 1/3。把十几亿美元平均到这些银行身上,每家只有不足 100 万美元股息,美联储的股息显然不足以成为会员银行牟利赚钱的依靠。

成员银行作为联储银行的股东有什么权利呢?它们不干预美联储公开市场政策的制定和联储银行对公开市场政策的实施,但是,负责选举 6 名本储备区联储银行的董事,通过董事反映它们的意愿,维护它们的利益。另外,当金融危机来临时,美联储作为最后贷款人会向会员银行提供紧急贷款救助。美联储 12 个储备银行的会员银行名单是公开透明的,在各储备银行的网站上都可以查到。

每个联储银行都设有董事会,董事会都由 9 名董事组成。9 名董事分为 A、B、C 三类,每一类 3 名。3 名 A 类董事是职业银行家,由会员银行选举产生;3 名 B 类董事为来自工业、劳工界、农业或者消费部门的知名人士,同样由会员银行选举产生;3 名 C 类董事由联邦储备委员会任命,代表公众利益,是银行的官员、雇员或者股东之外的人士。董事会组成后,选举董事会主席,董事会主席即联储银行行长,需报请联邦储备委员会批准。2010 年 7 月通过的《多德—弗兰克法案》规定 3 名 A 类董事不参与行长的选拔。美国国会认为由被监管的银行家来担任负有监管职责的

---

① 王健. 还原真实的美联储 [M]. 杭州:浙江大学出版社,2013:23.
② 弗雷德里克·S. 米什金. 货币金融学 [M]. 郑艳文,荆国勇,译. 北京:中国人民大学出版社,2016:247.

联储银行行长是不恰当的。①

联储银行董事会的组成和产生方式兼顾了联邦储备委员会的意志及会员银行的意愿,兼顾了金融领域、其他行业和公共部门的代表性,尽可能避免董事会和联储银行被个别行业及少数团体控制,特别是避免被少数大银行和金融财团控制。以达拉斯联储银行为例,截至2012年12月,董事会成员既有第一国家银行和布莱迪国家银行的首席执行官(CEO),也有达拉斯医药资源公司主席和休斯敦大学校长,而董事会主席则是西南航空公司荣誉执行主席。②

联储银行董事会负责监督联储银行的预算执行情况,监管储备区银行的业务活动,收集研究储备区经济运行情况的信息,向公开市场委员会提出货币政策建议等。董事会主席通过参加公开市场会议直接参与公开市场政策的制定。

联储银行董事会还负责推选一名本储备区的商业银行家供职于联邦咨询委员会。联邦咨询委员会由12名委员组成,负责向联邦储备委员会提供相关信息,为货币政策的制定提供帮助。美联储不仅注重倾听联邦咨询委员会提出的意见和建议,而且特别重视发挥研究团队的作用。美联储上下共雇用了1000人左右的研究团队,其中大约一半是经济学家。500位经济学家中,有一半供职于联邦储备委员会,100位供职于纽约联储银行,其余经济学家则分布于其他各联储银行中。③

---

① 弗雷德里克·S. 米什金. 货币金融学 [M]. 郑艳文,荆国勇,译. 北京:中国人民大学出版社,2016:248.
② 王健. 还原真实的美联储 [M]. 杭州:浙江大学出版社,2013:17.
③ 弗雷德里克·S. 米什金. 货币金融学 [M]. 郑艳文,荆国勇,译. 北京:中国人民大学出版社,2016:251.

这些经济学家的职责是，跟踪政府机构和私人部门发布的经济数据，评估储备区和美国经济发展态势，预测储备区和美国全国经济走向，研究世界其他主要经济体与美国经济的相互影响，给政策制定者提供政策选择的依据和政策效果的预估等。

美联储的设计兼顾了分权制衡和独立公正

美联储可谓是世界各国中央银行中最复杂、最特殊的中央银行，它的组织架构和运行机制是习惯于科层制和直线式管理的人们所难以理解的。像美国的政体一样，美联储的整体设计也遵循着分权制衡的原则，努力实现权力在政府和金融界、工商界以及公众之间，在全国不同地区之间的分散，既要保证不被总统和政党控制，成为政客们获取政治资本和短期利益的工具，也要避免被少数银行家和金融财团左右，沦为他们控制经济走向、攫取经济利益的玩偶。美联储设计的终极目的是最大限度地保证它的独立性，为美国各方所接受。美联储的设计者们的初衷至少是让它看起来像是独立、公正、权威的，成为能够全心全意为美国和美国公众利益考虑的货币机构。

美联储成立110年来，从来不曾有过不被批评、指责甚至诅咒的时候，当然也从来不乏理解、肯定和赞扬的声音。美联储不可能事事都是正确的，但它对美国的作用是独特的、显著的。一百多年来，美国是总体上宏观经济表现最好的国家之一，它的通货膨胀大体上是温和的和相对稳定的。虽然没有明确规定，但美联储认为可以接受的年通胀率（核心通胀率）在2%左右。通胀率在2%上下浮动一个百分点是目前多数发达国家央行普遍采用的标准。也就是说，可以接受的通胀率范围是1%~3%。①而美联储成立一百多年来，美国的年平均通胀率在3%左右。尤其是在过去30年左右的时间里，美国的年平均通胀率稳定地维持在2%左右。②更难能可贵的是，在保持较低通胀的同时，还兼顾了较低的失业率和较高的产出规模。这不能不说有美联储独特的功劳，但也正是美国独有的环境产生了和成就了美联储，正所谓美联储助力了美国，美国造就了美联储，而这是别的国家学不来的。

独特的美国造就了独特的美联储

美联储是在什么样的环境下产生的呢？它的产生经历了怎样的曲折过程呢？我们只有了解了美联储产生的历史背景，才能更深刻地理解它的组织架构和功能定位。

美联储于1913年正式成立。它是西方国家里成立较晚的中央银行，远远晚于英国中央银行英格兰银行（1694年），而且晚于较晚成立的日本中央银行日本银行（1882年）。按理说，美国完全可以效仿这些国家，但是，美联储却迥异于以上这些中央银行。为什么美国的中央银行这么"难产"，而且最终看起来像是个"怪物"呢？

美国是一个先有州后有国的家，它是一个在各州共同参与制定的宪法约束下的联合体，是一个联邦制国家。美国的全称是

---

① 王健. 还原真实的美联储 [M]. 杭州：浙江大学出版社，2013：36.
② 王健. 还原真实的美联储 [M]. 杭州：浙江大学出版社，2013：25.

美利坚合众国（The United States of America），意思是很多个州（state）联合起来组成的一个国家。在美国，联邦和州之间不是中央和地方那样的上下级关系，它们之间仅仅是分权合作关系，各自依照宪法行使不同的权力而已。

美国的产生是最早位于美国东海岸的13个州（英国的13个殖民地）为了反抗英国的压迫和镇压不得不联合起来的结果。为了摆脱专制，逃避迫害，寻找自由和财富，乘坐"五月花号"木制帆船的移民来到了北美大陆，13个州的代表聚集在一起制定联邦宪法，实行"三权分立"的政体。

自1776年美国成立后的一百多年里，在货币问题上，美国人一直反对货币政策集中到联邦政府手里，对成立中央银行表现得十分敏感和谨慎。另外，崇尚平等竞争的美国人十分警惕和抵触垄断，特别是来自政府授权的垄断。在金融领域，他们特别戒备和反感被美国工商业最发达的东北部的银行家们所控制。

美国政府曾多次尝试成立全国范围的中央银行，并且曾两度成功设立了中央银行——第一合众国银行和第二合众国银行，但都以短命经营而告终。前后两家中央银行都是在激烈的争论中勉强被国会授予20年的特许经营权，特许经营到期后，国会都没有批准它们继续存在。实际上这两家银行都不是现代意义的中央银行，而是国会授权的垄断性商业银行，它们可以在全国范围内发行票据，独家保存联邦财政存款和处理联邦财政收支，并且可以像其他私人银行一样开展存贷款业务；它们都位于美国东北部城市费城；它们都是股份制银行，而且大部分股权不属于美国人，而是属于欧洲的银行家。凡此种种，自然遭到上自联邦政府官员和国会议员、下到普通民众的反对，它们的短命就是很自然的事了。

在第二合众国银行于1836年关闭后的70多年时间里，联邦政府没有再尝试建立新的中央银行。这段时期，伴随着美国南部和西部的开发热潮，金融业也进入快速发展期，银行数量大量增加。但同时随着银行冒险和投机行为的增多，金融危机也不时发生，特别是1907年以纽约第三大信托投资公司可尼克波克公司（Knickerbocker Trust Company）的破产为导火索，引发了一场席卷全美的金融海啸。[①] 虽然危机最终因大银行家摩根动用其公司摩根大通的资金出手救市而得以控制，但是，这次事件引起了全美自上而下的思考，成立一个机构对金融市场进行监管并赋予其稳定金融市场职能的想法渐渐成为共识。但是，成立一个怎样的机构才能被公众所接受呢？

经过近6年的考察、研究、讨论，关于成立新的中央银行设想的《联邦储备法案》于1913年在美国国会得以通过，由此产生了联邦储备系统，即美联储。美联储的设计者们充分考虑了美国公众的种种禁忌和顾虑，克服了此前中央银行的不足，精心设计了一个能被各方接受的全新的组织模式。

美联储是一个系统（system），而不是一个单纯的中央银行，这个系统通过上下结合构成；它的联储委员会委员和主席由总统提名，国会批准，但是总统不能随意罢免，而且委员任期跨总统任期，因此他们可以不必忌惮总统的威权，独立行使责任。这就

---

① 王健. 还原真实的美联储［M］. 杭州：浙江大学出版社，2013：7-8.

避免了美联储被联邦政府控制。美联储设立了覆盖全美各地区的 12 家联储银行，会员银行选举产生联储银行董事会，联储银行主席和联储委员会委员共同参与制定货币政策，这就避免了货币政策决策权过于集中在美国东北部大银行密集的几个地区。

总之，美联储的设计兼顾了在相关各方之间的分权和制衡，同时也就最大限度地保证了自己的独立性。正是因为美联储的独立性，人们才关注美联储的一举一动，关注美联储主席的一言一行。

这就是美联储。不管我们喜不喜欢，它就在那里。我们必须了解它、关注它，因为它不仅影响着美国经济，影响着美国人的生活，也影响着全球经济，影响着我们每一个人的生活。

第10章

货币政策和通货膨胀

10.1 钱是怎么"造"出来的？
——货币创造和货币乘数

2022年4月15日，中央电视台新闻联播播出一则消息：央行宣布，决定于2022年4月25日下调金融机构存款准备金率0.25个百分点。本次下调后……共计释放长期资金约5300亿元。

这段话是什么意思？什么叫"下调金融机构存款准备金率"？什么是"释放长期资金"？要明白这些问题，就要先弄懂现代金融体系创造货币的过程，或者说"造钱"的过程。

货币创造过程

货币创造过程并不是央行印刷花花绿绿的纸币并将其投放市场的过程，而是央行、商业银行等金融机构和客户三方共同合作完成的一件事情。在这个过程中，并没有新印刷的纸币产生，而只是一系列的信用扩张的事件。这些事件在一个正常的稳定的金融环境里每一天、每时每刻都可能发生，它们发生的前提是：存款准备金率小于100%；贷款人都不取走现金，而是使用支票。下面，我们从一笔存款开始说起。

某一天，打工人老张将几个月攒下来的10000元钱存进了A银行，A银行增加了10000元存款。假定法定存款准备金率为10%，A银行留下1000元（10000×10%）作为法定存款准备金，对于余下的9000元，银行不会让它"趴"在保险库里，而是贷给合适的借款人。正好准备给自己的小公司装修房子还差9000元钱的小王来借钱，银行将9000元贷给了他。这时候，经济中可供使用的货币从10000元变成了19000元，增加了9000元。小王的公司恰是在A银行开户，小王签发了一张9000元转账支票，交给开办装潢材料商店的小李。小李将支票存入自己的开户行B银行。

支票也是货币，B银行当然接受。于是，B银行扣下了900元（9000×10%）作为法定准备金，同样也在寻找余下的8100元的适合的放贷对象。B银行将8100元贷给了小刘，小刘这8100元借款又变成了C银行的存款。这时，经济中可供使用的货币变成了27100元（10000+9000+8100），增加了17100元。如此，C银行继续提取准备金，继续放贷……理论上，这个过程会一直持续下去，直到余下的货币全部贷出为止。这样，经济中的货币总量将变成多少呢？简单地加总，就是：

$$10000 + 10000 \times (1-10\%) + 10000 \times (1-10\%)^2 + 10000 \times (1-10\%)^3 + \cdots$$

$$= 10000 \times [1 + 90\% + (90\%)^2 + (90\%)^3 + \cdots]$$

$$= 10000 \times 1 \div (1 - 90\%)$$

$$= 100000 \text{（元）}$$

就这样，一个人的10000元存款经过银行的借贷机制最终变成了可供很多人使用的100000元货币，经济中的货币总量增加了90000元。货币就这样被创造出来了。

理想情况下，货币创造过程是一个倍增的过程，这个倍数就叫货币乘数。如果法定存款准备金率为 r，那么，货币乘数就是 1/r，最初的一笔存款经过上述一系列操作后，最终可以变成 1/r 倍的货币量。如上例，r = 10%，货币乘数就是 1/10%，即 10，10000 元就变成了 100000 元；如果 r = 20%，货币乘数就是 5，10000 元将变成 50000 元；如果 r = 5%，货币乘数就是 20，10000 元则变成 200000 元。可见，存款准备金率越低，货币乘数越大，能创造的货币越多；反之，存款准备金率越高，货币乘数越小，能创造的货币越少。这个很容易理解。准备金率越低，银行可用于贷款的资金量越大，能创造的货币自然就多；反之，准备金率越高，银行可用于贷款的资金量越小，能创造的货币就少。

货币创造的前提条件

如果存款准备金率为 100%，即没有一分钱可以用于贷款，那么，就没有货币创造。这就是中国宋代交子铺和欧洲早期金匠铺的情况。这种情况下是不会产生信用货币的，也无所谓货币政策。"具有 100% 准备金的银行体系对货币和宏观经济的影响是中性的，因为它对货币供给没有影响。"[1] 这时，人为干预无法影响货币供应量，经济中的货币量等同于金银等商品量。这也说明货币创造的前提条件之一是准备金率小于 100%，即只有在部分准备金制度下才能创造货币。

货币创造的另一个前提条件是银行和借款人之间实行非现金

---

[1] [美] 保罗·萨缪尔森，威廉·诺德豪斯. 经济学（第 18 版）[M]. 萧琛，主译. 北京：人民邮电出版社，2008：447.

结算制度。银行向借款人发放贷款，借款人并不取走现金，银行和借款人之间以及借款人及其交易伙伴之间都是通过银行系统内的非现金货币结算，货币的流动并没有离开银行系统。

具备了这两个条件，银行系统就可以创造货币了。如前所述，货币创造是中央银行、商业银行等金融机构和客户共同合作完成的，三者缺一不可。

当然，实际的货币创造不会是上述例子那样理想化的过程，它会因这样或那样的影响因素而偏离或中断。例如，银行一般不会把法定准备金之外的所有存款都贷出去，而是保留一部分超额准备金，以备储户取现或用于其他经营需要。另外，在银行贷款的一波波操作过程中，也不会是所有借款人都不要现金，只要是有人取走现金，现金离开银行系统，银行的信贷过程中断，货币创造过程即告终止。

所以，实际的货币创造结果是在货币乘数的基础上打一个折扣，有些时候这一个折扣可能还很大。但是，这终归是一个货币倍增的过程。这个过程给中央银行提供了一个货币政策工具，就是调整存款准备金率。央行通过调整存款准备金率，影响银行的信贷扩张能力，从而间接调控货币供应量。

货币创造给央行提供了货币政策工具

当央行认为经济中货币总量过大，经济出现过热的迹象，就可以提高存款准备金率，降低银行的信用扩张能力，减少货币供给；相反，当央行认为经济不振、下行压力加大的时候，就可以降低存款准备金率，提高银行放款及创造信用的能力，增加货币供给。这就是本章开头引述那段话的含义。

下面我们来进一步分析这段话的意思。假定当前的存款准备金率为10%，初始存款仍是10000元。按照上述货币创造过程，最终将使经济中的货币总量变成100000元。当下调存款准备金率0.25个百分点的时候，准备金率变成了9.75%，10000元的初始存款需要缴存975元准备金，比下调准备金率前少缴了25元（1000 - 975）；余下的9025元用于贷款，贷款同样变存款，再上缴准备金879.9375元，比之前少缴了20.0625元（900 - 879.9375），接着继续贷款存款的进程……最终将货币总量变成102564.1元，比下调准备金率前多创造了2564.1元。

央行所说的"下调金融机构存款准备金率"，就是我们常听到的"降准"的意思。这里说的"释放长期资金约5300亿元"，意味着央行估计，降准0.25个百分点后将使金融机构少上缴存款准备金5300亿元，这等于给金融机构增加了5300亿元的基础货币，它们可以用这些货币开启新一轮货币创造过程。本次下调后，金融机构加权平均存款准备金率为8.1%。[1] 按照这个准备金率，理论上5300亿元基础货币可以创造65432亿元存款货币。

货币创造看上去很玄妙，银行"无中生有"地造出了"钱"。在人们通常的概念里，"钱"就代表了财富，但是，这里银行并没有给社会增加财富，只是给很多借钱的人以增加财富的能力，但同时也让后者承担了债务；对整个经济来说，增加了流动性，

---

[1] 中国人民银行决定于2022年4月25日下调金融机构存款准备金率［DB/OL］.（2022 - 04 - 15）［2023 - 03 - 19］. http：//www.pbc.gov.cn/goutongjiaoliu/113456/113469/4531933/index.html.

让经济变得活跃起来。

10.2 M_2 是怎么回事？
——货币分类和货币政策

2022年1月12日，中国人民银行官网发布的2021年金融统计数据报告显示：12月末，广义货币（M_2）余额238.29万亿元，同比增长9%……狭义货币（M_1）余额64.74万亿元，同比增长3.5%……流通中货币（M_0）余额9.08万亿元，同比增长7.7%。全年净投放现金6510亿元。[①]

央行每个月都会发布上个月的金融统计数据，其中 M_2 是央行最为重视的一个数据，也是社会最为关注的一个指标。我们常在电视里、网上听到或看到关于 M_2 的信息。那么，什么是 M_2？M_2 为什么那么重要？什么又是 M_1、M_0？我们要理解经济、理解经济中的货币量，就必须搞懂这些概念。

货币的分类

我们在前面说过，人类早期曾使用金银等实物商品作为货币，那时的货币量就等于人们实际拥有的金银等实物的总量，货币量的大小取决于人们找到和开采金银等实物的能力，那时没有什么货币政策可言。当出现了纸币和各种票据等信用货币，特别

---

① 2021年金融统计数据报告 [R]. 北京：中国人民银行，2022-1-12.

是中央银行出现并掌握了货币的发行和调节权后,经济中货币的种类变得越来越多样,货币量的变化对经济的影响越来越大,央行在调控货币供给量、稳定货币价值方面的作用越来越大。

当前货币的余额(存量)是央行调控货币供给量的出发点,经过一段时期后货币余额(存量)达到一个新的水平是央行调控货币供给量的目标。所以,央行时刻关注经济中各类货币量的余额及变化,特别是尤为关注广义货币供给量 M_2 的余额及变化。

货币,作为交换媒介和支付手段,已经远不是硬币和纸币这样初始的简单形态,而是随着信用手段的推行,嬗变出越来越多的形态,因此,货币根据流动性大小可以分成多种类型。所谓流动性是指货币转换成现金的难易程度,或者说用于支付和清偿的难易程度。现金自然是流动性最强的货币,因为它可以直接用于支付和清偿;活期存款的流动性也比较强,因为它可以随用随取;定期存款的流动性就要差一些,也需要先将它们转换成现金,但是取出它们有期限和其他条件的限制,要付出一些代价。

经济学家按照流动性由易到难、规模由小到大将货币分为三个层次类型,其中,高层次的包含低层次的。通常用货币的英文单词"money"的首字母 m 的大写 M 表示货币,用阿拉伯数字作下角标表示不同层次的货币,数字越大,流动性越差,同时货币的规模越大。在我国,货币一般分为 M_0、M_1 和 M_2 三个层次类型。

$$M_0 = 流通中的现金(即在银行体系之外的硬币和纸币)$$

狭义货币 $M_1 = M_0 +$ 活期存款

广义货币 $M_2 = M_1 +$ 居民储蓄存款 + 企事业单位定期存款
 + 其他存款

M_2 中除了 M_1 之外的部分也被称为准货币。

由于各国的金融环境和金融发展路径不同，各国的交易媒介和可转化为交易媒介的资产类型也不同，因此各国的货币类型也不完全相同。例如，美国的货币分类就不同于上述分类。美国没有将现金作为一个单独的类别，因为美国人很少持有现金，单独统计现金没有意义。他们的分类是这样的：

M_1 = 通货(现金) + 旅行者支票 + 活期存款 + 其他支票存款

M_2 = M_1 + 小额定期存款 + 储蓄存款与货币市场存款账户 + 货币市场共同基金份额（零售）[①]

现代经济生活中金融创新活跃，可以纳入货币范畴的新型资产不断涌现，这就给政府和央行计量货币带来了难题。它们必须不断跟踪研究金融发展形势，适时调整货币统计计量口径。

M_2 的重要性

现在我们要问：货币供给量特别是 M_2 是如何影响经济和我们的生活的？央行又是如何调节货币供给量的呢？

广义货币 M_2 通常包括了一切可能成为现实购买力的货币形式，总体上反映了社会总需求的变化和未来通货膨胀的可能趋势。因此，M_2 是政府和央行最为关注的货币供给量，也是央行主要调控的对象和目标。这就是为什么我们在各类媒体上常看到和听到 M_2 的缘故。

---

① 弗雷德里克·S. 米什金. 货币金融学［M］. 郑艳文，荆国勇，译. 北京：中国人民大学出版社，2016：50.

一般地，当 M_2 比较大的时候，货币供给充裕，这并不是说可以免费获得的资金很多，而是说上面所说的准货币供应充足，贷款利率比较低，即资金使用成本低，这时，通常情况下投资活动会比较活跃，总需求旺盛，经济增长势头趋好，就业趋于充分，但同时物价也趋于上涨；相反，当 M_2 比较小的时候，货币供给偏紧，贷款利率偏高，获得资金的成本上升，投资活动会变得消极，总需求趋于萎缩，经济增速放缓，失业率上升，但同时物价也趋于下降。因此，通过调整货币供给量特别是 M_2 的数量可以影响经济的各种表现尤其是物价的变动。

央行的货币政策工具

中央银行为实现其特定的经济目标而采用的各种控制和调节货币供给量的政策措施就是一国的货币政策。货币政策常用的工具包括准备金率、再贴现和公开市场操作。

准备金率就是法定存款准备金率。我们前面介绍过，央行可以通过调整存款准备金率，使商业银行等金融机构缴存的准备金减少或增加，从而使其可用于放贷的资金增多或减少，进而使经济中的货币供给量增加或减少。

再贴现是指央行通过买进商业银行持有的已贴现但尚未到期的商业汇票，向商业银行提供融资支持的一种行为。要弄清再贴现，先要弄清什么是贴现，所谓贴现是指商业票据的持票人在汇票到期日前，为了取得资金，贴付一定利息将票据转让给银行的行为，是持票人向银行融通资金的一种方式。

例如，A 公司要从 B 公司购进价值 10 万元的货物，可是 A

公司现金紧张，便与 B 公司商定给付 B 公司一张 6 个月到期的 10 万元银行承兑汇票。银行承兑汇票是由付款人委托银行开具的一种延期支付票据。票据到期的时候，银行见票即付。在这个例子中，汇票到期时，B 公司持汇票到承兑银行，银行会立即给付现金。但是，距离到期还有 3 个月的时候，B 公司要从 C 公司购进价值 9 万元的货物，而 C 公司只要现金，不要汇票。于是 B 公司来到银行，申请将 10 万元承兑汇票提前换成现金。因为还没有到票面约定时间，银行要以一定的利息率扣除余下时间的利息。这个利息率就是贴现率。最终 B 公司可能拿到 9.5 万元的现金。这就是贴现，就是把未到期的票据提前换成现金，但是要付出一定代价，这里就是 0.5 万元的代价。

现在，承兑汇票到了银行手里。接下来，银行如果也出现了资金紧张，在汇票到期前，可持汇票向中央银行申请再贴现。央行也按上述贴现的过程，以一定的利息率扣除余下时间的利息，给付银行剩余的汇票到期值。这里的利息率是再贴现率。

简而言之，贴现是商业银行向企业提供资金的一种方式，再贴现是央行向商业银行提供资金的一种方式，两者都是以转让有效票据（一般是银行承兑汇票）为前提。对央行而言，再贴现是买进票据，让渡资金；对商业银行而言，再贴现是卖出票据，获得资金。

再贴现率的高低决定了商业银行通过再贴现获得的资金的多少以及通过商业银行贷款向市场供给的货币多少。再贴现率由央行制定并公布。如果央行提高再贴现率，那么央行扣除商业银行的钱就会多，商业银行用于放贷的钱就变少，市场上货币的供给量也变少；反过来，如果央行降低再贴现率，就可以使市场上货币供给量变多。所以，央行可以通过提高或降低再贴现率来影响商业银行再贴现的成本，从而影响货币供给量。另外，再贴现率的升降，也影响市场利率的升降，从而影响货币供给的规模。

公开市场操作比较容易理解。所谓公开市场是公开买卖国库券、公债等有价证券的市场。公开市场操作就是中央银行根据货币供应量的预期目标和金融市场上银根松紧情况在公开市场上买卖有价证券以控制货币供应量及利率的活动。当央行认为需要收紧银根时，便向商业银行等金融机构卖出证券，相应地收回一部分基础货币，减少金融机构可用资金的数量，从而减少货币供给；相反，当央行认为需要放松银根时，便买入证券，扩大基础货币供应，增加金融机构可用资金的数量，从而扩大货币供给。

举例来说，中国人民银行2000年通过债券回购和买入现券累计向商业银行释放基础货币1032亿元，其中债券回购721亿元，买入现券311亿元。2000年存款准备金率为6%，按照前面所述，理论上会使市场增加1.72万亿元（1032亿÷6%）的货币供给量。相反，如果央行通过发放债券和卖出现券吸收1032亿元的基础货币，理论上会使市场上的货币供给量减少1.72万亿元。

准备金率、再贴现和公开市场操作三种货币政策工具比较起来，调整存款准备金率对央行来说操作起来比较简单，但是对货币乘数的影响太大，容易对经济形成震荡性影响。与调整存款准备金率相比，再贴现的弹性要大一些、作用力度相对要缓和一些，但是再贴现政策的主动权不在央行手里，央行只能被动等待商业银行来贴现。与前两种货币政策工具相比，公开市场操作更加主动、灵活和具有时效性。对于公开市场操作，央行可以控制其规模、力度，并且可以每天进行，效果可以立即显现，但公开市场操作的前提是有价证券市场的规模足够大、种类足够齐全。

所以，越是证券市场发达的国家，越是将公开市场操作作为其主要的货币政策工具。20世纪50年代以来，美国联邦储备委员会90%的货币吞吐是通过公开市场业务进行的，德国、法国等也大量采用公开市场业务调节货币供应量。中国的金融市场还不够发达，长期实行以银行间接融资为主的金融体制，全社会金融资产的90%掌握在商业银行手中，而商业银行资产的70%以上是贷款。中国货币政策的传导渠道主要还是信贷渠道。因此，中国的货币政策工具更多地以准备金率和再贴现为主。

10.3 为什么钱越来越"毛"？
——通货膨胀、CPI 和 PPI

一对夫妻在小区里散步。

夫："这物业招聘保洁员的广告都贴多长时间了，也不揭下来？"

妻："肯定是没招到人呗，现在这钱多'毛'啊？一个月1800元的工资够干啥？能有人干才怪！"

通货膨胀是实实在在地发生的

我们知道，这对夫妻所说的钱"毛"就是钱不值钱的意思，用经济学的语言说就是货币的购买力下降、货币贬值的意思，这是老百姓在生活中的直观感受。我们用一组数据来看"钱是不是'毛'了"。有位网友在网上发了一篇名为《各个年代，100元都能干啥》的短文，文章根据《广州地方志·物价志》罗列了不同年代在广州100元能够买到的几种食材的数量。为了方便比较，这里列出几个年代100元能够买到的大米和猪肉的数量，如表10-1所示。

表10-1　20世纪70年代至21世纪10年代在广州100元能够买到的大米和猪肉的数量

时间	大米（斤）	猪肉（斤）
20世纪70年代	685	108
20世纪80年代	476	71
20世纪90年代	330	21
21世纪00年代	100	18
21世纪10年代	40	7

从表10-1中的数据可以看到，从20世纪70年代到21世纪前10年，40年来货币的购买力逐渐下降，钱越来越"毛"，而且货币贬值的速度很快。以大米为例，90年代100元钱只能买到70年代大米数量的一半，20年间货币贬值了一半；又过了20年，到了21世纪的前10年，100元钱只能买到20世纪90年代大米数量的1/10多一点，货币贬值了近90%。

我们把各个年代100元钱能买到的大米和猪肉数量折算成价格，如表10-2所示，可以看到它们的价格逐渐上涨。其中，大米价格在20世纪90年代至2000年10年间涨幅最大，上涨了233%〔(1.00-0.30)÷0.30×100%〕；猪肉价格在20世纪80年代~90年代10年间涨幅最大，上涨了238%〔(4.76-1.41)÷1.41×100%〕。经过40年，21世纪前10年大米的价格是20世纪70年代的 16.7 倍，猪肉的价格是 15.4 倍。这可不是钱"毛"了吗，而且是越来越"毛"，"毛"得很厉害！

表 10-2　　　　20 世纪 70 年代至 21 世纪 10 年代
大米和猪肉价格变化情况

时间	大米（元/斤）	猪肉（元/斤）
20 世纪 70 年代	0.15	0.93
20 世纪 80 年代	0.21	1.41
20 世纪 90 年代	0.30	4.76
21 世纪 00 年代	1.00	5.56
21 世纪 10 年代	2.50	14.28

我们想想，生活中各种物品是不是都在涨价？有人说，也不是啊，传统汽车、传统家电在降价，很多地方的房子也在降价啊。是的，在市场经济中，总有一些物品在涨价，另外一些物品在降价，还有一些物品价格不变；但是，在信用货币（可以简单理解为纸币）替代金属铸币成为流通手段后，长期看，生活中大多数物品的价格或者说物价总水平呈现出持续上涨的趋势，其中一些时候物价总水平上涨的幅度大一些，个别时候也会有物价总水平下降的情形。

经济学里将物价总水平的持续上升称为通货膨胀；相反地，将物价总水平的持续下降称为通货紧缩。衡量物价总水平变动程度或者说衡量通货膨胀（紧缩）程度的指标有三个：消费者价格指数，即 CPI（consumer price index），在我国通常称为居民消费价格指数；生产者价格指数，即 PPI（producer price index）；GDP 平减指数（GDP deflator index）。这三个指标的差别主要是统计物品的范围和类型不同，计算时依据的价格也不同。其中，更常用的是 CPI 和 PPI，我们在时政新闻里常听到和看到这两个词汇。

CPI 的含义和统计计算

所谓 CPI，是度量一组代表性消费品及服务项目价格水平变动程度的相对数。[①] 经济学家称这些代表性的消费品和服务项目为"一篮子"物品。举例来说，假定一个经济中代表性的物品只有面包和瓶装水，我们按照 1∶2 的比例来定义人们对它们的消费比例，即这"一篮子"物品包括 1 个面包和 2 瓶水。我们将 n 年作为基年，即作为对照的基础年。不管基年的支出是多少，赋予其 100 的指数，即基年的 CPI 是 100。n 年 1 个面包的价格是 2 元、1 瓶水的价格是 1 元，那么，n 年消费 1 个面包和 2 瓶水的支出是 4 元（1×2＋2×1）。n＋1 年，1 个面包的价格变为 2.2 元，1 瓶水的价格是 1.1 元，这样，n＋1 年的消费支出是 4.4 元（1×2.2＋2×1.1）。于是，n＋1 年的 CPI 是 110[（4.4/4）×100]。

可见，n＋1 年相对于 n 年物价是上涨了，但是上涨的幅度是多少呢？CPI 是物价指数，并不是通货膨胀率。CPI 用于计算通货膨胀率。

某年的通货膨胀率 = [（某年的 CPI － 上年的 CPI）/上年的 CPI] ×100%

n＋1 年的通货膨胀率就是 [（110－100）/100] ×100% = 10%，这就是 n＋1 年物价总水平相对于 n 年物价总水平的涨幅。

[①] 《领导干部统计知识问答》编写组. 领导干部统计知识问答 [M]. 北京：中国统计出版社，2021：92.

政府部门通常不对外发布通货膨胀率,而是按月统计CPI,按月、季度、半年和年度发布CPI。政府统计CPI当然不会像我们举例这么简单,而是遵循一套复杂的方法和程序。首先是抽取消费者经常消费、对生活影响较大、有代表性和固定数量的消费品及服务项目组成"一篮子"物品,然后,根据消费者对不同物品消费支出的比重赋予各类物品不同的权重。由于各国和地区消费者的生活习惯与消费偏好不同,各个国家和地区的"一篮子"物品不完全相同。

我国用于统计计算CPI的商品包括食品、烟酒及用品、衣着、家庭设备用品及维修服务、医疗保健及个人用品、交通和通信、娱乐教育文化用品及服务、居住八大类,这八大类商品对应的权重依次是33.2%、3.9%、9.1%、6%、10%、10.4%、14.2%和13.2%。[①] 根据国家统计局网站介绍,这八大类商品下面又包括262个基本分类,每个基本分类下设置一定数量的代表规格,共约有600种的消费品和服务项目的代表规格,作为经常性调查项目。

我国在31个省(自治区、直辖市)设立了调查总队,在全国抽取500个市县、约8.8万个调查网点开展价格调查,其中包括商场(店)、超市、农贸市场、服务网点和互联网电商等。调查采用定人、定时、定点的方式,由专职采价员到各个网点采集价格。借助电子信息技术手段,现在采价员可以使用手持数据采集器,将采集的数据实时传送至省市县及国家统计部门,各级统计机构可以同时审核和使用这些数据。[②]

---

① 张维迎. 经济学原理 [M]. 西安:西北大学出版社,2015:374.
② 《领导干部统计知识问答》编写组. 领导干部统计知识问答 [M]. 北京:中国统计出版社,2021:95.

房价是否应该被计入 CPI？

关于 CPI，常常引起讨论的一个问题是：房价是否应该被计入 CPI？是的，房价不在 CPI 的统计之列，而且这是世界各国通行的做法。这是为什么呢？国际上通行的看法是，住房虽然具有消费属性，但更多具有投资属性，是一种投资品，是固定资产。住房显然不同于食品、烟酒和衣着等消费品，它的使用期限长、单位价值高，符合固定资产的一般标准。房主对住房进行维护，目的是提供居住服务或者使房屋增值。当出租房屋时，租金是住房服务的产出，同时是承租人的消费支出；当房产价格上涨时，房主可以将房屋出售，获得房产增值的收益。那么，怎么理解房主居住自己的房屋呢？当房屋由自己居住时，房主同时兼具生产者和消费者双重身份，这时可以认为是房主租住自己出租给自己的房屋，虚拟租金自收自支，既是房主的住房服务产出，又是房主作为居住者的消费支出。

联合国制定的《1993 年国民经济核算体系》一直是各国遵循的统计国际标准。该体系认为，房地产属于固定资产的投资品，而不是耐用消费品，[①] 明确规定居民购房支出属于"固定资本形成总额"。事实上，房地产的确具有很大的投资属性甚至是金融投资属性，房地产价格极易波动起伏。如果将房价计入 CPI，CPI 的波动起伏也会较大，不利于准确判断宏观经济形势，不利于根据 CPI 决定工资、利率和养老金等的变动。

---

① 张维迎. 经济学原理 [M]. 西安：西北大学出版社，2015：375.

虽然房价没有被列入 CPI 的统计范围，但是与居住消费相关的商品和服务已经被计入了 CPI，如房租、水、电、燃料、建房和装修材料等。这些商品和服务价格的变动，可以反映居民居住消费支出的变动情况。在我国，之所以总是有人主张房价应该计入 CPI，是因为中国人在对待住房的态度上与西方人有很大的不同。西方人不大介意是否一定要拥有自己的房子，很多人租房子住，甚至很多人终其一生都住在租来的房子里；而许多中国人很看重拥有自己的房子，有很多人将拥有一套舒心的房子作为一生奋斗的目标，所以买房支出在国人的支出里占有很大比重，因此，房价就直接影响了很多国人的生活水准。但是，也的确有相当多的人既想拥有自己的住房，同时又把买卖房产作为投资理财的手段和渠道。

PPI 和 GDP 平减指数

PPI（生产者价格指数），顾名思义，应该指所有产业的生产者价格指数，即应该是一个包括农业、工业和服务业的生产者价格指数，但是由于历史和技术的原因，目前世界各国编制的 PPI 仅指工业生产者价格指数。PPI 的统计计算方法同 CPI 类似，只不过它所统计的是代表性工业企业采购的"一篮子"生产资料。

GDP 平减指数是某一年的名义 GDP 与实际 GDP 的比值。与 CPI、PPI 不同的是，GDP 平减指数衡量的是一个经济中所有最终产品和劳务的价格变化，而不是一部分代表性产品和劳务的价格变化，因此，它不是统计出来的，而是计算出来的。它的计算方法是，首先用某一年的现价计算当年的 GDP，此为名义 GDP；然后用基年的价格计算该年的 GDP，此为实际 GDP，将二者相除，就是 GDP 平减指数。

$$\text{GDP 平减指数} = \frac{\text{名义 GDP}}{\text{实际 GDP}} \times 100\%$$

比较起来，GDP 平减指数最能全面而准确地反映经济中物价水平的变动，但是由于 CPI 与居民的生活成本变动关系最直接、最密切，为居民最关切，因此通常说到通货膨胀率都是指 CPI 的变动程度。① 经济学家张维迎给出了用 CPI、PPI 和 GDP 平减指数三个指标描述的中国 1995～2013 年通货膨胀变化曲线，如图 10-1 所示。从曲线中可以看到，三者描述的通货膨胀变化趋势是基本一致的，只是 PPI 的变动幅度要高于 CPI 和 GDP 平减指数的变动幅度。

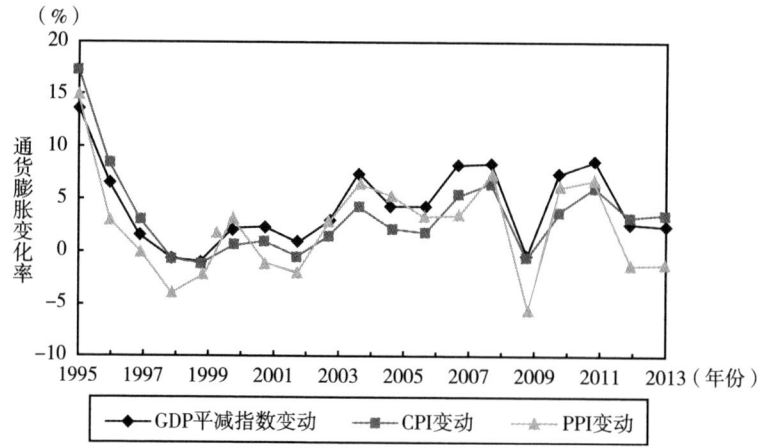

图 10-1 用三种指标衡量的中国通货膨胀变化率（1995～2013 年）
资料来源：张维迎. 经济学原理 [M]. 西安：西北大学出版社，2015：376.

通货膨胀的类型

根据通胀率的大小，通货膨胀通常被分为三类：温和的、急

---

① 梁小民. 经济学是什么 [M]. 北京：北京大学出版社，2017：146.

剧的和恶性的。温和的通货膨胀是通胀率低于10%的通货膨胀[1]，恶性的通货膨胀是每月通胀率超过50%的通货膨胀[2]，介于两者之间的是急剧的通货膨胀。在我们的生活中，温和的通胀是常见的，急剧的通胀也不罕见，而恶性通胀虽极为罕见，但在一些国家和地区也曾发生过。

人类历史上通胀时间最久、货币贬值程度最高的通货膨胀莫过于津巴布韦自20世纪末爆发的恶性通货膨胀。由于津巴布韦政府采取了错误的政治经济政策，使得粮食、燃油等生活必需品极度短缺，价格暴涨，加之毫无底线的货币扩张，使得通胀率不断刷新纪录，到2008年达到了令人咋舌的$2 \times 10^8 \%$，是百分之两亿！津巴布韦政府创纪录地发行了面值为一百万亿的钞票，这应该是人类历史上发行的面值最大的货币。为了避免下水道堵塞，一些公厕甚至提示人们"请使用手纸，不要用津巴布韦币"。[3] 直到2009年，津巴布韦政府宣布放弃本国货币，改用美元和南非兰特充当本国流通货币，形势才逐渐有所好转，但是直到2022年6月，该国通胀率仍高达191%。[4]

通货膨胀的危害

通货膨胀，仅从字面意思理解就能感觉到这不是一件好事。

---

[1] 梁小民. 经济学是什么[M]. 北京：北京大学出版社，2017：228.
[2] 薛兆丰. 薛兆丰经济学讲义[M]. 北京：中信出版集团，2018：453.
[3] 王健. 还原真实的美联储[M]. 杭州：浙江大学出版社，2013：24.
[4] 又是这个国家！通胀高达191%，央行"暴力"加息到200%，还要发金币[DB/OL]. (2000-06-29)[2022-09-07]. http://www.nbd.com.cn/articles/2022-06-29/2344576.html.

看到它,总让人联想到混乱、动荡和贫穷。是的,通货膨胀总的来说不是一件好事。它使市场的价格信号变得混乱。我们前面说过,价格是市场需求和供给相互作用的结果,也是人们投资和消费以及生产的风向标。当某种物品的价格上涨时,人们分不清这是由于需求增加导致的,还是因为通货膨胀引起的。如果通货膨胀引起的价格上涨被误以为是需求增加引起的,就会有资本流向这个行业,增加该物品的生产和供给,从而造成生产过剩、行业亏损。这就是一个经济学中的资源错配现象。资源错配容易导致资源浪费,效率低下。

通货膨胀还使社会财富重新分配,而且趋向于使富者愈富、贫者愈贫。通货膨胀是物价总水平的持续上升,总体上是一种货币现象,是由于货币超发引起的,关于这一点我们后面还会谈到。但是,物价并不是一夜之间就涨起来的,货币也不是一夜之间每个人手里都多起来的,而是都有一个传导的过程。当中央银行通过货币政策工具向市场释放流动性的时候,那些率先获得新增货币的人和机构以现价购买各种商品和服务;当获得新增货币的人和机构多了起来并且都涌向市场的时候,商品和服务的价格也开始涨了起来,那些后进入市场的人和机构就要支付更多的货币购买相同的商品与服务,而其中的部分商品就可能是先买者以上涨后的价格卖出的。这就意味着一部分财富从后行者向先行者的转移。

财富再分配的第二种表现是财富从债权人向债务人的转移。通胀会稀释货币的价值,使货币的购买力下降,从而可能减少债务人的还款压力,使债权人利益受损。例如,小张为了买一部心仪的手机,向朋友小王借了 1 万元钱。两人商定一个月后还钱,不计利息。一个月后,小张如约还给了小王1万元钱。这时,由于通货膨胀,同款手机已经涨到了1.1万元。很明显,小张受益,小王受损了。小张借钱买的手机增值了,小王的钱贬值了。按照10%的通胀率,小王的1万元现在只能买到大约0.9万元的东西了。如果要保证小王不受损失,小张应该还小王1.1万元。可是,谁能料到呢?这时,小王也特别喜欢这款手机,想要拥有一部,但是,市场上已经脱销了。小张出于好意,愿意转让手机。两人商定以1.05万元的价格成交。在一买一卖之间,小王向小张转移了500元钱。

这是个人之间的借贷情形,企业和企业之间、企业和银行之间也是一样。政府因为常常通过发行债券筹集资金,所以政府常常扮演债务人角色。一些国家或地区政府会利用通货膨胀来稀释政府债务,央行就沦为了政府制造通胀的工具和机器。前述津巴布韦的恶性通胀很大程度上就是津巴布韦央行为了冲抵政府的巨额债务,不停地增发货币造成的。[①] 当1000亿津元只能买到3个鸡蛋的时候,无数津巴布韦家庭多年的积蓄一律清零,政府的巨额债务也稀释殆尽。

财富再分配的第三种表现是通过"通胀税"的方式使财富从个人向政府转移,这主要体现在个人所得税的变化上。以固定收入为主要收入来源的人其收入可能随着通货膨胀进行相应调整,其个人所得税相应增加,使其实际收入减少。例如,小李本来每月工资5000元,按照我国个人所得税法,5000元不足以征税。

---

① 王健. 还原真实的美联储 [M]. 杭州:浙江大学出版社,2013:24.

现在，发生了严重的通货膨胀，通胀率达到了20%，老板按同样的比例给小李的工资提高到每月6000元，以保证小李工资的购买力不下降。但是，这时小李要交个人所得税了，其应纳税额＝（6000－5000－专项扣除等）×3%。假定专项扣除等为0，那么，其每月应纳税额为30元。这30元交给政府了，小李的实际收入还是下降了。经济学家将这种政府以通胀的形式拿走的税收称为"通胀税"。[①]"通胀税"对于高收入者影响不大，因为他们在通胀前就以高税率交税了；对于低收入的工薪阶层影响较大，这使他们开始交税或者开始交更多的税，从而使实际收入下降。

总之，通货膨胀特别是恶性通货膨胀会给社会生活带来混乱、动荡，甚至会导致经济危机；通货膨胀使社会财富被重新分配。财富在政府和民众之间、在民众的不同群体之间重新分配，总的来说，通胀有利于政府，不利于民众；有利于持有非货币形式资产的人，不利于持有货币的人（在恶性通胀面前，存款和现金可能变得一文不值，但是黄金和房产却可能保值升值）；有利于获取剩余收入的人，不利于挣取合同收入的人，靠出卖劳动挣固定工资的人如果收入不随着通胀以相同或更高的比率增长，会发现购买能力和水平越来越捉襟见肘。

钱"毛"了是说货币的购买力下降了，相对于它的交换对象贬值了的意思，但并不意味着人们的生活水准一定下降。就如前面列举的，100元钱在20世纪70年代能买685斤大米，到了21世纪前10年却只能买40斤大米，但是人们的收入也在变化。如果

[①] 梁小民. 经济学是什么［M］. 北京：北京大学出版社，2017：229.

20世纪70年代月收入100元，到了21世纪前10年可能已经涨到了1000元、2000元或者更多，这时，1000元可以买到400斤大米，2000元可以买到800斤大米。可见，月收入是1000元的，生活水准是下降了；月收入是2000元甚至更多的，生活水准是上升了。

10.4 是谁以及为什么制造通货膨胀？
—— 货币数量论、货币中性和菲利普斯曲线

我们上一节说到了通货膨胀、通货膨胀的类型和通货膨胀的危害等，那么，通货膨胀产生的原因是什么？是什么力量在推动着通货膨胀呢？

总需求和总供给不均衡引起的通货膨胀

既然通货膨胀是物价总水平的持续上涨，而价格的形成是供求双方相互作用的结果，因此，人们首先需要从需求和供给两方面去寻找产生通胀的原因。但是，这时的需求和供给不是对某一品类、某种具体商品的需求和供给，而是总需求和总供给。总需求是指在某种物价水平时家庭、企业、政府和外国客户想要购买的物品和服务的总量，总供给是指在某种物价水平时企业选择生产并销售的物品和服务的总量。[1]

---

[1] ［美］曼昆. 经济学原理：宏观经济学分册［M］. 梁小民，梁砾，译. 北京：北京大学出版社，2015：246.

有人认为，由于某种因素的影响，总需求突然增加，以至于超出了经济中现实的和潜在的生产能力，总供给无法增加或者无法很快地增加，就会导致通货膨胀。这种通货膨胀被称为需求拉动型通货膨胀。通常情况下，总需求的变化是平缓的、渐进的，如果短时间内发生突然的增加或减少，一定是某个特殊事件或某种特殊因素刺激了各个需求群体的购买欲望。

1992年，在中国四十余年改革开放的历史上是具有里程碑意义的一年。这一年，已经退休了的邓小平同志赴武昌、广东和上海考察，沿途发表了著名的南方谈话。南方谈话让一度摇摆不定、陷于低谷的市场化改革重新被激活，境外资本纷纷涌入中国，总需求随后井喷式地爆发出来，但是，总供给还没有跟上来。在经济一片繁荣的景象背后，通货膨胀也随之而来。1993年，以CPI衡量的通胀率为14.7%，1994年达到24.1%，1995年为17.1%。

有些通货膨胀被归因于成本增加引起的通货膨胀，被称为成本推动型通货膨胀。在总需求不变的前提下，当企业主要的生产成本普遍上涨时，企业倾向于缩减产出，减少供给，这样，就会推高产品价格，导致通货膨胀。

20世纪70年代发生在美国的通货膨胀被认为是石油价格上涨引起的通货膨胀。当时，由于政治的原因，由沙特阿拉伯、科威特等组成的石油输出国组织欧佩克（OPEC）决定减少产量以提高价格，从而使石油价格大幅度上涨。从1973年到1975年，石油的价格几乎翻了一番。世界石油进口国都同时经历了通胀和衰退。其中，美国的通胀率几十年来第一次超过了10%，失业率也从1973年的4.9%上升到1975年的8.5%。①

除了需求拉动和成本推动型通胀外，还有结构型通胀和输入型通胀等按成因划分的类型②，但也都可以归结到需求和供给两方面因素或两者共同作用的结果。

货币数量过多引起通货膨胀

以上分类是从实物商品的供求关系考虑的，它们忽略了物品价值的衡量尺度——货币的因素。它们暗含了一个假定前提：货币的价值不变。但事实上货币的价值是变化的，特别是人类废弃了金属铸币，使用信用货币（纸币）以后，货币的价值变得脆弱易变。

我们把价格稍作转换，就可以明白物品和货币的价值其实是相互衡量的。例如，大米的价格是2.5元/斤，意思是购买1斤大米需要人民币2.5元；反过来，如果用大米衡量人民币的价格，就是1/2.5斤/元，即0.4斤/元，意思是购买1元人民币需要0.4斤大米。如果大米的价格从2.5元/斤涨到了5元/斤，那么，用大米衡量的人民币的价格就变为1/5斤/元，即0.2斤/元。这时候要购买1元人民币只需要0.2斤大米。这种情况我们可以说大米的价值上升了，也可以说人民币的价值下降了。

如果某一种特定的商品突然涨价，那完全可能是供不应求导

---

① [美]曼昆. 经济学原理：宏观经济学分册[M]. 梁小民，梁砾，译. 北京：北京大学出版社，2015：271.
② 王东京. 王东京经济学讲义[M]. 北京：中信出版集团，2021：265.

致的；但如果是"一篮子"物品的价格持续上涨，而且是在"一篮子"物品的产量没有明显变化情况下的持续上涨，那多半是物品的价值没有变化，而是货币的价值下降了。货币的价值为什么会下降呢？是货币的发行量过大了。我们前面说过，在信用货币时代，货币是由中央银行通过银行体系发行到经济中的。当中央银行发行的货币量超过经济中需要的货币量时，导致经济中流通的货币数量过多，过多的货币去追逐相对较少的物品，物价就会普遍上涨，这就发生了通货膨胀。

打个比方：假定有两个很大的池子，一个装满了各式各样的商品，另一个池底铺满了一层货币。用后一个池子里所有的货币去交换前一个池子里所有的商品，这时候各种商品会形成一个价格，这些价格综合起来可以形成一个指数，我们权且称它为CPI。假定这时的CPI为100。现在我们给后一个池子再加铺一层货币，前一个池子的商品不变，再用所有货币去交换所有的商品，这时商品的价格一定会上涨，而且应该是原来的2倍，CPI也变为200。这时候就发生了通货膨胀，而且通胀率是100%。

这种认为可得到的货币量决定物价水平，可得到的货币量的增长率决定通胀率的理论被称为货币数量论。[1] 货币数量论认为，通货膨胀始终是货币现象，就是由于货币超发引起的，即使表面看起来需求拉动和成本推动的通货膨胀背后都有货币超发的影子。

---

[1] ［美］曼昆. 经济学原理：宏观经济学分册［M］. 梁小民，梁砾，译. 北京：北京大学出版社，2015：171.

货币数量论最早是由 18 世纪英国哲学家大卫·休谟提出的。① 20 世纪初，美国经济学家埃尔文·费雪进一步将货币数量论量化，用一个方程式来表达这一理论，这就是货币数量方程式。这个方程式被表达为一个恒等式：

$$Y \times P = M \times V$$

其中，Y 表示经济中的实际产出，P 表示物价水平，M 表示经济中的货币总量，V 表示货币流通速度。货币流通速度是指一单位货币在不同持币人手中易手的速度。②

这个方程式表达了这样一个意思：经济中全部产出以价格表达的价值总量（Y×P）与经济中全部货币量的总和（M×V）相等。③ 这里同样暗含了一个假定：经济中的全部产出都会被销售出去，全部货币也都将用于流通。

我们将方程式变换一下，得到：

$$P = (M \times V)/Y$$

货币数量论认为，式中的 Y 是由生产率决定的，取决于一个经济的资源禀赋、要素供给和技术水平，与货币供给多少无关，即 Y 不随 M 变化而变化，而 V 是比较稳定的。当代美国著名经济学家、诺贝尔经济学奖获得者米尔顿·弗里德曼研究了 1867~1960 年近百年的美国货币史，研究结果支持了这个结论。④ 美国

---

① [美] 曼昆. 经济学原理：宏观经济学分册 [M]. 梁小民, 梁砾, 译. 北京：北京大学出版社, 2015：168.
② [美] 曼昆. 经济学原理：宏观经济学分册 [M]. 梁小民, 梁砾, 译. 北京：北京大学出版社, 2015：174.
③ 陈彩虹. 钱说——货币金融学漫话 [M]. 北京：三联书店, 2002：119.
④ 薛兆丰. 薛兆丰经济学讲义 [M]. 北京：中信出版集团, 2018：477.

经济学家曼昆在《经济学原理：宏观经济学分册》里给出了 1960～2010 年 V 的变化曲线，结果表明在这 50 年里 V 也是相当稳定的。① 于是，P 就与 M 正相关，当货币供给增加时，物价上涨，发生通货膨胀。

通货膨胀是货币现象

弗里德曼是货币数量论的坚定支持者，他在货币数量论的基础上发展形成了经济学中的一个学派——货币主义学派。通过对美国百年货币史的研究，弗里德曼认为，历史上所有的通货膨胀都源于货币供给量的高速增长。他曾提出一个著名的论断："通货膨胀到处以及永远都是一种货币现象（Inflation is everywhere and always a monetary phenomenon）。"② 现在，这个论断被越来越多的经济学家所接受。

弗里德曼和货币主义学派反对政府过多地使用货币政策干预经济。他们认为，长期来看，货币是中性的。所谓货币中性，即货币供给变动并不影响经济中的真实变量③，包括经济的真实产出、真实工资和真实利率等。货币只是价值的衡量尺度，当货币供给大幅增加的时候，只能增加名义 GDP、名义工资和名义利率等，这些变量的真实数值并不会变化。这就像我们改变度量衡的定义并不能改变被计量对象的真实数值一样。如果

---

① ［美］曼昆. 经济学原理：宏观经济学分册［M］. 梁小民，梁砾，译. 北京：北京大学出版社，2015：175.
② 薛兆丰. 薛兆丰经济学讲义［M］. 北京：中信出版集团，2018：477.
③ ［美］曼昆. 经济学原理：宏观经济学分册［M］. 梁小民，梁砾，译. 北京：北京大学出版社，2015：173.

我们不再将 1 米定义为 100 厘米，而是定义为 50 厘米，那么，原来 1 米的距离就变为了 2 米，但是，距离的真实长度变化了吗？显然没有变化。

这个道理并不难理解。如果印钞票就能发展经济的话，每个国家都很容易繁荣富裕了。弗里德曼说，"货币不过是一层面纱。'实际起作用的'力量是人们的能力、人们的勤奋与才智、人们所掌握的资源、人们的经济组织模式与政治组织模式，等等。"①因此，弗里德曼和他的拥趸们认为，政府和中央银行的职责是守好货币供给的"闸门"，确保货币币值的稳定。

现在问题已经清楚了，引起通货膨胀的最主要原因是中央银行发钞太多。由于绝大多数国家的中央银行并不独立，所以，实质上是政府和中央银行行为导致的通货膨胀。

通货膨胀是如何形成的？

人类进入信用货币时代，货币的发行权集中于政府控制或影响的中央银行手里，为政府提供了实现财富再分配的工具和实施经济宏观调控的手段。当政府过度开支，财政出现严重困难，不便加征税收和再借款的时候，就可能通过超量发行货币来支付其支出。虽然政府没有增加税收，但是超发的货币使民众手里的货币贬值，相当于征收了一种隐蔽的税——通胀税。我们说过的津巴布韦恶性通胀就是通过发行巨量货币来稀释政府巨额债务，把

---

① ［美］米尔顿·弗里德曼，安娜·J. 施瓦茨. 美国货币史（1867 – 1960）[M]. 巴曙松，王劲松，等译. 北京大学出版社，2009：497.

民众财富"洗劫一空"。当然,这种情况并不多见,在民主的、法制健全的国家也不容易出现。

政府制造通胀的常见动机是促进就业和经济增长。目前,多数经济学家就像相信长期而言货币是中性的一样,相信在短期——譬如一两年时间内,货币是非中性的。① 将100厘米为1米改为50厘米为1米虽然并不改变真实的长度,但是,短时间内人们必须做出一系列调整,以适应变化了的尺度。货币供给量的变动导致价值衡量尺度的变化,在短期内也必然引起人们一系列行为的调整。

货币供给的增加通常在短期内会导致包括贷款利率、存款利率等利率的下降。贷款利率下降,降低了企业的融资成本,激励着企业增加投资,扩大生产。存款利率下降,减少了人们储蓄的收益,鼓励家庭和个人增加消费和购买房产、股票等资产。这些都会增加总需求,进而拉动总产出增加。当企业增加投资、扩大产出的时候,必然需要增加工人数量,从而使失业率下降。货币供给的显著增加自然会引起通货膨胀,但在一段时间内也带来了企业纷纷开工和扩产、劳动力市场活跃的繁荣景象。

20世纪中期,来自新西兰的经济学家威廉·菲利普斯还用大量的统计数据给出了通胀率和失业率之间的相关关系。他研究了1861~1957年英国失业率和货币工资变动率之间的关系,发现在低失业的年份往往有高通胀,高失业的年份往往有低通胀,即失

---

① [美]曼昆. 经济学原理:宏观经济学分册 [M]. 梁小民,梁砾,译. 北京:北京大学出版社,2015:173.

业和通胀之间似乎存在着明显的负相关关系。这个发现启发了美国经济学家保罗·萨缪尔森和罗伯特·索洛,他们研究了美国的数据,证实这个结论在美国同样成立。他们还率先把失业和通胀之间的关系曲线称为菲利普斯曲线,如图 10-2 所示。

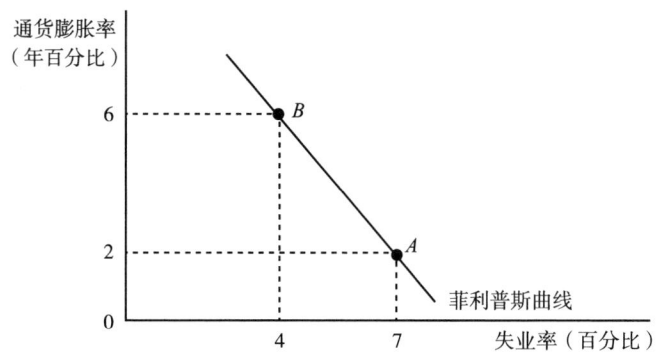

图 10-2 菲利普斯曲线

资料来源:[美]曼昆. 经济学原理:宏观经济学分册 [M]. 梁小民,梁砾,译. 北京:北京大学出版社,2015:304.

但是,随后米尔顿·弗里德曼和另一位美国经济学家爱德蒙·费尔普斯分别对菲利普斯曲线提出批评。他们认为,失业和通胀之间在短期内或许存在相关关系,但是由于人具有适应性预期的能力,在长期并不存在这种关系。当政府反复采用货币政策刺激经济时,人们会逐渐识别出政府政策的动机,建立起对通胀的预期,采取相应的对策,并不再被"诱惑"去投资和消费,经济增长不再立竿见影,失业率也将保持在自然失业率水平,① 严重时还会导致经济停滞、失业率和通胀率同时居高不下,即所谓"滞胀"的情形。他们的预言被随后发生在 70 年代

---

① 梁小民. 经济学是什么 [M]. 北京:北京大学出版社,2017:233-234.

美国的滞胀证实了。①

但是，无论长期如何，短期货币非中性和菲利普斯曲线给出的结论迎合了政府和中央银行的心意，启发和鼓舞了他们，也为他们在社会经济生活中伸出"有形的手"提供了理论依据。毕竟，正如美国经济学家凯恩斯所说，"长期是对当前事情的一个误导。在长期中，我们都会死。"② 于是，当出现经济下行的压力和较高的失业率时，政府和中央银行就会采取宽松的货币政策，制造一点通胀来提振经济和增加就业；相反，当出现经济过热的迹象和较高的就业率时，他们就会施行一些从紧的货币政策，给过热的经济降温。出于政治的需要和社会稳定的考虑，政府通常宁愿有较高的通胀率，也不愿看到经济低迷和失业率高企。这就是各国中央银行频繁变换货币政策和通胀率常常居高不下的原因。

弗里德曼和货币主义认为，即使短期内菲利普斯曲线成立，中央银行也不应采用这种"权变"的货币政策。中央银行无法掌握决策所需的全部必要的信息，也无法准确预测经济的未来走向和货币政策实施后经济社会的反应，因此，很难保证货币政策的准确性；加之政策自上而下全面生效存在 12~18 个月的时滞期，等政策全面生效的时候，情况已经发生了变化，于是，货币政策常常做过头或者做不到位，不仅达不到预期的目的，反而会增加

---

① 薛兆丰. 薛兆丰经济学讲义 [M]. 北京：中信出版集团, 2018：464.
② [美] 曼昆. 经济学原理：宏观经济学分册 [M]. 梁小民, 梁砾, 译. 北京：北京大学出版社, 2015：272.

经济的波动和不稳定。①

单一规则或简单规则的货币政策

针对美国的实际情况，弗里德曼认为，为了避免货币政策的随意性和反复性，应该实行一种单一规则或简单规则的货币政策，即根据美国大体稳定的经济增长速度以及相应的货币需求增长率，按照实现货币供给与需求达到均衡的目标，制定一个固定的货币供给增长率，按这个比率确定每年的货币供给量，如每年货币供给的增长率可确定在4%~5%。② 单一规则货币政策的目的是保证货币币值的稳定，其他的交由市场去自行调节。

由于"权变"的货币政策在20世纪七八十年代的滞胀面前失效，简单规则的货币政策渐渐被美英等西方国家接受。不过，它们更多地采用锁定通胀目标的办法来确定货币供给量。例如，包括美国在内的央行较为独立的发达国家将通胀率在1%~3%范围内的通胀定为可接受的通胀。这实际上是把通胀率在1%~3%的温和通胀当作了货币发行的锚，③ 这样既提高了货币政策的透明度和中央银行的责任感，也赋予了中央银行一定的灵活性，同时也让经济社会对货币政策有了明确的预期，可以提前采取相应的对策，减少不必要的损失和伤害。权衡高通胀低失业和低通胀高失业，保持一个低水平的温和通胀是现实可行的较好的货币政策选择。

---

①② 王东京. 王东京经济学讲义[M]. 北京：中信出版集团，2021：281.
③ 王健. 还原真实的美联储[M]. 杭州：浙江大学出版社，2013：35-36.

简单规则的货币政策用我们的语言来理解，可以认为就是"稳健的货币政策"。中国改革开放四十余年来，也有过忽而过度宽松、忽而过度从紧的时候，因而也有过急剧的通胀和通缩的时期，但是，近二十年来，中国政府更多地强调实施稳健的货币政策，不搞"大水漫灌"。从实施效果来看，在货币供给稳定的年份，物价也相对稳定，以 CPI 衡量的通胀率保持在 3% 左右。

但是，话说回来，温和的通胀也是通胀，不过是一种比较不太容易被公众和普通消费者察觉的通胀，它以一种"温水煮青蛙"式的物价上涨来实现货币当局的货币政策目标。如果是不太温和的或者是比较剧烈的通胀，就容易引起民众的反感和反对，从而导致社会动荡。但问题是，不论是温和的抑或不温和的，民众关心的是自己拥有的货币购买力是不是下降了，自己拥有的财富是不是在减少。即使是温和的通胀，普通民众可得到的货币的增长率也可能赶不上物价的上涨速度。

10.5 你的收入是增加了还是减少了？
——名义变量和真实变量以及指数化

一家企业可能年年给员工涨工资，每年的涨幅不等，看上去员工的收入一直在增加，但是实际上未必增加。这要看员工收入的购买力是怎样变化的。只有购买力提高了，收入才真的增加了；如果购买力没有提高，实际收入并没有增加，还可能减少了。

注意区分名义变量和实际变量

货币是衡量物品价值的尺度，就像度量衡是衡量物品的长度、体积和重量的尺度一样。我们前面说过，如果度量衡的计量标准经常发生变化，就没法比较计量对象的计量结果。例如，如果我们今天规定 1 米 = 100 厘米，明天改为 1 米 = 50 厘米，后天再改为 1 米 = 200 厘米，那么，就会带来混乱，今天的 1 米和明天、后天的 1 米显然不是同样的长度。货币也是一样，如果货币的价值经常发生变化，那么，用货币衡量的物品价值也会出现混乱，不同价值的货币衡量的物品价值也很难进行比较。度量衡的计量标准基本上是没有变化的，但是货币的价值标准却是经常变化的。

在金银等贵金属充当货币以及以纸币代替金银但以金银数量来确定纸币发行量的金本位时代，货币的价值是不易变化的，因为金银的数量不易变化，货币的数量由自然形态的金银数量决定，不由人为决定。当纸币脱离了金银的约束，发展演变成为纯粹的信用货币，并且交由中央银行和政府垄断发行的时候，货币的价值就开始持续地变化，而且持续贬值成为大趋势，这就是我们说过的通货膨胀。

通货膨胀除了导致社会财富重新分配外，还使市场价格信号变得混乱，包括使一些经济变量的计量变得复杂。其中一个具体体现就是，与价格有关的变量要区分两种类型：名义变量和真实变量。所谓名义变量是用现价计算的数值，而真实变量则是用不变价计算的数值。例如，回到前面的例子，今天、明天和后天三个 1 米的长度是按照三个标准定义的 1 米，相当于三个价格，这样用这三个标准量出的1米长度都是名义长度,要知道它们的真实长度就得回到最初的标准,那就是1米=100厘米,这样,三个名义上1米长度的真实长度就分别是1米、0.5米和2米。现在,三个长度孰长孰短就一清二楚了。

与此类似,收入、利率等变量都存在名义变量和真实变量之分。要知道变量的实际情况,就要把名义变量还原回真实变量。用通胀率对名义变量进行矫正,就能得到真实变量。

员工工资收入是真的增加了吗?

某公司十年来坚持每年给员工普涨工资,每年的涨幅约为2%。十年前员工平均月工资为3000元,1年后,变成了3060元[$3000\times(1+2\%)$];2年后,变为3121元[$3060\times(1+2\%)$];如此,10年后,变为3657元[$3000\times(1+2\%)^{10}$],年收入由36000元(3000×12)变成了43884元(3657×12)。员工普遍感到比较满足。殊不知,这只是员工的名义工资,并非真实工资。要考虑这十年的通胀情况才能知道员工的真实工资收入是否发生了变化以及是怎样变化的。

假定员工在生活中只购买一种商品——面包。十年前面包的价格是1元/个,员工每月3000元工资可以买3000个面包。十年间面包的价格没有变化,至今还是1元/个,即通胀率为零。那么,员工每月的工资可以买到越来越多的面包,到现在可以买3657个面包了。员工的实际收入在增长。这时,员工的名义工资等于真实工资。

如果这十年每年面包的价格比上年增长1%,或者说每年的通胀率为1%，那么，员工的实际收入是增加了还是减少了呢？他的真实工资还等于名义工资吗？如果面包价格每年增长1%，那么，1年后，面包的价格由1元/个变为1.01元/个 [1×(1+1%)]，此时，员工名义工资为3060元，真实工资变成了3030元 [3060÷(1+1%)]，这也就是他能购买的面包的数量，显然多于上年的3000个，员工的实际收入是增加了。2年后，员工的真实工资是3060元 [3121÷(1+1%)²]；3年后，员工的真实工资是3090元 [3184÷(1+1%)³]；如此，10年后，员工的真实工资是3311元 [3657÷(1+1%)¹⁰]，可见，员工的实际收入着实是增加了，员工每年都可以买到比上年更多的面包。

以上是将员工的名义工资用通胀率进行矫正，还原回最初不变价格下的真实工资。下面我们给出一个通用的矫正办法，以便更简单地判断实际收入是在增加还是在减少，也方便更快捷地计算真实收入。

假定最初收入是m元人民币，某一期限内名义增长率是r，同期通胀率是p，那么，名义收入是m×(1+r)，用通胀率矫正后的真实收入是m×(1+r)/(1+p)。设该期限内真实增长率是i，则真实收入是m×(1+i)：

m×(1+i) = m×(1+r)/(1+p)

1+i = (1+r)/(1+p)

i+ip = r-p

i = r-p-ip

当i和p很小的时候，ip可以忽略不计，i = r-p，即真实增长率等于名义增长率减去通胀率。这样就简单了。在本例中，r =

2%，p=1%，那么，i=1%。如果初始工资是3000元，那么，1年后的真实工资是3030元［3000×(1+1%)］，2年后的是3060元［3000×(1+1%)^2］，3年后的是3090元［3000×(1+1%)^3］……10年后约为3311元［3000×(1+1%)^{10}］，结果与前面的计算基本相同。

如果每年的通胀率为2%，会是什么情况呢？此时，r=2%，p=2%，i=0，真实工资没有增加。名义工资与通胀同比例上调，员工的实际收入没有变化，既没增加也没减少。

如果每年的通胀率为4%，通胀率高于工资涨幅，又会是什么情况呢？那样的话，r=2%，p=4%，i=-2%，工资的真实增长率为负，说明真实工资不仅没有增加，反而在减少。

1年后，员工的真实工资是2940元［3000×(1-2%)］；2年后，是2881元［3000×(1-2%)^2］；3年后，是2824元［3000×(1-2%)^3］……10年后的真实工资是2451元［3000×(1-2%)^{10}］。员工的实际收入严重缩水。

如果员工工资涨幅低于物价涨幅，那么，必然导致员工实际收入下降。如果要保证员工的实际收入不降，就必须以不低于通胀率的比例来给员工增加工资。在这里，就应该至少以每年4%的增幅给员工普涨工资。

那样的话，现在的名义工资应为4441元［3000×(1+4%)^{10}］，年名义收入为53292元，高出2%涨幅年收入9408元(53292-43884)。这9408元是一名员工应得未得的工资收入，而且只是当前一年应得未得的收入。如果这个公司有1000名员工，那么当前一年员工应得未得的收入总额是940.8万元。如果将十年间全体员工每年应得未得的收入加总，那么总额将是十分可观的。这些员工应得未得的收入实际上变成了企业的利润。所以，企业如果不按照通胀程度同比例增加员工工资，实际上是在侵蚀员工应得的利益，是变相减薪。

保证员工真实工资收入不降低，是企业应尽的责任和义务，除非遭遇经济萧条或通货紧缩，或者企业经营遇到困难。这时候应该跟员工讲清楚，让员工与企业共渡难关，过后也应该给员工以补偿。当然，要求企业完全按照通胀水平提前或同步调整员工工资也是比较困难的，因为企业也无法准确预测未来的通胀程度。但是，要有一个事后补偿机制，并且是劳资双方协商一致的补偿机制。

员工工资是这样，员工退休后的养老金、员工失业后的失业补助、贫困人群的贫困补助等社会保险与福利支出也应按照通胀水平动态调整，否则，名义收入虽然没有降低，真实收入却在下降，这些人群的基本生活条件可能都很难得到保障。

养老金真的上涨了吗？

以养老金为例。2022年5月16日，我国人力资源和社会保障部与财政部联合发布《关于2022年调整退休人员基本养老金的通知》，要求"从2022年1月1日起……全国调整比例按照2021年退休人员月人均基本养老金的4%确定"[①]，这就是说2022年退休人员养老金比2021年人均增加4%。那么2022年通胀情况会是怎样呢？换句话说，2022年物价总水平会上涨多少呢？政

---

① 中华人民共和国人力资源和社会保障部官网。

策出台的时候尚不得知。如果通胀率低于4%，养老金就"跑"赢了物价，名义养老金和真实养老金都增加了；否则，如果通胀率高于4%，那么名义上养老金增加了，实际上是减少了。那么，这些年养老金是个什么情况呢？

我国自2005年起建立了企业退休人员养老金调整机制，2005～2015年除2006年上调比例为23.7%外，其他年度上调比例均为约10%；2016～2017年上调比例为6.5%；2018～2020年为5%；2021年为4.5%。① 可见，我国自2005年以来每年都上调退休人员基本养老金，但是上调的幅度呈现日益减少的趋势。那么这些年的物价涨幅是怎样的呢？

2005年至2021年以居民消费价格指数（CPI）表示的通胀率情况是：2005～2015年除2007年接近7%外，其他年度均低于6%②；2016～2021年均未高于3%。由此看来，2005～2021年养老金每年的上调比例均高于当年的通胀率，不仅名义养老金增加，真实养老金也增加了，养老金实现了保值增值。

从数字上看，总体上养老金"跑"赢了物价上涨，但是，具体到每个地区、每个人却是不一定的。以上所列养老金每年上调比例是中央政府给出的全国统一的最高比例，中央政府并不要求各地必须执行这一标准，而是要求各省份以全国调整比例为高限，确定本省份调整比例和水平。这样，由于各地发展水平不

---

① 人力资源社会保障部 财政部关于2020年调整退休人员基本养老金的通知[DB/OL]．(2020-04-10)[2023-03-19]．http://www.mohrss.gov.cn/xxgk2020/fdzdgknr/zcfg/gfxwj/shbx/202004/t20200417_365676.html.

② 黄达，张杰．金融学[M]．北京：中国人民大学出版社，2020：303．

同,各地养老金积累水平不同,各地调整的比例和办法也一定不尽相同,不同地区养老金增加的幅度就可能有很大差异。

即使这些年来各地养老金上调比例均不低于当地物价上涨比例,养老金并没有贬值,但是,由于最初的基本养老金水平偏低,企业退休人员养老金增长速度低于社会平均工资的增长速度,企业退休人员与政府机关事业单位退休人员之间的养老金差距仍然很大,社会平均养老金替代率也逐年下降。

所谓养老金替代率,是指劳动者退休时的养老金领取水平与退休前工资收入水平之间的比率。国际劳工组织《社会保障最低标准公约》(以下简称《公约》)规定,养老金的最低替代率为55%。而我国目前企业退休人员养老金替代率仅为40%,不仅低于《公约》规定的最低水准,也低于绝大多数国家的水平。[①] 这说明我国企业退休人员养老金绝对水平还偏低,他们未能同步分享社会经济发展的果实。国家还需要进一步推进养老保险制度改革,构建统一的基本养老保险制度,同时进一步大幅提高企业退休人员养老金替代率,增进社会公平和稳定。

存到银行里的钱真的能"生"钱吗?

现在,我们再来说说利率。利率即利息率,是借贷期满后利息与本金的比率。经济学中所说的利率泛指各种利率,包括房贷、车贷等各种贷款利率,国债、地方债等各种债券利率,银行

---

① 今年预计为企业减免社保费1.6万亿,养老金发放有保障 [DB/OL]. (2020 - 08 - 25) [2023 - 03 - 19]. http://www.mohrss.gov.cn/yanglaobxs/YLBXSgongzuodongtai/202008/t20200825_383725.html.

间拆借利率等。据称,中国市场上的利率品种已达千种以上。[①]作为普通民众,较为熟悉的是银行的存款利率。

中国人素来有勤俭节约的习惯,普通民众将含辛茹苦挣来的钱省吃俭用,剩下的钱拿到银行存起来,一则以备不时之需,二则挣些利息钱。大多数中国普通百姓不具备投资理财方面的知识,也不敢冒那个风险,将多余的钱存到银行是他们觉得最安全也是唯一的能让钱"生"钱的办法。

可是,把钱存到银行真的能让钱"生"钱吗?银行的存款利率不管高低都是正的,钱存到那里一段时间,取出来总是比本金多,那不是钱"生"钱了吗?不一定。这里仍然存在一个通货膨胀影响的问题。银行所给的利率是名义利率,钱能不能"生"钱还要看真实利率怎样。同前面谈的工资的道理一样,名义利率、真实利率和通胀率也存在同样的关系。假定名义利率是 r、真实利率是 i、通胀率是 p,那么:

$$i = r - p - ip$$

当 i 和 p 都很小的时候,ip 可以忽略不计,这样,$i = r - p$。

只有当 i>0 的时候,把钱存到银行才是合适的;否则,钱不仅不能生钱,还会有损失。从实际情况看,在我国将结余的钱存入银行并非获利的最好选择。在 1979~2018 年的四十年里,我国一年期存款基准利率和居民消费物价指数相比,有 21 年是前者高于后者,有 17 年是后者高于前者,其余 2 年二者大体持平,而

[①] 黄达,张杰. 金融学 [M]. 北京:中国人民大学出版社,2020:299.

且自 2000 年以来，前者高于后者的幅度越来越小。① 虽然银行的实际存款利率会在基准利率上下浮动，但是大趋势是一致的。

这说明，把钱存到银行里有很大可能是不能保值增值的，即使增值也是微利。同时，这也说明，自 2000 年以后，我国的货币政策总体上偏于宽松，利率趋于降低，国家并不鼓励居民储蓄，而是希望居民增加消费。

将钱存到银行实际上是一种借贷行为，是储户将钱借给银行，银行自然要给储户利息。所以，存款利率实质上是储户给银行的贷款利率。这里，储户是债权人，银行是债务人。我们说过，通货膨胀总是不利于债权人，而是有利于债务人。当名义利率很低的时候，利息很容易被通胀吞噬掉，债权人的资金无偿甚至贴息给债务人使用。

名义利率和真实利率的概念并非仅适用于最常见的居民储蓄行为，而是适用于所有的借贷行为。只要是有利率的地方，就存在名义利率和真实利率之分。无论是借方还是贷方，都应区分名义利率和真实利率，以便弄清借款的真实成本和贷款的真实收益，进而做出正确的选择。

纠正通胀影响的办法——指数化

为了纠正通货膨胀带来的混乱和不公，人们曾探索尝试按通胀水平来调整有关变量的名义数值，以便使其真实数值保持不变，这就是所谓的"指数化"。

---

① 黄达，张杰. 金融学 [M]. 北京：中国人民大学出版社，2020：302-303.

把工资增长与物价上涨联系起来,保证工资以不低于通胀率的比率调整,这叫工资指数化。例如,1948年美国通用汽车公司率先与工会达成协议,在工资合同中增加"自动调整条款",规定按通胀率自动调整货币工资标准。之后这种做法也被美国的其他一些企业借鉴采用。

在债务契约中规定名义利率自动按通胀率进行调整,以保证实际利率不变,这叫利率指数化。例如,我国银行系统自1988年开始曾实行保值储蓄制度,即根据政府公布的零售物价指数对储蓄存款利率进行调整,以使名义利率不低于或略高于物价上涨率,从而保证实际利率不为负数。但是,随着治理通胀取得成效,1996年取消了这项对储蓄的保值措施。[①]

此外,对于税收以及养老金、失业补助、贫困补助等社保与福利支出也可以采取指数化政策。

对于指数化的作用和必要性,经济学家们的认识并不一致。他们都相信指数化可以抵消通胀对人们实际收入的影响,使人们的生活水平不至于因通胀而下降;同时,指数化也可以减少人们对通胀的恐惧心理,还有利于劳资关系、借贷关系的稳定。但是,有人认为,造成通货膨胀的原因之一是人们对通胀的普遍预期,而指数化的基础正是通胀预期,所以,指数化可能助推通货膨胀;另外,指数化还有可能导致收入—物价"螺旋式上升",从而加剧通货膨胀。因此,他们建议对指数化要持谨慎的态度。

---

① 黄达,张杰. 金融学 [M]. 北京:中国人民大学出版社,2020:303-304.

许多国家政府对指数化的态度总体上是暧昧和消极的，因为指数化首先是动了政府的"奶酪"，会取消政府从通胀中获得的通胀税收益，同时还会增加政府的财政支出，加大财政负担。

但是，在今天这样一个信用经济体系里，通货膨胀几乎已经成了制度化的安排，而且被固定在一个"比较温和"的水平上。既然通货膨胀无法避免，正确的态度是寻求与通胀相适应或共处的手段。指数化终究是可用的长效机制之一。

10.6 人民币一会儿升值、一会儿贬值是怎么回事？
——汇率和汇率的决定

即使你不关心财经新闻，也一定听说过"人民币升值"或"美元贬值"之类的说法，有时候这些词汇出现得还很频繁，这时，你的脑海里可能会闪现出疑问：这些话什么意思？这些事跟我们有什么关系吗？

什么是汇率？

一种货币升值或贬值是相对于另外一种货币而言的，是开放的经济体之间必然出现的一种现象，并且对经济体中的每一个人的生活都有或大或小的影响。

现在，世界上任何一个经济体，一个国家也好，一个地区也罢，都或多或少是对外开放的，都要与其他经济体发生经贸往来。开放经济体市场上流通的商品既有产自本国或本地区的，也有产自其他国家和地区的。作为普通居民和消费者在生活中感受不到有什么不便，因为无论产自哪里的商品都可以用本国或本地区货币采购得到。例如，我们中国人在国内市场用人民币既可以买到国产的服装，也可以买到日本产的汽车，还可以买到泰国产的水果，购买国外产的商品与购买国产商品一样方便，没有什么不同。

但是，如果你是一个经销商或一家大型工业企业的负责人，要从国外进口商品，事情就没有那么简单了。例如，你要从法国进口一批波尔多红酒，你不能用人民币购买，因为对方不要人民币，他们要法国的官方货币欧元，但是你手里只有人民币，没有欧元，这时你只能先用人民币兑换成欧元。这就涉及人民币和欧元之间的兑换比率问题了，即1元人民币能兑换多少欧元，或者1欧元能兑换多少人民币。一种货币与另一种货币的兑换比率，或者说用一种货币衡量的另一种货币的价格，就叫汇率。

以2022年12月22日中国外汇交易中心公布的当日汇率为例。人民币对欧元的汇率是7.4215元/欧元，即表示1欧元可以兑换7.4215元人民币，或者说欧元以人民币表示的价格是7.4215元人民币/欧元；而欧元对人民币的汇率就是前者的倒数，为0.1349欧元/元，即1元人民币可以兑换0.1349欧元，或者说以欧元表示的人民币的价格是0.1349欧元/元。这两种汇率表示法都可以表示两种货币的兑换关系，也都可以用来表示其中任何一种货币的汇率。如果用来表示人民币的汇率，前一种表示法是以单位外币来衡量本币的价格，相当于计算购买一单位外币应付多少本币，叫直接标价法或应付标价法，在我国比较常用；后一种表示法是以单位本币来衡量外币的价格，相当于计算购买一单位本币应付多少外币，叫作间接标价法或应收标价法，在我国不太常用。

汇率变化对经济和生活的影响

现在，假定你跟法国红酒出口商约定，从对方那里采购一批价值100万欧元的波尔多红酒，如果暂不考虑其他费用和手续，你只要在付款日这天按照当天的即期汇率到银行将742.15万元人民币兑换成100万欧元，汇给对方，就可以等着对方发货了。

假定两个月以后，你打算再进口一批同样数量的波尔多红酒，对方的报价并没有变化，仍然是100万欧元。但是，这时候人民币对欧元的汇率如果变了，变成了8.4215元/欧元。也就是说，欧元价格涨了，变得比两个月前值钱了。这时，你需要花842.15万元人民币才能购进同样一批红酒，比两个月前要多出100万元人民币。你觉得不划算了。而此时如果澳元和智利比索对人民币的汇率没有变化，你可能会决定放弃进口法国红酒，改从澳大利亚或智利进口同等品牌的葡萄酒。

当一种货币相对于其他货币的价格上升时，我们就称该货币升值了，此时，该货币能兑换更多的其他货币；反之，就称为贬值，贬值的货币只能兑换比原来更少的其他货币。在这个例子中，两个月间，欧元相对于人民币升值，升值的幅度是13.47%〔(8.4215−7.4215)÷7.4215×100%〕；反过来，我们也可以说，人民币相对于欧元贬值了，贬值的幅度是12.01%〔(1/8.4215−0.1349)÷0.1349×100%〕。

如果一国货币升值,就意味着该国商品价格上涨,如果其他方面条件没有变化,那么,该国商品价格涨幅就等于该国货币汇率升值幅度;反之,一国货币贬值,意味着该国商品价格下降,如果其他方面条件没有变化,那么,商品价格降幅就等于货币贬值幅度。很显然,货币升值会削弱一国商品在国际市场上的竞争力,货币贬值会增强该国商品在国际市场上的竞争力。

这里的"商品"既包括有形的物品,也包括无形的服务。如果欧元对人民币汇率升值,不仅影响法国,也会影响整个欧元区商品对中国的出口;不仅影响红酒这种有形商品对中国的出口,也影响旅游、留学等无形服务对中国的出口。一国吸引他国居民入境旅游或留学,等于向后者出口服务;当然,对于后者来说,就是从前者进口服务。

一个中国家庭的孩子去法国留学。假定欧元升值前一年的费用是 1 万欧元,合人民币 7.4215 万元;那么,升值 13.47% 后一年的费用就变成了 8.4215 万元,比原来整整多了 1 万元。三年本科、两年研究生下来,就要增加至少 5 万元。这对于一个普通中国家庭来说,是一笔不小的支出。学费的增加可能改变这个孩子的留学目的国。相反,一对法国夫妇打算来中国旅行一周,计划在中国逗留期间支出 2 万元人民币。这样,在欧元升值前需花费 2698 欧元(20000×0.1349),在他们动身前,如果欧元升值,人民币贬值,他们只需花费 2374 欧元(20000×0.1187),比之前节省了 324 欧元(2698-2374)。于是,他们决定在中国多逗留两天或者多买一些中国好玩的物品。

可见,一国货币升值,不利于该国出口商品,而有利于从他国进口商品；反之，一国货币贬值，有利于该国出口本国商品，不利于从他国进口商品。

国家间贸易不平衡问题

在一定的时间段里（通常是某年度），一国向另一国出口商品总额与从该国进口商品总额的差叫作两国间的贸易差额。如果前者向后者的出口总额大于从后者的进口总额，差额就是正的，这个差额叫作贸易顺差，或者贸易盈余，也称作"出超"；如果前者向后者的出口总额小于从后者的进口总额，差额就是负的，这个差额叫作贸易逆差，或者贸易赤字，也称作"入超"；如果差额在零左右，就称作贸易平衡，贸易平衡一般是不容易达到的。

两国间开展贸易，一国的出口就是另一国的进口，一国的进口就是另一国的出口。因此，当前者是贸易顺差的时候，对于后者自然是贸易逆差；当前者是贸易逆差的时候，后者当然是贸易顺差。所以，两国间双边贸易通常表现为一国是顺差、另一国是逆差的情况。

一国对另一国存在贸易顺差，意味着前者有更多的商品被后者买了去，后者居民对前者商品的消费构成了前者总需求的一部分。按照宏观经济的总需求理论，后者的需求必然拉动前者国内产出增长，就业增加；同时，会给后者国内同类商品的生产企业造成冲击和影响，可能使企业产品滞销，开工不足，工人失业。

中美贸易不平衡问题及给人民币汇率带来的压力

根据国家统计局和海关总署的统计，自1979~1992年，中国对美国贸易一直是逆差;但自1993年起,中国对美贸易由逆差转为顺差。1993年当年对美贸易顺差仅为62.7亿美元,但是,此后随着中美贸易额的增加,中国对美贸易顺差也不断扩大。①到2021年,对美贸易顺差已经达到3963.74亿美元,是1993年的63.2倍。②

随着中美贸易不平衡的扩大,双边贸易摩擦也日益加剧。从1994年克林顿总统执政期间开始,一直到2016年特朗普竞选总统期间,美国方面不停地指责中国政府操纵汇率,人为压低人民币汇率,从而导致美中贸易逆差持续扩大。美方持续向中国施压,要求提高人民币汇率,通过改变汇率来改变贸易不平衡的现状。

随着改革开放的深入推进,中国政府不断改革汇率管理体制和汇率形成机制,从计划经济时期高度集中的外汇管理体制,到改革开放初期计划管理与市场调节相结合的外汇管理模式,再到近三十年来越来越多地由市场配置外汇资源、与更高水平对外开放相适应的外汇管理体制。相应地,人民币汇率也越来越具有弹性,越来越多地反映市场信息。

1994年,人民币官方汇率和外汇调剂市场汇率实现并轨,我国开始实行以市场供求为基础的、单一的、有管理的浮动汇率制度。③人民币汇率由1993年的5.7620元/美元迅速贬值到1994年

---

① 中华人民共和国国务院新闻办公室. 关于中美贸易平衡问题 [EB/OL]. (2005-05-26) [2023-03-25]. https://www.gov.cn/zhengce/2005-05/26/content_2615746.htm.

② 国家统计局. 中华人民共和国2021年国民经济和社会发展统计公报 [R/OL]. (2022-02-28) [2023-03-25]. http://www.stats.gov.cn/xxgk/sjfb/zxfb2020/202202/t20220228_1827971.html.

③ 黄达,张杰. 金融学 [M]. 北京:中国人民大学出版社,2020:65.

的8.6187元/美元。其后，开始逐年缓慢升值，直至2005年达到8.1917元/美元。2005年7月21日开始实行以市场供求为基础、参考"一篮子"货币进行调节、有管理的浮动汇率制度，汇率市场化程度进一步提高。由此，从2006年初开始，人民币汇率快速升值，直到2014年已经达到6.1428元/美元，为市场化改革以来的历史最高点。[①]

从2005年汇率改革到2014年初，人民币对美元汇率已经累计升值33%。其间，中美贸易严重不平衡问题得到有效缓解，中国一般贸易顺差大大缩小。即便是这样，美国方面依然认为人民币被低估，人民币汇率还有很大的升值空间。2017年4月14日美国财政部发布的《国际经济与汇率政策报告》虽然没有将中国定性为汇率操纵国，但仍然将中国列入监测名单之中。中国作为对美贸易顺差规模最大的国家，人民币汇率问题仍将是最受美国关注的问题之一。

现在的问题是：汇率是由什么决定的？一国政府可以操纵汇率吗？如果中国政府可以操纵人民币汇率，美国政府不可以操纵美元汇率吗？如果美国政府也可以操纵美元汇率，只要让美元贬值就好了，何必苦苦相逼人民币升值呢？汇率的决定还真不是那么简单的事。汇率决定本身有自己内在的规律，但是，政府又不是无能为力、无所作为的。各国汇率制度不同，政府发挥的作用也不同。

---

① 国家外汇管理局. 人民币汇率中间价（1994－2022）［R/OL］.（2023－05－15）［2023－06－16］. http://www.safe.gov.cn/safe/2020/1218/17833.html.

一价定律和购买力平价理论

从理论上讲,既然一国货币是衡量该国商品价格的尺度,那么,在长期中,决定汇率的就是各国商品的相对价格。在这方面公认的理论是一价定律(the law of one price)和购买力平价理论(theory of purchasing power parity,PPP)。

所谓一价定律是指,如果两个国家生产的某种商品是完全同质的,没有什么区别,而且两国间可以自由贸易,几乎不存在运输成本和贸易壁垒,那么,商品在各国的价格应该是完全相同的。现在两国用各自的货币标价,价格不同,它们价格的比率就是汇率。例如,美国遍布全世界的麦当劳餐厅执行同样的标准,每家餐厅制作的"巨无霸"汉堡的配料、规格尺寸基本是一样的,它们的价值自然也应是基本一致的,但是,它们在各国的售价却不同,这些售价之比就应是各国货币间的汇率。如果一个"巨无霸"汉堡在美国的售价是3美元,在中国售价19.8元人民币,那么,就说明3美元和19.8元人民币是相当的,即1美元相当于6.6元人民币,人民币对美元的汇率就是6.6元/美元。

现在,假定汇率不变,"巨无霸"汉堡在中国的售价变了,涨到了21.9元人民币,这时实际汇率变成了7.3元/美元。接下来会发生什么呢?会有人在美国大量买进汉堡,运到中国销售,这样,每个汉堡可以获利2.1元(21.9-19.8),直到美国的汉堡价格涨上来,中国的汉堡价格降下去,人民币对美元的汇率回到6.6元/美元的水平。

用单一商品的价格来说明汇率的意思显然比较容易理解,但问题是每一个国家的商品品种都是千千万万、包罗万象的，如何来进一步理解汇率呢？我们可以在两个国家选择同样的"一篮子"商品，如汽车、手机、服装和食品等，计算出各自的价格总水平，比较各自的价格总水平，就可以得到两国货币的汇率。这是一价律由单一商品向"一篮子"商品的延伸扩展。由此产生了一种新的汇率决定理论——购买力平价理论。

该理论认为，货币的价值在于购买力。人们之所以需要本国或外国货币，是因为货币在其发行国可以买到东西，也就是说在发行国具有购买力，而购买力是通过价格反映出来的，价格越高，说明货币的购买力越弱；价格越低，货币的购买力越强。货币的购买力可以用商品价格的倒数来表示。假定我们选定的"一篮子"商品在美国的价格总水平是 10000 美元，在中国的价格总水平是 66000 元人民币，那么，美元和人民币的购买力就分别是 1/10000 和 1/66000。

两种货币的汇率可以用它们各自的购买力之比表示：

美元/人民币 = (1/10000)/(1/66000) = 6.6

如果一国物价上涨，也就是该国货币购买力下降，就意味着该国货币相对另一国货币贬值，两国货币的汇率也要发生相应的调整。例如，假定人民币对美元的汇率是 6.6，现在美国和中国均发生了通货膨胀，美国的通胀率是 2%，中国的通胀率是 5%，那么，人民币相对于美元就贬值了 3%，人民币对美元的汇率应变为约 6.8 元/美元 [6.6 - 6.6 × (- 3%)]。

购买力平价理论告诉我们，两国的价格水平决定了两国货币的汇率水平，而两国价格水平的变动决定了两国货币汇率水平的变动。购买力平价理论具有重要的理论意义,对于分析预测汇率的长期变化趋势具有重要的指导作用。但是,这个理论具有很多先天不足,对于分析预测短期汇率没有多少实际意义。

首先,购买力平价理论像一价定律一样,假定用来比较的两国"一篮子"商品是完全同质的,这显然不符合实际,美国市场上的汽车、手机等商品不可能与中国市场上的同类商品完全一样,而不同质的商品又不能放在一起进行比较。其次,有很多商品不能跨境交易,如房产、土地和理发、餐饮等服务就不能跨境交易,也就不好进行比较。"一篮子"商品代表性不够。再次,该理论建立在货币数量论基础上。它假定价格由货币数量决定,而且由货币数量唯一决定,这显然是不正确的,影响价格水平的有很多因素。最后,也是最主要的,它没有考虑资本的跨境流动。人们需要外国货币绝非仅仅用于商品和服务的跨境贸易,更大程度上是用于跨境投资。事实上,国际资本跨境流动对各国汇率的影响都很大。

对货币的供求决定汇率

生活中,汇率的变化是频繁的,有时还是剧烈的。即使物价没有明显波动,汇率也可能发生不可忽视的变化。显然,这是物价决定理论所不能解释的。故而,人们转而用供求理论来解释。

货币像普通商品一样,也遵循供求规律。一国居民和企业对另一国的商品和劳务有需求,比如中国居民进口美国商品、去美国旅游,就需要用到美元,就要将人民币兑换成美元,这就构成了对美元的需求。反过来,如果美国居民和企业对中国的商品或劳务有需求,就要将美元兑换成人民币,这就形成了对美元的供给。

当对外汇的需求和供给达到均衡的时候，就会形成一个均衡汇率。如果需求量大于供给量，汇率就趋向于上升；否则，汇率趋于下降。通常情况下，当一国对另一国商品和劳务的需求增加时，必然对该国货币的需求增加，后者的货币趋向于升值。中美贸易长期顺差意味着美方对人民币的需求长期处于看涨状态，这就是为什么中美贸易长期顺差让人民币多年承受着升值的压力。

对于资本不能自由地跨境流动、仅开放货物和服务贸易的国家来说，进出口因素对汇率有决定作用，但是，在资本可以自由流动的国家之间，进出口涉及的外汇交易相对于资产涉及的外汇交易规模很小，对于汇率的决定意义不大。"例如，每年美国的外汇交易总值比美国的进出口规模高25倍以上。因此，在短期内，持有国内还是外国资产的决策在汇率决定方面较进出口需求而言更为重要。"①

对货币资产的供求决定广义汇率

其实，国家开放的程度不同，外汇和汇率概念的内涵与外延也不同。我们通常理解的外汇和汇率是狭义的概念，仅指其他国家或地区的货币或支付凭证和相互间的兑换比率。广义的外汇概念除包括外币现钞、外币支付凭证或支付工具外，还包括债券、股票等外币有价证券和其他外汇资产。广义的汇率"是以外国资产（以外国货币计价的相似资产）衡量的国内资产（以本国货币计价的银行存款、债券、股权等资产）的价格"。②

---

①② 弗雷德里克·S. 米什金. 货币金融学［M］. 郑艳文，荆国勇，译. 北京：中国人民大学出版社，2016：341.

基于广义的外汇和汇率的概念，资产市场的供求规律就被用来解释汇率的决定了。以美国为例，美国国内以美元计价的资产主要是美国银行存款、债券和股权等，美元资产的供给也主要是这些资产的供给。就汇率分析而言，美元资产的供给量可以假定为恒定的，即不随着汇率的变化而变化。美元资产的需求则是在任一汇率水平上对以上资产的需求。需求量与供给量相等的时候对应的是均衡汇率。如果汇率偏离了（低于或高于）均衡汇率，说明对美元资产的需求量偏离了（少于或多于）美元资产的供给量，美元的价值将趋于下降或上升，直至达到均衡汇率。

那么，是什么决定了对美元资产的需求量呢？是美元资产的相对预期回报率，即美元资产相对于其他货币资产的预期回报率。那么，又是什么决定了相对预期回报率呢？无疑，资产的相对利率是主要的决定因素之一，即美元资产与其他货币资产利率的相对高低决定着美元资产的相对预期回报率。例如，在其他因素不变的情况下，如果美国国内利率上升，美元资产相对于其他货币资产的回报率就会上升，那么，人们就愿意持有更多的美元资产，这就会表现为在任一汇率水平上对美元资产的需求量增加，于是，就会导致出现新的更高的均衡汇率，美元升值。反之，如果美国国内利率下降，美元资产相对于其他货币资产的回报率就会下降，那么，在任一汇率水平上人们对美元资产的需求量减少，均衡汇率就会下降，美元贬值。

如果美国国内利率不变，外国利率变化，同样影响美元资产的相对预期回报率，进而影响对美元资产的需求量和美元汇率的变化。例如，中国国内利率上升，说明人民币资产相对于美元资产的回报率上升，那么，美元资产的相对预期回报率下降，人们就不愿意持有太多的美元资产，在任一汇率水平上对美元资产的需求量减少，对人民币资产的需求量增加，美元对人民币的均衡汇率就会下降，美元出现贬值；反过来，如果中国国内利率下降，会引起美元资产的均衡汇率上升，使得美元升值。

这里所说的利率自然是实际利率，即名义利率扣除通货膨胀因素影响后的利率。美联储圣路易斯分行曾给出自20世纪70年代至21世纪初美国国内利率与美元汇率的变化曲线，如图10-3所示。该曲线表明，美元价值的变化和实际利率的升降基本上是同步的，两者的相关性十分显著。

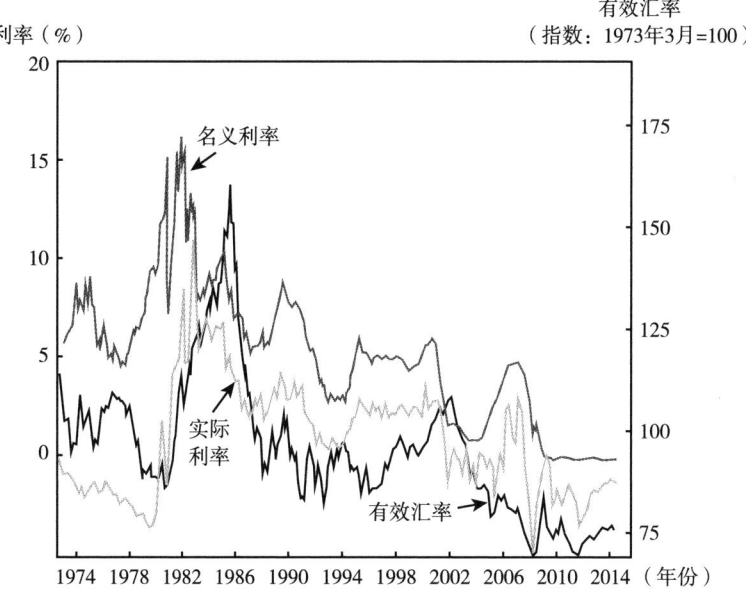

图10-3 美元价值和利率（1974~2014年）

资料来源：弗雷德里克·S. 米什金. 货币金融学 [M]. 郑艳文，荆国勇，译. 北京：中国人民大学出版社，2016：349.

2022年中美两国利率和汇率的相关表现

进一步地，我们从 2022 年中美两国利率和汇率的实际表现可见利率对汇率的影响。

2022 年，是自 2020 年新冠疫情开始后的第三个年头。两年来，为了抵御疫情对美国经济的冲击，美联储实施宽松的货币政策，向市场注入大量的流动性，支持了美国经济的快速复苏。但与此同时，美国的通货膨胀倾向日益明显。2022 年 2 月底爆发的俄乌冲突带来的大宗商品短缺进一步恶化了通胀趋势。3 月，美国 CPI 同比增幅达到了 8.5%，创四十年来最大增幅。美联储决定采取紧缩型货币政策，启动加息周期，当月开始加息 25 个基点。

美联储加息是什么意思呢？我们在《关于美联储——独特、独立的中央银行》里介绍过，美联储公开市场委员会大约每隔一个半月召开一次公开市场会议，研究调整货币政策，主要是研究决定联邦基金利率的升降，如果决定上调联邦基金利率，就是加息；否则，就是降息。

联邦基金利率是银行间的贷款利率。美联储采用市场化的办法，通过公开市场操作来影响联邦基金利率。例如，当前市场上的联邦基金利率在 0.25%～0.5%，公开市场委员会决定加息 25 个基点，就开始在公开市场上卖出债券，收回货币，使得银行持有的超额准备金减少，银行间的贷款利率上升，直到联邦基金利率提高到 0.5%～0.75% 为止。

通常情况下，联邦基金利率变动影响着其他资金资产利率同向变动。如果联邦基金利率升高，银行贷款利率、商业票据利率等升高，投资和消费成本增加，投资和消费行为受到抑制，通胀率就趋于下降；但同时，银行存款利率、国债利率、长期企业债券利率等也升高，如果其他国家的利率不变，美元资产的相对预期回报率就会上升，其他国家的资金会流向美国，从而使得美元升值，其他国家货币贬值。

从2022年3月中旬，在联邦基金利率为0~0.25%的基础上，美联储开始加息，直到12月中旬最后一次加息，美联储共7次加息，累计上调425个基点，使联邦基金利率达至4.25%~4.5%。其间，美国5月CPI升至8.6%，6月CPI更是达到了最高点9.1%，直到11月CPI回落至7.1%。

通胀压力不仅仅体现在美国，也冲击着全球几乎所有国家和地区。2022年，英国和欧洲的CPI最高都曾达到两位数的水平。英国央行早在2021年12月就已经开始加息，但英国央行在2022年全年的加息节奏和力度都弱于美联储。欧洲央行也终于在2022年下半年告别了长达8年的负利率时代，开启了加息步伐。在美联储、英国央行和欧洲央行三大央行的引领下，全球央行基本上都先后采取了加息行动。

各国央行纷纷加息，除了应对通胀压力的考虑之外，减少资本流出和阻止货币贬值也是一个重要的考虑因素。在美联储强势加息的政策影响下，如果各国央行不跟着加息的话，美国的基准利率与其他国家的基准利率之间的差距将会越拉越大。由此，资本将不断从各国流出，流向美国，推升美元汇率，压制其他货币。即便是这样，就2022年整体看，大部分非美元货币相对于美元普遍贬值。

　　与美英等大多数国家不同，中国从疫情之初就坚持采取动态清零的严密防控措施。当美英各国通货膨胀愈演愈烈的时候，中国却从2022年初开始出现了明显的经济趋缓迹象。因此，当美英各国收紧货币、不停加息的时候，中国央行则采取了相反的宽松货币政策。

　　2022年，中国人民银行分别于1月17日和8月15日下调常备借贷便利（SLF）利率，于4月25日和12月5日各下调金融机构存款准备金率0.25个百分点，并且每月开展中期借贷便利（MLF）操作和央行票据互换（CBS）操作，采用多种政策工具向市场释放流动性，使人民币利率明显下降。其中，常备借贷便利（SLF）利率隔夜利率已下调至2.85%，7天利率下调至3.00%，1个月利率下调至3.35%；贷款市场报价利率（LPR）1年期为3.65%，5年期以上为4.30%。数据显示，1年期和5年期以上LPR分别较上年12月下降0.15个和0.35个百分点。贷款加权平均利率为4.14%，同比下降0.62个百分点。①

　　美国方面在加息，中国方面在降息，2022年中美货币政策反方向运行。2021年人民币利率高于美元利率，但是，人民币和美元的利差在收窄。2022年4月以后人民币和美元利差转为倒挂并逐渐拉大。相伴行的，两种货币资产的收益率也呈现同样的变化趋势。

---

① 中国人民银行货币政策分析小组. 中国货币政策执行报告［RB/OL］.（2023-02-25）［2023-03-19］. 中国人民银行官网.

以两国国债为例。国债,又称国家公债,是国家以其信用为基础,为了筹集资金向社会发行的一种债券。由于国债的发行主体是国家,所以它具有最高的信用度,被认为是最安全的一种债券。一般来说,发展中国家的国债利率比发达国家的国债利率要高一些,因为发展中国家往往希望吸引更多的资金,包括内资,也包括外资。

以10年期国债为例。自2010年以来,中国10年期国债利率一直高于美国10年期国债利率,而且总体比较稳定。自2021年开始中美两国10年期国债息差变小。此后,在加息预期下美国国债收益率快速上升。2022年4月11日,美国10年期国债收益率为2.76%,超过了当日中国10年期国债收益率2.75%。中美国债息差出现了倒挂。2022年8月中旬以后,这种倒挂出现了扩大的趋势。

美元资产的相对预期回报率提升,吸引全球资本迅速回流美国,同时也导致境内外资金从中国流出。2022年1~8月,美国跨境资本净流入共1.15万亿美元,超过2021年全年资本净流入水平1.11万亿美元。2022年,外资对中国的直接投资减少,第一、第二季度外资直接投资流入总计155.42亿美元,相比上年同期减少268.29亿美元;证券投资呈现净流出,上半年证券投资净流出1585.81亿美元。①

资本的流向决定了汇率几乎同步但是相反方向的起伏。2022

---

① 谭小芬. 全球加息潮对跨境资本流动的影响及应对 [J]. 清华金融评论, 2022 (12).

年 3 月初，人民币对美元汇率达到最高点 6.30 左右；随后，一路走低，直到 11 月初，达到全年最低点 7.30 附近，创 2007 年底以来新低。短短 8 个月时间，人民币贬值了约 15%。整个 2022 年，人民币对美元平均汇率为 6.7261，与上年的 6.4515 相比，同比缩减 4.26%。

不过随着美国 10 月份通胀数据超出预期的好转，市场对美联储进一步紧缩货币政策的担忧得到缓解，美债收益率回落，加之市场对中国经济的预期改善，资本开始回流到包括中国在内的新兴市场，中国人民银行又采取了下调金融机构外汇存款准备金率等一系列稳汇率的措施，自 11 月末开始，人民币对美元汇率走强；12 月初重新升回 7.0 以内；至 12 月 31 日，人民币对美元汇率回调至 6.9638。

以上是我们对 2022 年中美两国利率和汇率变化过程的简要分析与回顾。通过分析我们看到，两国货币汇率的变化和两国利率的变化高度相关。这充分印证了前面提到的短期汇率变化的逻辑：当一国利率提高而另一国利率不变甚至下降时，前者货币资产的相对预期回报率上升，资本会从后者流向该国，追逐该国货币资产，该国货币升值，后者货币贬值。

综上所述，两国货币汇率的长期变动取决于两国相对物价水平的变动；汇率的短期波动取决于两国资产相对预期回报率的变化，这个变化会影响资本的流入流出，而资产利率的变动是影响资产相对预期回报率变化的主要因素，因此，看上去汇率波动和利率变动的相关性非常明显。

不同的汇率制度

以上叙述看起来好像是汇率只是由市场决定,与政府似乎没有什么关系。实际情况当然不是这样的。对于汇率这么大的事情,政府怎么会置身其外呢?以上所说的侧重于汇率的市场决定因素,但是在实践中,政府总是或多或少地参与其中,影响汇率朝着有利于本国(地区)的方向变化。

各国(地区)政府对汇率的态度和管理方式可以通过该国(地区)的汇率制度体现出来。汇率制度,即一国(地区)政府对本国(地区)货币汇率变动的基本方式所作的基本安排和规定。汇率制度通常分为固定汇率制度和浮动汇率制度。

所谓固定汇率制度就是一国(地区)货币与另一国(地区)货币挂钩,将汇率水平固定下来,只允许汇率在很小的范围内波动。这样就消除了汇率波动给两国(地区)间贸易带来的风险,减少了经济活动中的不确定性,降低了交易成本。例如,中国香港地区实行的联系汇率制度就是钉住美元的固定汇率制度,它规定按7.8港元兑1美元的固定汇率与美元挂钩。固定汇率制度要求货币当局要有充足的外汇储备,这样,当外汇市场上汇率的波动幅度过大的时候,货币当局通过买卖外汇进行干预,以维护汇率稳定。

所谓浮动汇率制度就是汇率由外汇市场的供求关系自发决定,政府不再规定本国(地区)货币与外国(地区)货币的比率,自然也不再对汇率的波动进行干预。世界上的发达经济体如美国、英国、日本等基本上采用浮动汇率制度。浮动汇率制度可以通过汇率自发地调节国际收支平衡，让一国（地区）货币当局可以专注于货币政策，不必为稳定汇率而保存大量的国际储备。

中国目前实行的是以市场供求为基础、参考"一篮子"货币进行调节、有管理的浮动汇率制度。这个制度是介于固定汇率制度和浮动汇率制度之间的一种制度，是一种过渡性的汇率制度。按照这个制度，中国人民银行会根据外汇市场上汇率的变化和国际贸易平衡状况干预和调节汇率。所以，我们看到，人民币一会儿升值、一会儿贬值，但人民币汇率波动幅度通常情况下不会太大。

第11章

宏观经济和财政政策

11.1 GDP和我们每个人、每个企业
——GDP、GDP的统计和不足

人们常常讨论某国GDP如何如何、各国GDP排名如何，等等。GDP现在成了非常受关注、使用频率很高的一个词语。那么，什么是GDP？作为普通人的我们和GDP有关系吗？你、你所在的企业对GDP有贡献吗？

什么是GDP？

GDP是宏观经济学里一个很重要的概念，它表示一个国家在一定时期内总的产出（包括物品和服务），用来衡量一国经济发展、经济实力和富有程度。我们每一个人都和GDP有关系，我们每一个人、我们所在的每一家企业都对GDP有贡献，当然贡献大小有不同。

一个很富有的、经济实力强大的国家必然是一个生产能力很强的国家，能够产出尽可能多的给国民带来价值的东西。一个经济发展快的国家一定是一个生产能力在增长、能产出越来越多的满足国民需要的物品的国家。这样说并不意味着这个国家的生产活动都是以国家作为主体来组织实施的，而是说这个国家的各类经济主体非常活跃，能够发现甚至创造人们的需求并通过生产活动满足人们的需求，并且这个国家具有劳动能力的多数国民都参与到满足人们需求的生产活动中并由此获得满足自己需求的能

力。这样,这个国家对外表现出经济实力强大,对内表现出国民生活水平和品质提高,福利不断增加。

我们举一个简单的例子来说明。假定有各自封闭生活的 A、B 两个小山村,A 村全年只生产两种物品——玉米和小麦,一部分村民种植玉米,另一部分村民种植小麦,村民将劳动成果一部分留作自己食用,一部分拿来与其他村民交换自己不耕种的品种。这样,每个村民都能同时食用玉米和小麦,全村人一年也只食用玉米和小麦。B 村全年除生产玉米和小麦以外,还有几个村民学会了饲养耕牛,于是,这几个村民专门养殖耕牛,用耕牛与其他村民交换玉米和小麦。种植玉米和小麦的村民有了耕牛,玉米和小麦的产量更高了;养殖耕牛的村民用耕牛可以换来更多的玉米和小麦。当耕牛足够用于耕作以后,他们开始宰杀多余的耕牛,将牛肉用作食物。这样,B 村民有了三种食物:玉米、小麦和牛肉。

我们说,A 村和 B 村,哪个村经济发展快,哪个村更富有,哪个村的村民福利更好呢?显然,B 村经济发展快,B 村更富有,B 村村民福利更好。这是我们凭直觉做出的判断。对于这样两个小山村,凭直觉进行判断比较容易,也没什么不妥。然而,如果是对两个国家的经济状况进行比较,或者对一个国家不同时期经济状况进行比较,显然凭直觉进行判断既不容易也不严肃。这就要用定量的科学统计方法来分析和判定。GDP 就是这样的最重要的指标之一。GDP 是英文 gross domestic product 的首字母缩写,意为国内生产总值,是指一个国家在一定时期内所生产的全部最终产品(物品和服务)的市场价值,这就是 GDP 的定义。我们必须准确理解GDP的定义，才能理解我们生活中经常出现的GDP的含义。

GDP是用产品和劳务的市场价值来衡量的

GDP强调的是产品的市场价值，即GDP衡量的是人们产出的用于交换的东西。像前面举例的山村里人们生产的玉米和小麦，只有拿出来彼此交换的部分才计入GDP，自产自用的部分不能计入GDP。换句话说，只有有价格的东西才能参与到GDP的统计中来，而且这个价格是在法律允许范围内自由交换形成的价格。因为人们自觉自愿的交换行为能给彼此带来福利，我们前面说过，自由交换给买者和卖者都带来剩余，否则，交换就不可能发生。人们自觉自愿的交换行为形成的价格反映了被交换物的稀缺程度，反映了被交换物的真实市场价值。

基于市场价值这一原则，在计划经济下政府制定的产品价格不能用来计算GDP，因为计划价格不能反映市场价值，它们用计划价格衡量经济的总产出不能准确反映经济的运行状况，也无法与市场经济国家的GDP进行横向比较。

GDP定义在市场价值上，解决了GDP统计的最大的技术问题。一个国家有各行各业，每天产出满足人们需要的各种物品和服务，物品如食品、服装、家电等，服务如教育、医疗、旅游等。GDP就是对一定时期内如一年内这些物品和服务的量的统计加总。那么，面对林林总总、包罗万象、以不同计量单位衡量的物品和服务，该如何衡量和表达经济总的产出呢？显然不能以不同单位的产品数量简单相加。即便是同样单位计量的不同产品，简单加总也没有意义。1 台电冰箱和 10 台推土机相加,总数是 11 台;10 台电冰箱和 1 台推土机相加,总数也是 11 台,我们不能因此说两种情形的总产出相同。好在人们找到了办法:将产出的各种物品和服务的数量与它们的价格相乘之后的积加总,即统计各类产出的市场价值,这样就可以将各类不同单位、不同用途的产品放到一起统计了。就上述例子来说,假定一台电冰箱的价格是 0.5 万元,一台推土机的价格是 10 万元,前一种情形总产出的市场价值是 100.5 万元,而后一种情形总产出的市场价值是 15 万元,两者的差异很大。

GDP 既包括有形物品的市场价值,也包括无形服务的市场价值,这是我们必须注意的,因为在很多中国人的传统观念里,似乎只有看得见、摸得着、能吃能用的东西才有价值,那些不产出有形产品的服务行业没什么价值。所谓有价值无价值,要看它是否能给人带来便利、愉悦和满足感,只要是能给人带来这些福利的,就有价值。正因如此,经济学里的"产品"通常既包括有形的物品,也包括无形的服务。事实上,在当今世界上发达国家如美国、日本、德国等国的 GDP 里,服务业所占比重已经达到 60% 以上,其中美国甚至已经达到 70% 以上。当然,这里的服务业涵盖范围很广,包括金融、旅游、娱乐、教育、医疗、信息、法律服务等。

还有一点需要注意的是,GDP 是指最终产品的市场价值。最终产品是指作为生产过程最终结果的产品,是已经脱离生产过程、进入消费和使用环节的产品。最终产品是相对于原料和中间产品而言,这就意味着原料和中间产品不能计入 GDP,它们的价值已经包含在最终产品里，如果再计入，就会造成重复计算。就这个问题，经济学家常举的例子是面包。作为最终产品的面包，它的市场价值已经包含了中间产品面粉和原料小麦的价值，因此如果面包的市场价值被计入 GDP，面粉和小麦的市场价值就不能再被计入了。当然，一种物品是否为中间产品是相对的，依不同情况而定。面粉对于家庭来说就是最终产品，作为家庭直接消费的对象，它们的市场价值就该计入 GDP。

GDP 是生产概念，不是消费概念

我们说 GDP 是一定时期内最终产品的市场价值，并不是当期最终销售出去的产品的市场价值，而是指当期生产出来的全部最终产品的市场价值，包括已经销售出去的和尚未销售出去的产品。已经售出的产品，自然是已经实现了其市场价值；尚未售出的库存产品，具有潜在的市场价值，虽然尚未实现价值，但是已经具备了实现价值的能力，对全社会来说，是一种潜在的福利，也可以认为是企业暂时按销售价格自己购买了这些产品。例如，某电器企业某年生产了 100 万台电冰箱，平均每台售价 3000 元，当年卖出 80 万台，形成库存 20 万台，那么，该企业计入当年 GDP 的电冰箱的市场价值应该是 30 亿元（100 万台 × 3000 元/台），而不是 24 亿元（80 万台 × 3000 元/台）。

如果次年该企业将余下的 20 万台电冰箱售出，这 20 万台冰箱的市场价值不能计入这一年的 GDP，因为它们是上年生产的，已经计入了上年的 GDP，不能重复计入。如果销售价格发生了变化，还要对上年 GDP 进行调整。例如，这 20 万台冰箱不是按

3000元/台的价格销售,而是以2500元/台的价格销售的,那么该企业上年所产电冰箱的市场价值就应更正为29亿元[30亿元－20万台×(3000－2500)元/台]。

这就是为什么GDP每年总要公布两次,一次是初步统计结果,一般在次年的第一季度公布,第二次是最终统计结果,一般在次年的第四季度公布。最终结果是对初步统计结果的修正,修正的内容就包括上述电冰箱这样的问题,当然不限于这类问题。①

二手商品交易额不计入GDP

我们现在应该明白,今年市场上流通的东西,其市场价值未必属于今年的GDP,只有今年出产的产品,其价值才属于今年的GDP,在今年GDP的统计范围之列;往年生产的产品虽然仍在今天的市场上销售,其价值属于其出产年份的GDP,已经计入了当年的GDP,不能再计入今年的GDP,无论它是刚刚售出的一手商品,还是多次交易的二手商品。

近年茅台酒的价格日见看涨,有人收购和囤积茅台酒,以图日后获利,不管他收到的茅台酒来自原产地酒厂,还是来自他人的藏酒,只要不是今年生产的,他们的交易额都不计入今年的GDP。所有二手商品的交易价值都不计入交易年度的GDP,因为这些物品无论是否当年出产,其刚产出时的市场价值已经计入了出产年度的GDP。但是,二手商品交易市场收取的佣金则是当年

---

① [美]保罗·海恩,彼得·勃特克,大卫·普雷契特科. 经济学的思维方式[M]. 史晨,译. 北京:机械工业出版社,2017:295.

服务的市场价值，自然应计入当年的GDP。例如，你通过房产中介相中了一套二手房，以100万元的价格通过房产交易中心与房主完成交易过户手续，这100万元不能计入当年GDP，因为市场上并没有新生产一套住房，但中介和房产交易中心收取的中介费和过户费等应计入当年GDP。二手商品市场交易的标的物的价值与当年GDP没有关系，交易的服务费则属于当年GDP。

这种问题源于物品的生产与消费过程的分离。有形的产品——物品，只有先生产出来，才能供人消费，物品的交易一般晚于它的生产，可能跨期，而且可以多次交易。无形的产品——服务，一般不存在这样的问题，因为服务的生产与消费过程同步发生，服务必须在服务者和被服务者的互动中产生，服务不能储存。房子只有建成后才可以居住享用，而且可以捂盘惜售，待价而沽，可是房产中介和房产交易中心只有有人需要和消费服务时才产生信息及交易服务。

以上是我们对GDP的理解。归纳起来，GDP是指经济社会（一般是一个国家或地区）在一定时期内最终产品的市场价值，它实际上要表达的是这个社会的人们在一定时期内可以享有的全部福利，包括当期实现了的福利和潜在的福利；GDP是生产概念，不是消费概念，只要是一定时期内生产出来的有市场价格的产品（包括物品和服务），其市场价值都属于当期的GDP，而不管其当期是否销售出去以及何时销售出去。

GDP最初用于衡量一个国家（地区）的经济发展状况，现在也常常用于衡量一国（地区）内部不同地区的经济发展状况。例如，我们常常看到国内各省份的GDP排名，这时的GDP被称为地区生产总值。

用 GDP 衡量经济成果的缺陷和不足

用 GDP 衡量经济活动给经济统计和研究带来很多便利,但也存在一些问题。

首先,GDP 不能衡量非市场活动给人带来的福利。GDP 定义为产品的市场价值,一方面便于统计;另一方面符合生活常识和经济学认知:自由的交换行为给交换双方带来福利。但问题是非交换行为未必不能给人带来福利,只是非交换行为即使给人带来福利,也无法衡量其市场价值。例如,家庭成员做家务显然给家庭带来福利,但是家庭成员付出的劳动是无偿的,没有价格,就无法计入 GDP;如果将家务交给家政公司,有偿购买家政服务人员的劳务,双方交易的价值量就能够计入 GDP。

其次,GDP 并不能衡量所有有市场价值的东西。只有合法的生产和交换行为产生的产品或服务的市场价值才能被计入 GDP,非法的生产和交易活动虽然也能给交易双方带来福利,但是其价值量无法计入 GDP,如走私活动、黑市交易等。

再次,GDP 并没有考虑伴随最终产品生产可能对福利的破坏和降低。一定时期内出产的最终产品虽然可能给生产者和消费者带来福利,但也可能同时降低包括生产者和消费者在内的全社会福利,还可能损害人们的长远利益,威胁全社会的可持续发展。燃油汽车的出现无疑给生产和消费两方都带来好处,但汽车尾气的排放污染了环境,给人的健康造成损害。工业化、城镇化的快速推进无疑会提高当代人的生活水平,但同时也可能导致对自然资源的污染和过度开发，从而增大今后持续发展的成本和难度。GDP 只衡量当期最终产品的市场价值，无法考虑伴随而来的对人类当前和未来福利的负面影响。

最后，GDP 的衡量结果与人的幸福感并不完全一致。生活幸福是作为个体的人和作为整体的社会努力的方向与目标。而生活幸福与否很大程度上是人的主观感受，一个社会是不是幸福感和满意度很高的社会，既取决于生活在这个社会里的人生活是否富足、便利，还取决于他们活得是否长久和健康，有没有足够的安全感、足够的自由度，人和人之间是否充满友善和温情等。GDP 只能衡量社会物质层面的富足和繁荣，却不能表征人们精神和情感层面的感受。

由于存在以上种种不足，GDP 并不能准确衡量一个社会在一定时期内的全部福利，也不能准确反映这个社会人们的幸福感和满足感，但是，正像美国著名经济学家阿瑟·奥肯所说的："毫不奇怪，国家的繁荣并不能确保社会的幸福，正如个人的幸福并不能确保家庭的幸福一样。GDP 的增长绝不可能抵消由一场不受欢迎并未能取胜的战争所带来的紧张局势，不可能消除由于种族偏见所引起的长期的良心冲突……尽管如此，经济的繁荣……毕竟还是成功地实现我们的抱负的先决条件。"①

GDP 不是衡量一个经济体全部福利的完美指标，却是人们目前能找到的尚不可替代的最好指标。获得高 GDP 不是人类努力的

---

① [美] 保罗·萨缪尔森，威廉·诺德豪斯. 经济学（第 18 版）[M]. 萧琛，主译. 北京：人民邮电出版社，2008：382.

目标，生活幸福才是人类所追求的终极目的。但是，高 GDP 和适度的 GDP 增速是生活幸福的必要保障。

每个人、每个企业都对 GDP 有贡献

亚当·斯密说过，"每个人改善自身境况的连续不断的努力是社会财富、国民财富以及私人财富所赖以产生的重大因素。"[①] 我们每一个人为了自身的幸福，从事合法的经济活动，拼搏奋斗、创业创新，一定会增进个人财富，同时也会增进社会福利。我们工作，给人们提供能满足他们需求的产品，通过市场销售实现产品的市场价值；我们消费，通过购买行为活跃市场交易，拉动供给，促进生产，帮助别人实现产品的市场价值。

任何一个企业，无论是"巨无霸"式的企业集团，还是中小微企业，甚或是个体工商户，无论生产什么产品、提供什么服务，只要是人们所需要的，只要具备市场价值，给人们带来了福利，就为 GDP 作出了贡献。每年的 GDP 里，有你、有我、有他、有我们所在的企业，有所有努力工作的人们的辛勤劳动和聪明才智。

11.2 拯救危机中的资本主义的主义
——经济危机、凯恩斯主义和宏观经济学

大约在 100 百年前，在资本主义世界发生了一个大事件。这

---

① [英]亚当·斯密. 国富论 [M]. 孙善春，李春长，译. 沈阳：万卷出版社，2008：221.

个事件给了诞生 200 多年来一路顺风顺水的资本主义重重的一击,几乎把这辆隆隆行驶的"列车"掀翻。这就是资本主义发展史上最严重的一次经济危机:1929~1933 年始自美国、波及整个资本主义世界的严重的经济衰退,人们习惯上称这次危机为"大萧条"。

"大萧条"的冲击和影响

1929 年的美国,经济已经持续增长和繁荣了近 20 年,股市也呈现出欣欣向荣的景象,纽约股指已经达到了历史上的最高点。正当人们满怀信心地憧憬着美好未来的时候,危机正在悄悄逼近。1929 年 10 月 24 日,纽约证券交易所刚刚开市,人们就纷纷抛售股票,股价一路走低。到了 10 月 29 日,更大的抛售潮到来,人们都不计股价、争先恐后地离场,股指继续下行,跌幅达 22%。这天是星期二,史称"黑色星期二"。股市的崩溃迅速扩散到各行各业,从此后美国的经济陷入全面萧条,可谓百业凋零,民不聊生,工厂破产,银行倒闭,失业人员大量增加,失业率最高达到 25%。街上的流浪汉骤然增多,大饥荒和普遍的营养不良导致大量人口非正常死亡。

"大萧条"很快蔓延到其他工业国家,包括英国、德国、日本等,旋即演变成几乎全球性的经济危机。除了当时新生的社会主义国家苏联没受影响外,其他资本主义国家都陷入一种大恐慌之中。政府和社会精英都努力思考和探索造成危机的根源及拯救经济的良方,但都所获不多,收效不大。他们中的左派开始把问题的根源指向资本主义制度本身。时任英国首相麦克唐纳在其所属的工党1930年10月召开的年会上说道,"亲爱的朋友们,我们不是被告,站在被告席上的是我们生活在其中的那个制度。它已经失灵,不仅在我们这个小岛上,而且在欧洲、亚洲和美洲都已经垮掉。在全球各地,这个制度已不能运转,这是命中注定的事。"①

麦克唐纳所说的这个制度就是自由放任的资本主义制度。按照自亚当·斯密以来的西方古典经济学家的说法,资本主义制度是保护个人和家庭私有财产,人人出于利己动机自由选择、自主决策的制度。在这个制度里,市场通过价格机制可以实现资源的有效配置,产品不会卖不出去,只要价格足够低总会有人买,工人不会失业,只要愿意接受足够低的工资就会有雇主雇佣;在这个制度里,政府作为受托人和"守夜人",其职责是保护民众生命和财产安全,维护社会公正,提供基本的公共服务,同时严格控制和执行财政预算,不得超预算花钱,因为政府的每一笔支出都是纳税人的"血汗"钱。

这个制度确实极大地激发和保护了人们创业创新的动力,迅速地给实行这个制度的国家带来经济、社会的发展和繁荣,让这些国家日益摆脱贫穷、蒙昧和落后。但是,面对深刻而持久的萧条,这个制度下的人们似乎束手无措,无能为力。

"罗斯福新政"的效果

"大萧条"时期的美国,时任总统赫伯特·胡佛信守自由放

---

① [英]罗伯特·斯基德尔斯基. 凯恩斯传[M]. 相蓝欣,储英,译. 北京:生活·读书·新知三联书店,2015:492.

任主义原则，不愿政府的"手"伸进民众的经济和社会生活中，相信人们依靠自救和互助可以摆脱困境，使经济复苏。因此，他反对联邦政府对经济进行管制，采取大规模的救济措施和开办大型公共工程。然而，直到1932年总统大选来临之际，萧条局面仍在延续，胡佛败给了竞争对手富兰克林·罗斯福。

罗斯福入主白宫后，抛弃了传统的自由放任主义，加强对经济的管制，实行赤字财政政策，政府直接干预经济，大力发展公共事业、建设公共工程以增加就业、刺激经济，实施以救济、改革和复兴为主要内容的"罗斯福新政"（以下简称"新政"）。"新政"一系列不受传统制约的做法重振了人们的信心，魔幻般地止住了经济颓势。短短几个月后，工厂复工、农产品市场重新开张，人民对前途重燃希望。萧条虽然并没有结束，但对萧条的担心正在散去。

"新政"并非依据已有的理论指导而提出的一个完整的计划，而是面对紧迫的形势和糟糕的局面仓促之中提出的复苏措施的"大杂烩"。这些"大杂烩"受当时一些思潮和苏联计划经济的影响，整体上看是杂乱无章的，其所采取的措施有些甚至是相互抵触的，但的确取得了实效。从1935年开始，美国几乎所有的经济指标都稳步回升，到罗斯福第一个任期终了的1936年，国民收入已经有了50%的增幅。也恰在这一年，一套崭新的可以作为"新政"依据的理论呈现在了罗斯福和世人的面前，这就是凯恩斯主义。

凯恩斯理论对"大萧条"原因的解释

约翰·梅纳德·凯恩斯（John Maynard Keynes）是英国经济

学家，1936年出版了经济学专著《就业、利息和货币通论》（以下简称《通论》）。《通论》一经出版，即引起了西方学术界和政界的高度关注与热烈讨论，因为其突破了正统古典经济学的一些理想化的假定和结论，对经济衰退和严重的失业给出了合理的解释，并且顺理成章地提出了政府干预经济是复苏经济的不二选项的结论。这自然引起了学术界的争议，同时更引起了政府的兴趣。

如我们前面提到的，在凯恩斯之前的古典经济理论认为，市场机制像"一只看不见的手"一样可以自动实现资源的有效配置，实现商品和生产要素的供求均衡，不会出现普遍性的生产过剩，也不会出现就业不足。按照这个理论，资本主义制度下的经济应该永远是生机勃勃、欣欣向荣的，即使有生产过剩和就业不足，也只能是个别部门而不会是所有部门的生产过剩和就业不足，而且一定是暂时的。然而，"大萧条"打破了这个神话，经济学家们感到无所适从、无法解释。

那么，凯恩斯是怎么解释的，他提出了什么高见呢？正像他的书名所揭示的那样，《通论》开篇就从就业问题入手，先介绍了古典经济学的就业理论，然后指出，"古典理论最好应被称为充分就业条件下的分配理论"[①]，也就是说，总需求和总供给保持均衡且始终能保证充分就业并非常态，而是特例，生产过剩、就业不足才是常态。那么，是什么原因造成的呢？凯恩斯认为，是有效需求不足造成的。

---

① ［英］约翰·梅纳德·凯恩斯. 就业、利息和货币通论 [M]. 高鸿业，译. 北京：商务印书馆，1999：21.

凯恩斯所说的有效需求，是指商品总供给价格和总需求价格达到均衡状态时的总需求。所谓供给价格是企业收益消化掉所有成本后能取得预期利润的价格，所有产品供给价格之和即总供给价格。所谓需求价格是指企业预期消费者购买其产品的价格，总需求价格是全部企业预期消费者愿意购买全部商品的价格总和。当总需求价格大于总供给价格时，企业将扩大生产，增雇员工，就业增加；相反，则会缩减生产，解雇员工，就业减少。只有当总需求价格和总供给价格相等时，企业才能获得最大预期利润，从而生产既不扩大也不缩减，达到均衡状态，这时的总需求就是有效需求，这时的就业处于充分就业状态。如果有效需求不足，就会导致生产过剩，失业率上升。

凯恩斯认为，有效需求由消费和投资构成，有效需求不足便是消费和投资之和小于总供给。消费，指的是居民花在最终商品与服务上的支出，消费对象通常包括三类：耐用品（如汽车）、非耐用品（如食品）和服务（如旅游、医疗保健）。这里的投资是指实际投资，"投资的通俗意义是个人或公司对新的或旧的资产的购买"①，而不是对股票、债券等有价证券的购买，经济学家称后者为金融投资。

在凯恩斯看来，人们并不会将所有的收入都用于消费，而是只将其中一部分用于消费，这种倾向叫消费倾向；而且当人们收入增加时，并不是同比例增加消费，消费增加的幅度小于收入增

---

① [英]约翰·梅纳德·凯恩斯. 就业、利息和货币通论[M]. 高鸿业，译. 北京：商务印书馆，1999：83.

加的幅度，这叫边际消费倾向递减。由此，就会导致有效需求的缺口，而且是越来越大的缺口。举例来说，假定全体国民的总收入是 100 亿元，消费倾向是 0.6，那么，其中用于消费的是 60 亿元；现在国民总收入又增加了 10 亿元，由于消费倾向递减，人们并没有消费其中的 6 亿元，而是只消费了其中的 5.5 亿元；如果收入再增加 10 亿元，人们可能只消费其中的 5 亿元。所以，"很不幸，我们的收入越多，我们的收入和消费之间的差距越大"[1]。

这样，要避免需求不足，就要增加投资。而投资的数量取决于资本边际效率和利息率的相对高低。"资本边际效率"是凯恩斯在《通论》里创造的概念，他把资本边际效率定义为一种贴现率，"根据这种贴现率，在资本资产的寿命期间所提供的预期收益的现在值能等于该资本资产的供给价格"[2]。我们可以理解它为边际投资收益率。随着投资的增加，资本边际效率递减。在其他条件不变的前提下，当投资形成的资本达到一定程度的时候，新增投资的收益率将呈现下降趋势。这个容易理解，因为如果不是这样，企业的规模将会无限扩大。

因此，"实际的投资量会增加到如此的地步，以致没有任何种类的资产的资本边际效率大于现行的利息率"[3]。这是什么意思呢？利息是企业投资的成本，只有当资本边际效率大于利息率的

---

[1] ［英］约翰·梅纳德·凯恩斯. 就业、利息和货币通论［M］. 高鸿业，译. 北京：商务印书馆，1999：110.
[2] ［英］约翰·梅纳德·凯恩斯. 就业、利息和货币通论［M］. 高鸿业，译. 北京：商务印书馆，1999：139.
[3] ［英］约翰·梅纳德·凯恩斯. 就业、利息和货币通论［M］. 高鸿业，译. 北京：商务印书馆，1999：140.

时候，企业才会有利润，也才有投资的动力。因此，投资量的增加以资本边际效率接近于利息率为限。如此，高的利息率不利于投资，越低的利息率越鼓励投资。

利息率是由货币市场决定的。古典经济理论认为利息率是货币供求达到均衡时的价格。货币供给即储蓄，货币需求即贷款需求。从供给方来说，利息率是储蓄的报酬或者是放弃现在消费、等待将来消费的报酬。这里有个潜在的假定：人们的收入除了用于消费外，其他的都会放到银行储蓄起来。而凯恩斯认为，人们的收入除了一部分用于消费外，其他的由于流动性偏好可能放到手里贮藏起来，因此，利息率是人们在特定期间内放弃流动性的报酬或者说是放弃对自己的钱的控制来换取相应的债权的报酬。[1]

凯恩斯在这里提出了"流动性偏好"的概念。所谓流动性偏好，就是人们愿意持有现金的倾向。他认为，人出于三种动机而具有对货币的流动性偏好。这三种动机是：交易动机，即个人或企业日常交易引起的对现金的需要；谨慎动机，即出于安全考虑，为了防止意外，而持有一部分现金的需要；投机动机，即为了牟利，随时准备参与类似证券市场投资活动而持有现金的需要。

流动性偏好表现为对货币的需求，流动性偏好越强，对货币的需求越大，利息率的上升倾向越明显。由于流动性偏好的存在，利息率不可能很低，更不可能总是低于递减的资本边际效率，使得新增投资总能有利可图。由此，投资并不能弥补消费倾

---

[1] ［英］约翰·梅纳德·凯恩斯. 就业、利息和货币通论［M］. 高鸿业，译. 北京：商务印书馆，1999：171.

向导致的需求减少。

消费倾向、资本边际效率和利息率共同决定了有效需求不足。有效需求不足使得一个社会不能实现其潜在的生产能力,从而造成就业不足。

凯恩斯认为,由于投资者对资本未来收益过于乐观的预期,导致资本品数量日益充沛,当生产成本上涨,加之可能出现的利息率上升的时候,资本边际效率就可能突然崩溃。这种崩溃首先表现在证券交易所这样的有组织的投资市场,"当过度乐观和过度购买的幻想破灭时,市场价格会以突然和灾难性的巨大力量下降。此外,伴随着资本边际效率的崩溃而到来的对将来的惶恐和不肯定性很自然地促使流动性偏好急剧增长——由此而导致利息率的上升。可以看到,资本边际效率的崩溃再加上随之而来的利息率的上升这一事实会严重加剧投资的下降"。这时,"大萧条"就到来了。

凯恩斯在很大程度上将导致经济衰退和萧条的有效需求不足归咎于人的心理因素。他认为,消费倾向既取决于收入水平,更取决于人的消费观念;资本边际效率部分地取决于既定的因素,部分地取决于人们对于资本资产预期收益的心理估计;利息率则部分地取决于以工资单位来衡量的货币数量,部分地取决于人们心理上对流动性的态度。

凯恩斯认为,造成经济上的不稳定性除了经济本身的原因外,"人类本性的特点也会造成不稳定性,因为,我们积极行动的很大一部分系来源于自发的乐观情绪,而不取决于对前景的数学期望值","我们的大多数决策很可能起源于动物的本能——

一种自发地从事行动……的冲动；它不是用利益的数量乘以概率后而得到的加权平均数所导致的后果"。①

他的意思是，在强调个人主义、分散决策的经济体制里，人们掌握的知识和信息有限，他们开展的经营活动并非是建立在对未来收益的严谨、深入的评估、预期基础上，更多地出自看似理性实则非理性的心理冲动。因此，他们常常做出错误的因而必然是失败的投资。个体经营活动的失败汇集起来就形成了社会的商业波动。人们过度的胆略、信心和乐观情绪可以造成一段时期的经济繁荣，同样是这些人，他们过度的悲观情绪又让衰退和萧条不愿离去。

凯恩斯提出政府干预经济

凯恩斯认定，需求不足导致总产量不足从而不能保证充分就业是他所处时代的经济社会的显著弊端，这个弊端是由自由放任的经济体制造成的，自然也不能依靠分散决策的个体自发的行动来解决。因此，应该让国家机关承担起更大的责任，按照社会的利益对消费倾向和投资数量加以人为地控制与引导。他提出，"最明智的方案是在两个方面同时行动。有鉴于资本边际效率的日益为甚的下降，我支持旨在由社会控制投资量的政策；而与此同时，我也支持各种增加消费倾向的政策。"②

---

① [英] 约翰·梅纳德·凯恩斯. 就业、利息和货币通论 [M]. 高鸿业，译. 北京：商务印书馆，1999：165.
② [英] 约翰·梅纳德·凯恩斯. 就业、利息和货币通论 [M]. 高鸿业，译. 北京：商务印书馆，1999：339.

凯恩斯接下来并没有对政府应该采取怎样的具体政策给出明确、系统的阐释。我们只能从散见于《通论》全篇的几处提法中看出一些他的关于政策建议的端倪。凯恩斯提到，国家可以通过调整赋税增大消费倾向，通过控制货币数量影响利息率涨落来引导消费，通过开建公共工程、以工代赈等增加就业。后来的经济学家将这些建议归纳为财政政策和货币政策。

在财政政策和货币政策之间，凯恩斯更倾向于使用财政政策。凯恩斯认为，政府和央行控制货币数量对于调节利息率的作用有限，因而对于调控需求的作用有限，而政府投资通过乘数效应可以成倍地带动消费和投资（关于乘数效应我们将在后面章节中叙述，这里暂不展开）。因此，凯恩斯极力主张政府直接上场做点什么。他甚至提出，如果需要的话，政府都可以通过"举债支出"来开办公共项目。"如果我们的政治家们由于受到古典学派经济学的熏陶太深而想不出更好的办法，那么，造金字塔、地震甚至战争也可以起着增加财富的作用。"[1]

他用戏谑的口气举了一个具体的例子。"如果财政部把用过的瓶子塞满钞票，而把塞满钞票的瓶子放在已开采过的矿井中，然后，用城市垃圾把矿井填平，并且听任私有企业根据自由放任的原则把钞票再挖出来……那么，失业问题便不会存在，而且在受到由此而造成的反响的推动下，社会的实际收入和资本财富很可能比现在多出很多。确实，建造房屋或类似的东西会是更加有

---

[1] [英] 约翰·梅纳德·凯恩斯. 就业、利息和货币通论 [M]. 高鸿业, 译. 北京：商务印书馆, 1999：133.

意义的办法，但如果这样做会遇到政治和实际上的困难，那么，上面说的挖窟窿总比什么都不做要好。"①

凯恩斯的意思当然不是要政府为了经济和就业去发动战争或者真的将装了钱的瓶子埋起来再让人去挖，而是强调，在衰退和萧条到来时，政府要做点什么，而不是袖手旁观。他预料到他的想法会引起轩然大波，便用这种极端的和形象的说法来强调他的观点。

但是，正如他所料，《通论》出版后立刻在经济学界引发了一场大论战。信奉古典经济理论的经济学家几乎一致地拒斥凯恩斯的新理论，视其为离经叛道的奇谈怪论；也有经济学家特别是一些年轻的经济学者欣喜地接受这套新理论，认为它带来了经济学的"革命"。不管经济学界怎样激烈地争论，凯恩斯主义事实上很快被学界、政界和民众中相当多的人接受了。

面对萧条和衰退，古典经济理论认为这是短期的、正常的，靠着自然因素的自我调节，长期看经济终将回归繁荣和发展。可是，谁又能等得了长期呢？凯恩斯主义迎合了处于萧条中和正从萧条中走出来还心有余悸的人们的情绪，当然也很符合那些执政的政治家们的胃口，他们不必再谨小慎微、缩手缩脚，而是可以伸出政府"看得见的手"，以拯救经济、增加就业为名大干一场了。

事实上，在此之前，已经有国家政府在按照凯恩斯的思路行动了，譬如我们前面提到的美国的"罗斯福新政"。《通论》面世

---

① [英] 约翰·梅纳德·凯恩斯. 就业、利息和货币通论 [M]. 高鸿业，译. 北京：商务印书馆，1999：134.

后，更为"新政"提供了理论依据和指导。一时间，讲究实用主义的美国成了同样有着实用主义意味的凯恩斯主义理想的"试验田"。继罗斯福政府之后直到20世纪80年代以前的历届美国政府，基本上都继承了罗斯福的新政措施。第二次世界大战后，其他几乎所有的西方国家也都不同程度地采用了国家干预经济的政策。

"里根经济学"对凯恩斯理论的否定

在此后的二十年里，这些国家进入了稳定发展的状态，既保持了较低的失业率，也没有明显的通货膨胀，还保持了比较稳定的经济增长。人们以为资本主义可以这样永续繁荣下去了。可是，好景不长，到了20世纪60年代中期，形势开始恶化：失业率明显上升，通货膨胀也严重起来，出现了失业和通胀并存的所谓滞胀现象。凯恩斯主义对滞胀现象无法解释，也提不出解决办法。

进入20世纪80年代，滞胀问题进一步恶化。在美国，失业率和通胀率都在10%上下。恰在此时，迎来了美国总统大选。人们已经不能忍受了无新意的"新政"路线的执行者们，而把选票投给了坚定的保守主义者里根。像当年罗斯福大胆推行新政一样，1981年里根上任伊始，就明确宣布与"新政"决裂。与"新政"决裂就是放弃凯恩斯主义路线，回归传统的自由放任的资本主义。

里根的一套理念和措施后来被称为"里根经济学"，简单说就是：减少管制、减税、削减政府预算、控制货币供给量，目的就是刺激消费和私人投资，增强经济活力，降低通货膨胀。仅仅两年后，美国经济开始复苏，到 1988 年里根卸任时，美国经济早已全面走出滞胀的"泥潭"，迎来了新一轮高速增长。与里根同期的英国首相撒切尔夫人在其执政期间也放弃了凯恩斯主义，坚定地奉行和贯彻自由市场经济思想，同样带领英国走出了滞胀，迎来了经济增长和稳定。

凯恩斯主义是立足于短期的萧条经济学

美英 20 世纪 80 年代的实践似乎证明凯恩斯主义不灵了。是的，任何理论都有其适用条件，在此时适用到彼时可能就不好用了。凯恩斯的理论不是为了解决经济增长问题，也不是为了解决贫富悬殊问题，而是针对"大萧条"带来的失业问题分析背后的原因，提出消除经济波动、保证就业的对策。因此，凯恩斯经济学又被称为萧条经济学。凯恩斯的理论建立在技术、资源和成本既定的前提下，因此是短期经济学，而不是长期经济学，萧条过后就不再适用了。

实际上，凯恩斯并没有完全否定古典经济理论，也就是没有完全否定自由放任的资本主义，他只是认为在这种制度下个人分散的决策具有盲目性，没能将个人利益与社会利益结合起来，因而不能将安排投资的责任完全置于私人手中。但是，他同时认为，"如果我们的中央控制机构能够成功地把总产量推进到相当于在现实中可能达到的充分就业水平，那么，从这一点开始，古典学派的理论仍然是正确的。"[①] "政府控制的投资项目在达到

---

① [英] 约翰·梅纳德·凯恩斯. 就业、利息和货币通论 [M]. 高鸿业，译. 北京：商务印书馆，1999：395.

充分就业以后就'不再有像以前那样对经济生活社会化的必要了'。"①

但是，政治家们不愿放弃凯恩斯主义对自己有利的方面。他们迫于政治压力和出于党派、个人树立有所作为的形象考虑，总想做点什么，不管他们所做的长期效果如何，至少短期内是民众看得见的、感受得到的。事实上，自从《通论》出版以后，政府干预经济甚至举债支出成了西方国家乃至所有实行市场经济国家普遍的常态化的做法，只是程度不同而已。就连以维护保守主义信条著称的里根总统也没有像他所宣扬的那样甘心做一个"守夜人"。

里根上任时曾许诺在四年任期内平衡财政预算，但预算赤字最后却达到前所未有的最高纪录，他在八年任期中积累的国债规模超过了历史上所有国债的总和。只不过里根政府支出的巨额资金不是投向了基础设施和民生福利，而是投向了与当时的苏联进行的军备竞赛。这也从另一个侧面反映了里根坚定的保守主义立场。军备竞赛拖垮了苏联，最终导致苏联解体，客观上却也拉动了美国国内经济的发展，创造了就业。

不管怎么说，凯恩斯主义拯救了危机中的资本主义。它帮助人们加深了对资本主义的认识，给那个世界的人们走出困境提供了一种新的可能路径。某种程度上说，凯恩斯主义改变了资本主义世界，也改变了人类社会。

---

① [英]罗伯特·斯基德尔斯基. 凯恩斯传 [M]. 相蓝欣，储英，译. 北京：生活·读书·新知三联书店，2015：597.

凯恩斯对经济学的划时代贡献

凯恩斯在经济学上的贡献也是巨大的。凯恩斯偏重总量分析，这与传统经济学从个体、家庭和企业行为分析入手归纳总结规律形成鲜明对比。《通论》中涉及的就业、收入、消费、投资和供给等变量谈的都是总量，所以有人批评凯恩斯的理论缺乏微观基础；但是，这样正好也与传统经济学形成了互补。

传统经济学一般把经济理论分为两个部分：一部分是价值理论和分配理论，另一部分是货币理论。凯恩斯不赞成这种分法。他说，"我所建议的正确的二分法应该区分两个方面：一方面是单个行业或厂商理论以及关于既定数量的资源在不同使用上的报酬和分配；另一方面为整个社会的产量和就业量。"① 他认为，当考虑前一方面内容的时候，"可以不去顾及货币的具有重大作用的特点"；当研究后一方面问题时，"就需要有关货币经济制度的完整的理论"了。

凯恩斯新的"二分法"被他的理论的信仰者、经济学家保罗·萨缪尔森、约翰·希克斯和罗伊·哈罗德等实现了。他们在坚持凯恩斯的基本思想的基础上，在许多方面进一步发展和丰富了凯恩斯理论，并且把传统经济学的大部分内容称作研究个量问题的微观经济学，把丰富和发展了的凯恩斯主义称作研究总量问题的宏观经济学。这就是现在经济学总体框架的来历。现在，你

---

① [英]约翰·梅纳德·凯恩斯. 就业、利息和货币通论[M]. 高鸿业, 译. 北京：商务印书馆，1999：307.

翻开任何一本经济学教科书,都会发现它的内容被分为两部分:微观经济学和宏观经济学。

所以,凯恩斯被后人称为"宏观经济学之父"并不过分。

11.3　从2022年的国务院常务会议谈开去
——财政政策和乘数效应

国务院常务会议是《中华人民共和国宪法》和《中华人民共和国国务院组织法》规定的国务院重要的工作机制,是国务院针对全国经济、社会、法制等方面重大问题的重要的决策平台。这个会议研究的内容反映了全国经济社会的热点、难点和重点问题,会议出台的政策措施影响着全国经济社会发展的走向和趋势,关乎每个组织、每个企业和每个人的切身利益。

不同于以往的年度和不同于以往年度的国务院常务会议

国务院常务会议一般每一到两周召开一次,所以,关心时政新闻的人会频繁地看到或听到"国务院召开常务会议"的消息。从公开披露的消息看,自2013~2022年,国务院每年大约召开常务会议不超过40次。在2022年之前,国务院常务会议研究出台的政策措施涉及的范围十分广泛,包括深化改革、扩大开放、促进增长、改善民生等各个方面;但到了2022年,全年召开的33次国务院常务会议除了3次研究其他事项外,其他每次都围绕着稳经济、稳就业、保民生展开，会议多次提出加大有效投资、持续减税降费、支持民间投资和消费、扩大有效需求等。可以说，如何用好宏观经济政策、确保经济运行在合理区间是2022年全年国务院常务会议聚焦研究的主线和重点。

进入2022年，由于已持续两年多的新冠疫情的影响，加之国际经济政治局势的动荡影响，我国经济下行的压力持续加大，很多市场主体十分困难，一些基本民生异常艰难。2022年3月发布的《政府工作报告》（以下简称《报告》）设定，2022年预期实现国内生产总值即GDP增长5.5%左右，城镇调查失业率控制在5.5%以内等。① 然而，事实是，按不变价格初步核算，第一季度GDP增长了4.8%，失业率为5.5%；第二季度GDP只增长了0.4%，失业率为5.8%，其中，16~24岁青年6月份失业率达到了19.3%；到了第三季度，形势并没有明显好转，GDP增长率为3.9%，失业率为5.4%，其中，16~24岁青年9月份失业率仍高达17.9%。②

可见，2022年是中国经济爬坡过坎的一年。《报告》已经预计当年"经济发展面临需求收缩、供给冲击、预期转弱三重压力"。③针对这种形势，《报告》提出，实施积极的财政政策和稳健的货币政策。2022年新年伊始，1月10日召开的国务院常务会议就提出加快实施重大项目，扩大有效投资；紧接着，1月19日

---

①③ 政府工作报告——2022年3月5日在第十三届全国人民代表大会第五次会议上［R/OL］.（2022-03-12）［2023-03-30］. https：//www.gov.cn/premier/2022-03/12/content_5678750.htm.

② 国家统计局. 前三季度国民经济恢复向好［EB/OL］.（2022-10-24）［2023-3-30］. http：//www.stats.gov.cn/sj/zxfb/202302/t20230203_1901627.html.

的国务院常务会议又提出,延续执行部分到期的减税降费政策,帮助企业纾困解难,促进创业创新。接下来的几次国务院常务会议又持续推出对中小微企业和个体工商户减税降费、实施大规模增值税留抵退税政策,对制造业扩大有效投资,发行国债、地方债,建设一批水利工程、公共服务项目等。

5月23日的国务院常务会议更是部署了6个方面33项稳经济的"一揽子"措施,包括在更多行业实施退税减税,给小微企业、个体工商户免水电气费、房租,启动新一轮农村公路建设改造,再开工一批水电、煤电等能源项目,加大以工代赈力度等。8月24日,国务院常务会议在"一揽子"政策基础上,又推出19项接续政策措施,包括再发行地方债、中央企业特别债,核准开工一批基础设施项目,缓缴一批行政事业性收费等。[1]

9月7日的国务院常务会议明确指出,"需求不足是当前突出矛盾,要着力以消费和投资拉需求、促进社会投资、以投资带消费。"[2] 10月27日的国务院常务会议再次强调,"要针对有效需求不足的矛盾,推动扩投资促消费政策加快见效。"[3]

一系列政策举措的推出,说明经济的实际表现已经严重超出了年初的预期,并且随着时间的推移和政策措施的推出没有出现明显转好的迹象,同时也反映了这种形势引起了中央的关注和重视,并判定问题的症结在于有效需求不足;解决问题的思路也很清晰,就是"扩投资、促消费、以消费和投资拉需求";措施的

---

[1][2][3] 中华人民共和国中央人民政府关于国务院常务会议信息,https://www.gov.cn/zhengce/gwycwh/home.htm。

力度和广度不断加大，力求克服影响经济下行的不利因素，稳住经济大盘。

凯恩斯理论简要回顾

说到这儿，我们是不是觉得这里的一些词汇似曾相识？是的，如果你认真读了上一篇，你一定会有这种感觉。在上一篇里，我们提到，面对1929年开始的经济"大萧条"，美国新任总统罗斯福大刀阔斧地实施"罗斯福新政"，就是政府直接干预经济，实行赤字财政政策，大力发展公共事业、建设公共工程以增加就业，刺激经济。1936年，经济学家凯恩斯更是提出了应对萧条的一套理论和措施，受到广受萧条困扰的西方世界的欢迎，并且确实在短期内给西方国家带来了经济恢复和繁荣。

这里我们不妨再简要回顾一下凯恩斯理论的要点。凯恩斯认为，导致经济衰退和萧条的原因是有效需求不足。有效需求由消费和投资构成，有效需求不足便是消费和投资之和小于总供给。这里的消费和投资都是指政府之外的民间的消费与投资。由于消费倾向的存在和边际消费倾向递减，消费趋向于不足。由于资本边际效率递减和利息率难以总是低于资本边际效率，因此，投资也是有限的，有限的投资不能弥补消费的不足，于是导致有效需求不足。总需求小于总供给，导致供给过剩，于是便会有产出不足，就业不充分。

凯恩斯认为，弥补有效需求不足应该让国家承担起更大的责任，按照社会的利益对消费倾向和投资数量加以人为地控制与引导。他说，"我支持旨在由社会控制投资量的政策；而与此同时，我也支持各种增加消费倾向的政策。"① 凯恩斯提出的对策后来被归纳为两类，即财政政策和货币政策。在两种政策之间，凯恩斯更倾向于使用财政政策。后人在凯恩斯理论的基础上将其进一步发展概括成宏观经济理论。

凯恩斯的理论产生于对西方资本主义世界的认识，但同时也被几乎所有实行市场经济的国家所认可和借鉴，至少在应对短期内的衰退和萧条时是这样。我国实行的是社会主义市场经济制度，市场经济的基本特点、基本规律在我国同样有所反映、同样适用。我国始终注重同时发挥好市场和政府的作用，平衡好市场和政府的关系，即所谓"发挥市场在资源配置中的决定性作用，更好发挥政府作用"。"更好发挥政府作用"就是指适时地运用宏观经济政策调节经济运行，使经济运行更加平稳、发展更加健康和可持续。

从2022年国务院常务会议的内容我们可以看到，一年来中央政府密集地实施积极的财政政策和稳健的货币政策，就是为了应对经济下行的压力。关于货币政策，由中央银行即中国人民银行负责制定具体对策和推进实施。关于货币政策以及货币政策工具，我们已在"M_2是怎么回事？"等章节里介绍过，这里不再赘述。

财政政策的作用机理

要想理解财政政策，首先要知道什么是财政。所谓财政，简

---

① [英]约翰·梅纳德·凯恩斯. 就业、利息和货币通论[M]. 高鸿业, 译. 北京：商务印书馆，1999：339.

单说就是政府的理财行为，即政府的收入和支出活动，包括财政收入和财政支出两个部分。财政收入包括税收收入以及行政事业性收费、罚没收入等非税收入和国有资本经营收入等。财政支出包括用于行政管理、国防、文教科卫等方面的非生产性的社会消费性支出，用于调控宏观经济的财政投资性支出以及用于社会保障和财政补贴的转移支出。所谓财政政策是指政府变动税收收入及财政支出以便影响总需求进而影响就业和国民收入的政策。

2022年国务院常务会议出台的政策主要集中在扩大政府投资和对市场主体减税降费两个方面，都属于财政政策。如果判定经济下行的根源是有效需求不足，就要想办法增加有效需求。有效需求增加就会带动产出增加和就业增加，最终体现为GDP增长。那么，通过投资和减税怎么会增加有效需求呢？

我们先说投资。因为投资涉及对资产和劳务的购买，投资本身就是需求的一部分，无论个人、企业还是政府，增加投资都是对需求的增加，而且奇妙的是，一笔投资增加的需求不是简单的与投资额等量的需求，而是由于乘数效应可能产生对投资额放大若干倍的需求，从而达到事半功倍的效果。

例如，有投资者投资建设一个项目，这就会增加对相关设备、材料和劳务的需求，从而增加相关企业及其员工的收入；企业所有者及员工收入增加后，会将其中一部分用于消费，从而增加对相关消费品和劳务的需求，进而增加提供这些消费品和劳务的企业所有者及其员工的收入；后者再将收入的一部分用于消费……如此往复下去。最后，一笔投资带来的总需求将可能大大超过最初的投资额。前者与后者之比就被称为投资乘数。

投资乘数的大小取决于边际消费倾向（marginal propensity to consume，MPC）的大小。我们在介绍凯恩斯理论的时候曾经说到边际消费倾向。所谓边际消费倾向是指增加的收入中用于消费的比例。例如，某人某月增加了1000元的收入，他花去了800元，其余的200元暂时留存或储蓄，那么他的边际消费倾向就是4/5（800÷1000）。

为了简单起见，假定一个社会中所有成员的边际消费倾向是一致的，某项目总投资Y元，那么：

相关企业和员工增加收入　　　　Y元

第一轮消费　　　　　　　　　MPC×Y元

第二轮消费　　　　　　　　　MPC^2×Y元

第三轮消费　　　　　　　　　MPC^3×Y元

　　　　　　　　……

增加的总需求 = (1 + MPC + MPC^2 + MPC^3 + …) × Y元

括号里的算式是一个无穷几何级数，它的和就是投资乘数。

投资乘数 = 1 + MPC + MPC^2 + MPC^3 + … = 1 ÷ (1 − MPC)

于是：

增加的总需求 = [1 ÷ (1 − MPC)] × Y元

如果MPC是4/5，投资乘数就是5，增加的总需求为5Y元，即投资Y元，将产生5倍的总需求，这就是投资的乘数效应。

既然在经济预期不好的时候，个人和私营企业不愿投资，那么政府逆势而上，扩大投资，就可以产生倍增的需求。例如，国务院常务会议提到投资建设一批水电基础设施项目，假如政府投资100亿元建设一座大型水电站，如果MPC是4/5，那么将增加

500亿元的总需求；如果MPC是3/4，将增加400亿元的总需求；如果MPC是1/2，将增加200亿元总需求。

这就是政府投资起到的作用。我们再来谈谈减税降费。税收是政府强制向居民或企业征收的货币或者实物。税收的目的是保障政府向全社会提供公共产品，调节社会成员间的收入分配，促进经济稳定协调发展。19世纪美国法官霍尔姆斯曾说："税收是我们为文明社会付出的代价。"

当政府改变税收政策的时候，企业和个人的经济利益将受到切实的影响，作为一种自然的反应，他们会调整他们的经济行为。如果政府增加税收，企业所有者和个人的可支配收入减少，他们就会减少消费，从而使社会总需求下降；如果政府减少税收，企业所有者和个人的可支配收入增加，他们会增加消费，社会总需求就上升了。降费同减税一样，可以减少企业负担，相当于给企业让利和补贴，也有利于增加社会总需求。

减税与投资一样，也具有乘数效应，只不过税收乘数要小于投资乘数。这是因为投资支出Y元，这Y元直接形成需求；而如果减税Y元，只有MPC×Y元可能用于消费。同样地，我们可以得到税收乘数如下：[1]

税收乘数 = $MPC + MPC^2 + MPC^3 + \cdots = MPC \div (1 - MPC)$

我们看到，税收乘数同样取决于边际消费倾向MPC。假定政府减税1万亿元，如果MPC是4/5，税收乘数是4，将增加4万

---

[1] ［美］保罗·萨缪尔森，威廉·诺德豪斯. 经济学（第18版）[M]. 萧琛，主译. 北京：人民邮电出版社，2008：430.

亿元的总需求；如果 MPC 是 3/4，税收乘数是 3，将增加 3 万亿元的总需求；如果 MPC 是 1/2，税收乘数是 1，将增加 1 万亿元总需求。

实际的乘数效应

看起来很是不错。只要边际消费倾向 MPC 足够大，那么政府投资和减税对于增加需求就好像有"四两拨千斤"的作用。但事情没有那么简单，投资和减税除了具有能够放大效果的乘数效应外，还伴有可能抵消和缩减效果的一些其他因素。例如，在开放经济条件下，增加的总需求会有一部分投向进口产品和服务上，收入增多了的人们可能购买进口汽车或出国旅游，这样就分流了一部分在国内的消费需求。

另外，总需求增加会使人们对货币的需求增加。在货币总量不变的情况下，利率会趋向于上升；上升的利率反过来又抑制人们对货币的需求，从而减少消费和投资。特别是如果政府投资通过举债的办法来实现，就会挤占个人和企业可能用于消费和投资的资金，从而抑制总需求的增长，这叫挤出效应。

挤出效应是否发生以及作用大小与政府出台财政政策的时机有关。在经济衰退和萧条时期，资源大量闲置，闲置资金也比较多，人们投资和消费的意愿比较弱，这时候不会有挤出效应；当经济开始复苏并逐渐趋向繁荣时，投资和消费活动趋热，这时政府如果还采取积极的财政政策，就会产生越来越明显的挤出效应。

总而言之，在各种因素综合影响下，实际中的乘数可能远小于理论上的乘数。经济学家们通过建立经济计量模型，对大量的统计数据进行分析，来测算现实中的乘数值，以便为决策提供依据和参考。美国有经济学家测定美国政府支出的乘数值在1~1.5之间。① 奥巴马执政期间（2009~2016年）其经济顾问们预计美国政府购买的乘数是1.6，减税的乘数是1.0。②

实际乘数偏小说明人们真实的边际消费倾向不大。政府一方面实施积极的财政政策，增加人们的收入，这样即使边际消费倾向不大，消费额也会增加；另一方面配合使用扩张性货币政策，同时大力度推动"放管服"改革，降低交易成本，鼓励企业和个人投资与消费。

乘数效应并非只存在于投资一个方面，而是存在于支出活动的各个方面。"消费、投资、政府购买或净出口最初一个较小的变动最终会对总需求产生较大的影响，从而对经济中物品与服务的生产产生较大的影响。"③ 这就是为什么中央和地方政府鼓励民间消费，通过招商引资和直接投资建设基础设施，鼓励和引导扩大出口的缘故。

乘数效应也并非只对支出增加具有放大作用，对支出减少同样具有放大作用。当消费、投资、政府购买或净出口增加的时候，会以乘数倍增加总需求；相反，当消费、投资、政府购买或

---

① ［美］保罗·萨缪尔森，威廉·诺德豪斯. 经济学（第18版）［M］. 萧琛，主译. 北京：人民邮电出版社，2008：433.
② ［美］曼昆. 经济学原理：宏观经济学分册［M］. 梁小民，梁砾，译. 北京：北京大学出版社，2015：295.
③ ［美］曼昆. 经济学原理：宏观经济学分册［M］. 梁小民，梁砾，译. 北京：北京大学出版社，2015：290.

净出口减少的时候,也会以乘数倍减少总需求。因此,政府不仅在经济萧条时实施积极的或者说扩张性财政政策,在经济高涨时也实施消极的或者说紧缩性财政政策,即:减少政府支出,增加税收,带动总需求以乘数倍下降,以避免经济过热。

谨慎挥舞"看得见的手"

由于乘数效应的存在,经济中外在的和内在的因素的变动会经常地甚至时时地引起经济的波动。当政府觉得波动已经不能忍受,或者感觉民众对波动的怨言很大,甚或认为波动没有按照预期的方向和幅度变化的时候,就可能伸出"看得见的手",干预经济,去"熨平"经济波动。

西方很多经济学家并不认为政府应该干预经济,频繁地挥舞"大棒"指挥和左右经济的走向。他们认为,经济中自有内在的力量实现自我矫正。只要假以时日,耐心等待,经济自会从萧条中走出来或者从过热中冷下来。政府深度参与经济生活,与民众争夺有限的资源,会破坏公正的市场秩序,可能拉长波动周期,起到与其初衷相反的作用。

由于经济的复杂性和多变性,包括政府在内的任何人和机构都很难准确判断经济的走势。另外,由于政党的纷争,政府出台财政政策的决策过程漫长而复杂,所以,当政策推出后,形势可能早已发生了变化,政策措施已经完全不适用了;货币政策虽然由央行出台,速度相对较快,但是市场反应和传导过程长,同样可能已经不适应变化了的形势了。

西方学者所说的这些问题并不完全适合我国的实际。由于我国迥异于西方的政治经济体制，改革开放的历程还很短暂，很多领域没有向民间和外国资本开放，国有经济在国民经济中发挥着主导作用，经济形势的变化不像西方市场经济那样难以预测和控制；另外，我国的政策决策机制简洁、高效，执行快速、有力，通常情况下，市场的反应和起效也是迅速的。但是，事物总有它的另外一面。依靠雄厚的国有资本和强大的行政力量自然容易达到预期的效果，但是也容易出现"一窝蜂"、乱铺摊子的现象，形成大量低效无效资产，造成资源的浪费。

我们这里不去深究财政政策的利与弊，那是经济学家和决策者的事。作为一名普通管理者和企业家，应该了解和理解乘数效应。只有理解了乘数效应，才能更好地理解财政政策，才能理解国务院常务会议出台政策背后的逻辑。

后　记

一本书之于作者就像一个生命之于他的母亲；一本书从无到有的过程，就像一个母亲孕育和分娩一个新生命的过程。这个过程固然首先是作者自己殚精竭虑、寝食难安、经历一次次阵痛的过程，同时也是伴随着作者的亲朋好友关心、照顾和帮助的过程，到了临生产的日子，还少不了助产机构和助产士的专业指导与帮助。

本书亦是如此。笔者自己付出的艰辛在前言里已有所提及，这里不再赘述。这里只想向那些对本书的出产与面世提供帮助的人和机构表示感谢。

首先感谢我的一些喜欢读书、热心相助的同事和朋友。他们有的帮我寻觅我自己买不到的参考书籍，有的帮我联系出版机构，有的对我书稿的内容与写法提出好的意见和建议。他们的帮助和鼓励时时温暖着我，推动着我勇毅前行。由于他们人数众多，在这里恕不一一点名致谢了。

很荣幸的是，我这非专业经济学工作者的经济学书稿竟然得到了好几家专业出版社的认可，它们都表示愿意出版本书。其中，经济科学出版社副编审宋艳波博士向我传递的热情和信心让我最终选择了这家出版社。由此，经济科学出版社就成了我这本书的"助产"机构，宋老师则成了该书的"助产士"。

在与宋老师频繁的互动交流中，我深切地感受到宋老师以及他所代表的经济科学出版社认真、严谨、负责的态度以及丰富的出版经验。宋老师给本书提出了很多有益的和建设性的意见与建议。譬如，书中的几处插图就是在宋老师的提议下后增加的。我原本考虑书的通俗性，不想在书中出现任何图表，但是，这几幅曲线图显然是经济学里基本的也是重要的图式，同时也容易看懂、有助于理解文字内容。这几幅图的增加，无疑丰富了本书的表达方式，提升了本书的品位和层次，应该给全书增色不少。

宋老师以他扎实的经济学功底和对时事政策的准确理解对本书几处地方进行了纠偏，使本书对经济学基本原理的表达以及运用基本原理阐释观点更加准确和恰当。为了使本书在本已很丰富的经济学图书市场引起图书销售机构与读者的注意和兴趣，宋老师还在本书的装帧设计方面下了很大功夫。总之，如果没有宋老师和他的团队的倾情努力，我想这本书的质量和水准一定不是现在的这个样子。所以，在这里我要向宋艳波博士及经济科学出版社表示由衷的感谢。

宋老师后来还建议我请一个人为本书写序。为一本经济学书籍作序，自然是经济学家最好。可是，作为一个身处基层的普通管理者，我到哪里去请经济学家呢？虽然通过阅读他们的书籍和文章，我熟悉一些经济学家的名字，可是，要请人家写序，既难以联系，又太显冒昧。在一筹莫展之际，我的脑海里闪现出一个身影：梁小民先生。这是我唯一与之有过一面之缘的中国经济学家。说起来还得追溯到二十多年前。大概是在2000年，我现场聆听过一次梁小民先生的讲座,并有幸受主办方之邀课后参加了与梁先生的小范围座谈交流。

我对梁先生的印象很深,也很好。他说理清晰,把深奥的经济学道理讲得明白易懂;他平易近人,谦虚慈祥,毫无大教授的架子。实际上,梁先生是中国著名经济学家,长年致力于经济学的教学和普及工作。他著作等身,而且不乏畅销书。从那次听课之后,我开始阅读学习经济学书籍。我最早读到的中国经济学家写的经济学书籍就是梁先生的书,例如,他的《小民谈市场》《写给企业家的经济学》《在历史与经济之间》等。后来,我开始系统地学习他翻译的美国经济学家曼昆的《经济学原理》等。可以毫不为过地说,梁先生的著作是我的经济学启蒙书籍,梁先生是我的经济学启蒙老师。我对梁先生既敬佩又仰慕。所以,我很希望梁先生能为我的书作序。

我把我的想法跟宋老师说了之后,宋老师表示赞成,并帮我联系了梁先生。梁先生听说了我的情况,并认真审阅了我的书稿后,欣然同意作序,并表示一定写好这个序。我对梁先生很熟悉、很敬佩,可梁先生哪还记得我呢?而且在这期间我们始终还没谋面,我只是跟梁先生通了个电话,在电话里介绍了我和我的书稿的情况,表达了我的愿望。然而,仅仅如此,梁先生便在他承诺的期限内提前把写好的序发给了我。梁先生还习惯于手写,他把他手写的几页稿纸拍成照片发给我,我照着打印出来。当我一个字一个字敲击键盘的时候,我一边感动,一边感慨。

梁先生今年已年届八十,还经常受邀参加各种讲学、交流和考察活动。在如此高龄和繁忙的情况下,竟还这样看重一个业余作者的习作，竟还这样信守诺言、如此认真地为我的书稿撰写序言。我觉得，他的序言不仅是对这本书的肯定，更是对我作为一名普通的企业管理者肯于学习钻研经济学、勤于用经济学的基本原理分析现实问题并勇于向大众传播普及经济学基本知识的做法的肯定。这正合了先生的为人和秉性，正合了他的追求和理想。先生就像一个"盗火者"，他把自己经年累月学习研究的经济学知识、体会和收获努力向中国大地的各个角落播撒。他自然也希望有更多的"播火者"加入进来。而我只不过擦亮了一颗火星，他也依然给予褒奖和鼓励。

梁先生显然没有按照纯粹学术的标准来看待本书，所以，他没有对本书求全责备，但是，他很准确地发现并肯定了笔者阐述问题独特的视角和表述方法。这对我已是莫大的欣慰了。然而，梁先生甚而称赞本书起到了将经济学从象牙塔里的"神"还原为"人"的作用，这对我该是多大的鼓励啊！我理解，先生的肯定与称赞更多是对我的鼓舞和激励。

如果说宋老师是本书的"助产士"，那么，梁先生则是为本书走向大众、为百姓欢迎给了一个大大的背书。在此，我向梁先生表示深深的谢意。

再次感谢宋老师和经济科学出版社，感谢梁先生，感谢一切为本书的写作和出版提供过帮助的朋友们。你们的帮助将化作我继续前行的动力。

朱腾明
2023 年 5 月

图书在版编目（CIP）数据

顿悟：有趣有益的经济学／朱腾明著． －－北京：经济科学出版社，2023.6（2023.12重印）

ISBN 978 – 7 – 5218 – 4885 – 4

Ⅰ．①顿… Ⅱ．①朱… Ⅲ．①经济学 – 通俗读物 Ⅳ．①F0 – 49

中国国家版本馆 CIP 数据核字（2023）第 117528 号

责任编辑：宋艳波
责任校对：王肖楠
责任印制：邱　天

顿悟：有趣有益的经济学

朱腾明　著

经济科学出版社出版、发行　新华书店经销
社址：北京市海淀区阜成路甲 28 号　邮编：100142
编辑部电话：010 – 88191469　发行部电话：010 – 88191522
网址：www.esp.com.cn
电子邮箱：esp@esp.com.cn
天猫网店：经济科学出版社旗舰店
网址：http://jjkxcbs.tmall.com
北京时捷印刷有限公司印装
710×1000　16 开　22.5 印张　250000 字
2023 年 10 月第 1 版　2023 年 12 月第 5 次印刷
ISBN 978 – 7 – 5218 – 4885 – 4　定价：58.00 元
（图书出现印装问题，本社负责调换。电话：010 – 88191545）
（版权所有　侵权必究　打击盗版　举报热线：010 – 88191661
QQ：2242791300　营销中心电话：010 – 88191537
电子邮箱：dbts@esp.com.cn）